Ingeborg Pauluhn

Zur Geschichte der Juden auf Norderney

Ingeborg Pauluhn

Zur Geschichte der Juden auf Norderney

Von der Akzeptanz zur Desintegration

Mit zahlreichen Bildern, Dokumenten und historischen Materialien

GESELLSCHAFTSWISSENSCHAFTEN

Bibliographische Information *Der Deutschen Bibliothek*
Die Deutsche Bibliothek verzeichnet diesen Titel in der Deutschen Nationalbibliografie.
Bibliografische Daten sind unter http://dnb.ddb.de verfügbar.

Bemerkung zur Wiedergabe der Quellen: Originalzitate aus historischen Quellen werden zeichengetreu in der damaligen Schreibweise wiedergegeben, auch wenn sie fehlerhaft oder sogar innerhalb des Textes uneinheitlich war.

Das Umschlagemblem entstammt einer Anzeige aus der Volks-Parole, Gladbach, 04.08.1933

Diese Studie ist eine überarbeitete Fassung einer Diplomarbeit, die die Autorin an der Carl von Ossietzky Universität Oldenburg schrieb.

Der Druck dieser Studie wurde gefördert durch:

- LANDESVERBAND DER JÜDISCHEN GEMEINDEN VON NIEDERSACHSEN, HANNOVER

- STADT NORDERNEY

- AG REEDEREI NORDEN-FRISIA, NORDERNEY

- GERDA UND HANS-LOTHAR GRAW, NORDERNEY

Verlag und Autorin bedanken sich herzlich für die Förderung des Buches.

Ingeborg Pauluhn
Zur Geschichte der Juden auf Norderney
1. Auflage 2003, 2. Auflage 2009 | ISBN: 978-3-89621-176-7
Satz: Julia Kemp

Der Igel Verlag Literatur & Wissenschaft ist ein Imprint der Diplomica Verlag GmbH, Hermannstal 119 k, 22119 Hamburg

© IGEL Verlag Literatur & Wissenschaft, Hamburg 2009.

Alle Rechte vorbehalten

www.igelverlag.com

Printed in Germany

Inhaltsverzeichnis

Abkürzungsverzeichnis
Abbildungsverzeichnis
Tabellenverzeichnis
Vorwort

1	Einleitung	11
2	Akzeptanz – Desintegration	13
	2.1 Akzeptanz	13
	2.2 Desintegration	16
3	Zur Geschichte Norderneys	19
	3.1 Die wirtschaftliche Situation des Inseldorfes Norderney von den Anfängen der Besiedlung bis zur Gründung der Seebadeanstalt	19
	3.2 Fischerei als Gewerbezweig	19
	3.3 Handel und Schifffahrt	20
4	Die Entwicklung des Inseldorfes Norderney zur Seebadeanstalt im Jahre 1797	21
	4.1 Norderney unter fremder Herrschaft 1806-1815	24
	4.2 Die Entwicklung des Badelebens auf Norderney nach Wiedereröffnung der Seebadeanstalt 1814	24
5	Das Wachstum der jüdischen Bevölkerung auf Norderney	26
	5.1 Jüdische Badegäste	26
	5.2 Jüdische Einwohner	27
	5.3 Jüdische Saisonarbeiter	34
	5.4 Ausländische Juden	37
6	Jüdische Geschäftsleute	39
	6.1 Berufliche Strukturen der Norderneyer Juden im Vergleich zur Berufsstruktur der Juden in Deutschland	40
7	Jüdischer Besitz	43
8	Die Synagoge auf Norderney: Ein Beispiel für (zwischenzeitliche) Akzeptanz	45
9	Jüdische Wohlfahrtspflege	50
	9.1 Das jüdische Kinder-Erholungsheim der Zion-Loge	50
	9.2 Als Kind zur Erholung im Kinder-Erholungsheim der Zion-Loge	53
	9.3 Die jüdische Erholungsfürsorge	54
10	Die Desintegration	56
	10.1 Die antisemitischen Äußerungen des Lehrers de Boer	56
	10.2 Antisemitische Gesinnung im Hotel- und Gaststättengewerbe	56
	10.3 Antijüdische Propaganda	57
11	Aktionen gegen Juden nach der Machtübernahme Hitlers 1933-1938	58
	11.1 Nationaler Tag	58
	11.2 Flaggenverbrennung	58
	11.3 Verbrennung jüdischen Geistesgutes auf Norderney	59
12	Jüdische Kurgäste unerwünscht	60
	12.1 „Das Märchen von der Hochburg der Juden auf Norderney ist aus": Kultusminister Rust auf Norderney	62
	12.2 Münchmeyer auf Norderney	63
	12.3 Rassenschänder Juda Rosenberg	63

	12.4 Vertreibung, Verhaftung und Diskriminierung	64
13	Norderney – Judenfrei	66
	13.1 Reichsparteitag in Nürnberg	66
	13.2 Die Siegelmarke "Nordseebad Norderney ist Judenfrei" – und einzelne Proteste dagegen	68
	13.3 Das Ende jüdischer Badegäste auf Norderney	71
14	Jüdische Biographien auf Norderney	73
	14.1 Julius Hoffmann	73
	14.2 Dr. Ferdinand Steingießer	86
	14.3 Margot Levy	88
15	Fazit	99
	15.1 Ergebnisse	99
	15.2 Zukunftsskizzen: Vorschläge für den Umgang mit der jüdischen Geschichte Norderneys	100

Quellen und Literatur
Anhang I - Tabellen
Anhang II - Jüdische Geschäftswelt im Spiegel der Presse
Anhang III - Dokumente

Abkürzungsverzeichnis

Anm.	Anmerkung
C.V.- Zeitung	Blätter für Deutschtum und Judentum. Organ des Central-Vereins deutscher Staatsbürger jüdischen Glaubens e. V.
DAP	Deutsche Arbeiterpartei
ebd.	ebenda
f. ff.	folgende (Seiten)
geb.	geboren
Hg.	Herausgeber
isr.	israelitisch
jüd.	jüdisch
led.	ledig
mos.	mosaisch
NBZ	Norderneyer Badezeitung
NSDAP	Nationalsozialistische Deutsche Arbeiterpartei
NSV	Nationalsozialistische Volkswohlfahrt
o. J.	ohne Jahresangabe
Pr.	Preußisch
Rep.	Repositorium
StAA	Niedersächsisches Staatsarchiv Aurich
resp.	respektive
SA	Sturmabteilung
STAN	Stadtarchiv Norderney
U.O.B.B.	Unabhängiger Orden Bne Briss
Verf.	Verfasser
vgl.	vergleiche

Abbildungsverzeichnis

Abbildung 7-1:	Anzeige Häuserverkauf, Norderneyer Badezeitung (im Folgenden NBZ), 12.02.1920	44
Abbildung 8-1:	Fotos der Synagoge auf Norderney, um 1885 u. 1904, Stadtarchiv Norderney (im Folgenden STAN) Bildbestand	47
Abbildung 8-2:	Gedenktafel zur Synagoge, STAN Bildbestand	49
Abbildung 9-1:	Kinder-Erholungsheim der Zion-Loge U.O.B.B., Ansichtskarte	52
Abbildung 9-2:	Kindergruppe der Zion-Loge	52
Abbildung 9-3:	Anzeige Kinderlandheim Caputh	53
Abbildung 9-4:	Anzeige Ferienheim Villa Rosenhof	54
Abbildung 9-5:	Anzeige Kinderheim Weiler-Abt	54
Abbildung 9-6:	Anzeige Kinder- und Jugendheim Rosenhof	55
Abbildung 9-7:	Anzeige Kinderheim Rosenhof	55
Abbildung 9-8:	Anzeige Kindererholungsheim Bielschowsky - Eichwald	55
Abbildung 11-1:	Foto Flaggenverbrennung auf dem Marktplatz, 27.03.1933, STAN Bildbestand	59
Abbildung 12-1:	Anzeige Volks-Parole, Gladbach, 04.08.1933	60
Abbildung 12-2:	Bürgermeister Lührs beurlaubt	61
Abbildung 12-3:	Anzeige Jüdische Rundschau, 15.06.1934	61
Abbildung 12-4:	Anzeige NBZ, 05.08.1933	64
Abbildung 12-5:	Anzeige NBZ, 17.10.1933	65
Abbildung 13-1:	Fahrt zum Reichsparteitag nach Nürnberg, NBZ, 16.09.1933	66
Abbildung 13-2:	Foto Verabschiedung von drei SA-Urlaubern, STAN Bildbestand	67
Abbildung 13-3:	Mit Fahrrädern auf Wanderschaft für ein judenfreies Nordseebad Norderney, STAN Bildbestand	67
Abbildung 13-4:	Siegelmarke – „Nordseebad Norderney ist Judenfrei", STAN Bildbestand	68
Abbildung 13-5:	Briefumschlag „Nordseebad Norderney ist Judenfrei"	69
Abbildung 14-1:	Auszug Gebäudesteuerrollen (siehe Anhang III)	73
Abbildung 14-2:	Hoffmanns Hotel im ursprünglichen Zustand Kalenderbild aus Privatbesitz, um 1900	74
Abbildung 14-3:	Anzeige aus dem Hand- und Adreß-Buch für das Königliche Nordseebad Norderney, 1896	74
Abbildung 14-4:	Anzeige Hotel Falk, Statistisches Jahrbuch deutscher Juden, 1905	75
Abbildung 14-5:	Anzeige Hotel Falk, NBZ, 18.09.1906	75
Abbildung 14-6:	Anzeige Hoffmanns Hotel Falk, NBZ, 13.06.1914	75
Abbildung 14-7:	Anzeige Hoffmanns Hotel Falk, NBZ, 03.08.1920	76
Abbildung 14-8:	Anzeige Hoffmanns Hotel Falk, NBZ, 25.06.1921	76
Abbildung 14-9:	Anzeige Hoffmanns Hotel Falk, Staatliches Nordseebad Norderney, Führer für 1925	77
Abbildung 14-10:	Anzeige Hoffmanns Hotel Falk, Norderneyer Jahrbuch, 1928	77
Abbildung 14-11:	Anzeige Verein jüdischer Hotelbesitzer und Restaurateure e.V., Jüdische Rundschau, 13.09.1929	78
Abbildung 14-12:	Anzeige Hoffmanns Hotel Falk, Jüdische Rundschau, 05.01.1934	78

Abbildung 14-13:	Postkarten aus den Jahren 1897 und 1898	79
Abbildung 14-14:	Auszug Gebäudesteuerrollen (vgl. Anhang III)	81
Abbildung 14-15:	Handelsregister A, Adressbuch, 1927 (vgl. Quellenverzeichnis)	81
Abbildung 14-16:	Auszug aus der Liste der Gewerbetreibenden, 1922	82
Abbildung 14-17:	Gebäudesteuerrollen, Rollennummer 943 (vgl. Anhang III)	83
Abbildung 14-18:	Kalenderbild Hoffmanns Hotel Falk heute	85
Abbildung 14-19:	Haus der Familie Harms, Benekestraße 47 (ohne Zeitangabe)	89
Abbildung 14-20:	Foto Frau Gerhardine Harms, Pflegemutter (ohne Zeitangabe)	89
Abbildung 14-21:	Margots 12. Geburtstag, 1929	90
Abbildung 14-22:	Foto Margot Levy	91
Abbildung 14-23:	Kennkarte Margot Levy, 24.03.1939	93
Abbildung 14-24:	Judenstern von Margot Levy	94
Abbildung 14-25:	Bescheinigung ständiger Wohnort Norderney, 03.12.1945	95
Abbildung 14-26:	Bescheinigung „Opfer des Faschismus"	95
Abbildung 14-27:	Ausweis „Rassenverfolgte"	96
Abbildung 14-28:	Haftentschädigung	97
Abbildung 14-29:	Hochzeitsfoto von Margot Levy und Heinrich Bokemeyer	97

Tabellenverzeichnis

Tabelle 5-1:	Entwicklung der jüdischen Bevölkerung auf Norderney 1867-1935	34
Tabelle 5-2:	S. Adler-Rudel ‚Ostjuden in Deutschland', S. 164	37
Tabelle 6-1:	Gewerbezweige der Juden auf Norderney 1882	40
Tabelle 6-2:	Gewerbezweige der Juden auf Norderney im Jahre 1896	41
Tabelle 6-3:	Gewerbezweige der Juden auf Norderney 1905	41
Tabelle 6-4:	Verzeichnis der Firmen Norderneys nach dem Gewerbe 1911	42
Tabelle 6-5:	Gewerbezweige der Juden auf Norderney im Jahre 1927	42
Tabelle 6-6:	Gewerbezweige der Juden auf Norderney im Jahre 1935	42
Tabelle 14-1:	Auszug aus dem Melderegister 1921	80

Tabellenverzeichnis Anhang I

SaisonarbeiterInnen	1
Ausländische Juden	19
Gewerbe	36
Hotels	46
Gewerbeanmeldungen	53
Besitz	59

Vorwort

Mein Interesse für jüdische Studien und mein besonderer Bezug zu Norderney waren Ausgangspunkt für mein Interesse an der Geschichte der Juden auf Norderney. Zu Norderney gibt es eine umfangreiche Literatur, wenig dagegen zu Juden auf Norderney. Genannt seien der aufschlussreiche Aufsatz von Martin Tielke in „Frisia Judaica" und das vor einigen Monaten von Lina Gödeken veröffentlichte Buch „Rund um die Norder Synagoge."

Bei der Durchführung meiner Arbeit hat mich Manfred Bätje, Stadtarchivar der Stadt Norderney, mit wertvollen Hinweisen und einer Fülle von Aktenmaterial tatkräftig unterstützt. Herr Bätje hat sich für meine vielen Fragen immer Zeit genommen. Er hat mir auch geholfen, die für mich nicht gut lesbare deutsche Schrift zu entziffern. Im Archiv, im Kleinen oder Großen Ratssaal konnte ich in Ruhe arbeiten. Bei meinen Recherchen im Stadtarchiv der Stadtverwaltung Norderney habe ich mich aufgrund der ausgesprochen angenehmen Atmosphäre sehr wohlgefühlt, hat mir die Arbeit Spaß gemacht.

Neben dem großen Engagement von Herrn Bätje haben mir MitarbeiterInnen aus folgenden Einrichtungen Einsicht gewährt, Hilfestellung gegeben, Erfahrungswerte vermittelt, Anregungen und Ideen eingebracht:
- Niedersächsisches Staatsarchiv Aurich
  (Frau Hennings, Herr Pötzsch)
- Ostfriesische Landschaft Aurich
  (Heidrun Oltmanns, Brigitta Veith)
- Landesbibliothek Oldenburg
  (insbesondere: Frau Willer, Frau Meyer, Frau Peters)
- Standortkatalog der deutschen Presse, Universitätsbibliothek Bremen
  (Helena Anita Knechtl, Sandra Tolle, Birte Dinkla)
- Staatsarchiv Bremen
  (Frau Schreiber)
- Institut für die Geschichte der deutschen Juden in Hamburg
- Landesverband der jüdischen Gemeinden von Niedersachsen in Hannover (Frau Schneemann)
- Landesvermessung und Geobasisinformation Niedersachsen in Hannover
  (Herr Spier)
- Vermessungs- und Katasterbehörde Ostfriesland Katasteramt Norden (Herr Evers)
- Amtsgericht Norden Grundbuchamt (Herr Marsänger)

Dank an die Soltausche Buchdruckerei Norderney und das Staatsbad Norderney für die spontane Bereitstellung der Zeitungsbände, die im Archiv der Stadtverwaltung nicht vorhanden waren. Danken möchte ich auch den MitarbeiterInnen der Universitätsbibliotheken Oldenburg, Osnabrück und Bremen, die mir bei der Literaturbeschaffung behilflich waren. Dank an Edelgard Kanz, Hannover, für Hinweise und Anregungen zum Kartenwerk, Henning Tasto, Teamdruck, Bassum, für Klebeumbruch und Druck der Geschäftsanzeigen, Günter Schlake, Syke, für die Übertragung vieler Schriftstücke von der Sütterlin- in die lateinische Schrift, Birgit Müller, Syke, für die Überarbeitung der Manuskripte, Berta, Jörg und Hendrik Kloppenburg, Aurich, für die Gastfreundschaft bei meinen Arbeitsaufenthalten in Aurich, Gudrun Eggen und Renate und Edgar de Boer, Norderney, für alle freundschaftliche Unterstützung. Für Rat und Korrekturen danke ich Melanie Schütte, Markus Fugmann, Helga und Axel Witt, Bremen. Allen, auch den namentlich nicht Genannten, die meine Arbeit mitgetragen und bei der Umsetzung mitgeholfen haben, bin ich sehr dankbar.

1 Einleitung

Diese Arbeit befasst sich mit dem Thema „Zur Geschichte der Juden auf Norderney - Von der Akzeptanz zur Desintegration -". Die Themenfindung erforderte im Vorfeld mehrere ausführliche und intensive Gespräche mit Prof. Dr. Rolf Meinhardt, Lehrender im Fachbereich Interkulturelle Pädagogik und Leiter des Instituts für Bildung und Kommunikation in Migrationsprozessen (IBKM) an der Carl von Ossietzky Universität Oldenburg, der diese Diplomarbeit wissenschaftlich begleitete und betreute. Dabei wurden Begriffe wie Toleranz, Assimilation, Diskriminierung als mögliche Arbeitstitel diskutiert und analysiert. Der für „Desintegration" ursprünglich vorgesehene Begriff „Diskriminierung" wurde verworfen, um den Titel nicht zu negativ zu besetzen und mögliche Leser abzuschrecken, gleichwohl verweist die Arbeit inhaltlich auf Ausgrenzungen in höchster Form.

Einbezogen in die Themenfindung wurde auch die fachkompetente Sachbearbeiterin des Landesverbandes der jüdischen Gemeinden von Niedersachsen in Hannover, Frau Schneemann, und der äußerst sach- und fachkundige Archivar der Stadtverwaltung Norderney, Manfred Bätje.

Arbeitsschritte

Um einen Ein- und Überblick über die Juden auf Norderney zu bekommen, habe ich im ersten Arbeitsschritt aus dem STAN Adressbücher aus folgenden Jahrgängen eingesehen:
- Adreßbuch des Nordsee-Bades Norderney vom 1. Juni 1879 - 1. Juni 1880
- Adreß-Buch für Ostfriesland (Landdrostei Aurich) 1880-1881
- Adressbuch des Nordsee-Bades Norderney Mai 1882
- Adreßbuch des Nordsee-Bades Norderney für 1893
- Hand- und Adreß-Buch für das Königliche Nordseebad Norderney 1896
- Adreßbuch für die Inselgemeinde Norderney. Königliches Nordseebad 1905
- Adressbuch für die Inselgemeinde Norderney. Königliches Nordseebad 1911
- Adress-Buch für die Inselgemeinde Norderney. Staatliches Nordseebad 1927
- Adreßbuch für die Inselgemeinde Norderney. Staatliches Nordseebad 1935

Im zweiten Arbeitsschritt habe ich in Melderegistern aus folgenden Jahren geforscht:
- Melderegister pro 1893-1895
- Melderegister pro 1904
- An- und Abmelderegister 1913
- Melderegister 1921
- Melderegister 1923
- An- und Abmelderegister der Gemeinde Norderney, beginnend am 1.1.1932
- An- und Abmelderegister der Gemeinde Norderney 1933

In einem weiteren Arbeitsschritt befasste ich mich mit:
Provinz Hannover
Regierungsbezirk Aurich
Kreis Norden
Gemeindebezirk Norderney
- Verzeichnis der Gewerbe-Anmeldungen Veranlagungsjahr 1893/94
- Verzeichnis der Gewerbe-Anmeldungen Veranlagungsjahr 1897/98. Angefangen 1. April 1897
- Verzeichnis der Gewerbe-Anmeldungen Veranlagungsjahr 1902. Angefangen 01.04.1902, Gewerbeanmeldungen 1902-1921

- Verzeichnis der Gewerbeanmeldungen. Angelegt 01.04.1922, Gewerbeanmeldungen 1922-1957

Im Katasteramt Norden habe ich die Urkarte von Norderney, Gemarkungskarte in sechs Blättern, aufgenommen 1874, kartiert 1875 sowie das Eigentümerverzeichnis, Gemeinde Bezirk Norderney, Stadt, eingesehen, in Flurbüchern geforscht und so Besitz auf Norderney ermittelt. Das Amtsgericht Norden ermöglichte mir Einsicht in Grundbuchakten nur mit Einwilligung der jetzigen Hausbesitzer. Im Staatsarchiv Aurich forschte ich in Gebäudebüchern und im Stadtarchiv Norderney fanden sich Gebäudesteuerrollenbücher, die auch Straßennamen- und Hausnummernänderungen aufwiesen. Exemplarisch füge ich Kopien aus den genannten Büchern bei. Im Staatsarchiv Aurich fand ich umfangreiches Material zu Norderney, insbesondere zu Juden auf Norderney.

Schließlich bearbeitete ich:
- Verzeichnis der Ausländer angefangen am 01.10.1903
Nachweisung der in der Gemeinde Norderney, Kreis Norden, sich aufhaltenden Ausländer 1906 bis 1912
- Verzeichnis der Ausländer angefangen am 01.01.1912
Nachweisung der in der Gemeinde Norderney, Kreis Norden, sich aufhaltenden Ausländer 1912 bis 1921
- Ausländer-Nachweis. Nachweisung der in der Bürgermeisterei-Kreis - sich aufhaltenden Ausländer. Mit Bezug auf die Verfügung vom 23.06.1922 vorzulegen (enthält Nachweise sich aufhaltender Ausländer bis 1924)
-

Ein letzter Arbeitsschritt führte zur Durchsicht folgender alter Zeitungsbände:
- Wöchentliche Ostfriesische Anzeigen und Nachrichten, Aurich
- Gemeinnützige Nachrichten für die Provinz Ostfriesland, Aurich
- Politisches Journal für die Provinz Ostfriesland, Aurich
- Amtsblatt für die Provinz Ostfriesland, Aurich
- Norderneyer Badezeitung, Norderney
- Der Gemeinnützige
- Jeversches Wochenblatt
- Allgemeine Zeitung des Judenthums
- C.V.-Zeitung
- Jüdische Rundschau
- Orden Bne Briss, VIII U.O.B.B.

Die Zeitungen zeigten ein interessantes Bild zu den von mir erforschten Zeitabschnitten auf. Die Entwicklung der Seebadeanstalt von der Gründung in 1797 bis 1814 habe ich anhand von Zeitungsberichten beschrieben.

2 Akzeptanz - Desintegration

Um die Begriffe „Akzeptanz" und „Desintegration" darstellen zu können, steht die Wortdefinition an erster Stelle meines Darstellungsversuches.

2.1 Akzeptanz

Die Begriffsanalyse „Akzeptanz" gestaltete sich trotz vorhandener Begriffskonnotationen wie Vertrauen / Toleranz und Konsens schwierig.

Akzeptanz als Begriff der Alltagssprache

Im öffentlichen und privaten Sprachgebrauch wurde der Begriff „Akzeptanz" zum Modewort. Etwas akzeptieren, wie die Meinung, die Einstellung oder eine Äußerung eines Mitmenschen bewegt sich im Umfeld von zustimmen, befürworten oder bestätigen. „Alltagspraktische Verwendung findet der Akzeptanzbegriff auch in bezug auf Gesetze, Bauwerke, wissenschaftliche und politische Projekte oder marktgängige Produkte. Ebenfalls häufig bezieht er sich auf Handlungen, Werte und Normen sowie auf Personen, Personengruppen und Sozialkategorien."[1]

Zur Problematik der begrifflichen Klarheit

Soziologische und sozialwissenschaftliche Wörterbücher und andere Fachlexika geben wenig Klarheit zum Begriff „Akzeptanz". Nicht nur in der Soziologie, auch in der Philosophie, Sozialpsychologie und Politikwissenschaft „zählt der Akzeptanzbegriff zu den eher neuen und von der Begriffsgeschichte her vergleichsweise jungen Fachtermini, die sich in herangezogenen Wörterbüchern kaum dokumentiert und in den für das jeweilige Fach verbindlichen Standardwerken noch nicht definiert finden."[2]

Akzeptanz - ein unbestimmter Begriff

Bis Ende der siebziger Jahre war der „Akzeptanzbegriff" in gängigen Wörterbüchern nicht zu finden. In der „Brockhaus Enzyklopädie" fehlt der „Akzeptanzbegriff" „bis in die vorletzten Auflagen (17. Aufl.1966, 18. Aufl.1977) hinein völlig. In der Duden-Rechtschreibung ist er als eigenständiger Begriff erstmalig in der 18. Auflage 1980 verzeichnet."[3] In Standardwerken der Soziologie ist der „Akzeptanzbegriff" noch 1988 nicht ausgewiesen, mit Ausnahme der Encyclopaedia Britannica (The Encyclopaedica 1910) und der Encyclopaedica of the Social Sciences (Seligman / Johnson 1950).

Nach ENDRUWEIT / TROMMSDORFF wird „Akzeptanz" im 1989 herausgegebenen „Wörterbuch der Soziologie" definiert als „die Eigenschaft einer Innovation, bei ihrer Einführung positive Reaktionen der davon Betroffenen zu erreichen. Die spezifizierende Ergänzung ‚Sozialverträglichkeit' ist die Eigenschaft einer Innovation, sich funktional in die neue Sozialstruktur einpflanzen zu lassen (evolutionärer Wandel) oder eine gegebene Sozialstruktur so verändern zu können, daß sie funktional in die neue Sozialstruktur paßt (revolutionärer Wandel)."[4]

Laut „Brockhaus" kommt der Begriff „Akzeptanz" von dem lat. „acceptare" - annehmen, sich gefallen lassen. Nach gängigen Fremdsprachenwörterbüchern bedeutet „to accept" im Englischen annehmen, „accepter" im Französischen auf-, ab- (als auch) annehmen. „Das aus dem Lat. kommende (...) akzeptieren" bekommt durch „to adopt" und „to adapt" aus dem Englischen eine doppelte Wortbedeutung. Akzep-

---

1 Lucke, D.: Akzeptanz - Legitimität in der Abstimmungsgesellschaft, Opladen 1995, S. 36.
2 Ebd., S. 45.
3 Ebd., S. 46.
4 Endruweit, G. / Trommsdorff, G.: Wörterbuch der Soziologie, Stuttgart 1989, S. 9.

tieren bezieht sich „auf das Einpassen (von etwas anderem) in vorhandene Systeme und Strukturen unter möglichst geringer Veränderung des Angenommenen und im so verstandenen Sinne Adoptierten." Zum anderen meint akzeptieren „das adaptierende (sich selbst oder etwas anderes) Anpassen an Bestehendes und bereits Vorhandenes."[1]

Akzeptanz in den soziologischen Nachbardisziplinen
Vor allem in der Rechtssoziologie finden sich Definitionsversuche des „Akzeptanzbegriffs". WÜRTENBERG definiert die Gesetzesakzeptanz mit „Anerkennung". Nach RÖHL ist die Akzeptanz ein modernes Synonym des klassischen Legitimitätsbegriffs. Für KINDERMANN ist Definitionskriterium für Akzeptanz „allein das Zurückstellen vorhandener Bedenken und die Bereitschaft, eine Norm, notfalls auch gegen sich und gegen die eigenen Überzeugungen und Interessen, gelten zu lassen."[2]

Nachbarbegriffe Legitimität, Konformität und Toleranz
Im semantischen Umfeld von „Akzeptanz" werden die Nachbarbegriffe „Legitimität", „Konformität" und „Toleranz" verwendet. Inwieweit sie zur Definition des Akzeptanzbegriffs beitragen und in die Akzeptanzforschung, auch interdisziplinär, eingebracht werden, ist Untersuchungen vorbehalten. „Legitimität" wurde als zentraler Begriff in Max Webers „Herrschaftssoziologie" „ausschließlich auf den Herrschafts- und den Rechtsbegriff bezogen, gebraucht."[3] Akzeptanz wird in Zusammenhang der positiven Bewertung von Herrschenden und politischen Bewegungen in Übereinstimmung mit Gesetzen und Verfassungen gesehen.
Auch Konformität konvergiert mit dem Akzeptanzbegriff hauptsächlich auf der „Ebene der Herrschaftsbegründung, soweit diese von den Beherrschten akzeptiert wird und unter ihnen (idealtypischerweise) konsentiert ist."[4] WISWEDE definiert den Konformitätsbegriff „als konformes Verhalten."[5]
LUCKE definiert, angelehnt an Max Webers Herrschaftsidiologie, Akzeptanz „als die Chance für bestimmte Meinungen, Maßnahmen, Vorschläge und Entscheidungen bei einer identifizierbaren Personengruppe ausdrückliche oder stillschweigende Zustimmung zu finden und unter angebbaren Bedingungen aussichtsreich auf deren Einverständnis rechnen zu können."[6] Dieser Ansatz wird auch in der soziologischen Akzeptanzforschung als Variante favorisiert.
PIERRE BOURDIEUS münzt den Begriff „Akzeptanz" um aus der Nähe des Rechtes in anderen Bereichen gültige und allgemein gesellschaftsfähige Sozialwährung. Er erweitert den Legitimitätsbegriff „auf die Bereiche Kunst, Kultur, Sport und Mode."[7]
Toleranz, der Akzeptanz verwandt, beinhaltet nicht Zustimmung, Befürwortung und Bestätigung, sondern Duldung und Gewährenlassen.

Akzeptanz - ein vielschichtiger Prozess
Entgegen der Definition von ENDRUWEIT handelt es sich nach LUCKE bei Akzeptanz „nicht um eine Eigenschaft, weder von Personen noch von Dingen, Maßnahmen oder Entscheidungen. (...), ist Akzeptanz nach der hier vertretenen Auffassung jedoch das Ergebnis vielschichtiger und subjekt- wie objektseitig voraussetzungsreicher Prozesse. Gleichzeitig stellt sie sich als Resultat sozialer Konstruktionen dar, die stets nur aus den jeweiligen Akzeptanzkontexten heraus versteh- und interpre-

---

1 Lucke, Opladen 1995, S. 74.
2 Ebd., S. 51.
3 Ebd., S. 54.
4 Ebd., S. 58.
5 Ebd., S. 59.
6 Ebd., S. 104.
7 Ebd., S. 55.

tierbar und entsprechend veränderlich sind."[1] Akzeptanz bedeutet auch nicht bedingungslose Hochachtung und Verehrung.
Akzeptanz bedeutet „was von wem innerhalb welcher Gesellschaft, in welcher Situation und zu welchem Zeitpunkt sowie aus welchen Gründen und Motiven akzeptiert (...) wird."[2]
Akzeptanz ist entgegen der Definition ENDRUWEITS „keine Eigenschaft (von neuen Technologien), auch nicht von Personen, Personengruppen, (...) unveränderliche Qualität eines begehrten und oft verkauften Produkts noch das Persönlichkeitsmerkmal eines beliebten Menschen",[3] sondern das Ergebnis eines vielschichtigen Prozesses.
Der Akzeptanzbegriff bewegt sich zwischen Akzeptanzsubjekt, Akzeptanzobjekt und Akzeptanzkontext. Der Akzeptanzkontext ist subjekt- als auch objektseitig bestimmt. Gegenstände von Akzeptanz können Dinge des täglichen Gebrauchs, technische Geräte, Meinungen, Argumente, Themen, Probleme, Lebensstile, Handlungen und die sie begründenden Werte und Normen sein.
„Es kann sich aber auch um Personen und Personengruppen und die ihnen als Angehörigen bestimmter Gruppen (...) - mit inhaltlichen Variationen, wechselnden (sub-)kulturellen Präferenzen, historischen und biographischen Konjunkturen und in veränderlichen gesellschaftlichen Konstellationen - zugeschriebenen Persönlichkeitsmerkmale und Charaktereigenschaften handeln. Nur in Relation zu diesen Objekten ist die Rede von Akzeptanz eine soziologisch sinnvolle und empirisch gehaltvolle Aussage."[4]
Nach Sichtung der Fachliteratur stellte sich heraus, dass nur wenige Soziologen, Juristen, Psychologen und Politikwissenschaftler sich explizit mit dem Akzeptanzbegriff auseinandersetzten. Der Akzeptanzbegriff konnte darum nicht eindeutig definiert werden. Auch im semantischen Umfeld von Akzeptanz wie Legitimität, Konformität und Toleranz konnte der Akzeptanzbegriff nicht eindeutig geklärt werden. Die Spurensuche im semantischen Umfeld sozialwissenschaftlicher Begriffe zeigte eher Defizite auf.

Akzeptanz in den Naturwissenschaften
„Überaus anschauliche Metaphern der ‚Akzeptanz' finden sich außerhalb der semantischen Räume sozialwissenschaftlicher Begrifflichkeit auf verschiedenen Gebieten der Naturwissenschaften. Dies gilt für die Chemie und die Physik, die Meteorologie, die Geologie und Astronomie, aber auch für die Biologie, die Medizin und die moderne Nachrichtentechnik. All diese Disziplinen verfügen über eine Reihe auf gesellschaftliche Zusammenhänge übertragbare Bilder und Vorgangsbeschreibungen, die sich für eine analogisierende Bestimmung von gesellschaftlicher Akzeptanz eignen und die Modell- und Theoriebildung auch in den Sozialwissenschaften anregen könnten."[5]
Ein anschauliches Bild von Akzeptanz bildet ein Stoff oder ein Körper, der einen anderen Stoff bindet und mit ihm eine physikalische Legierung bildet.
Eine weitere Darstellung von Akzeptanz stellt eine Organverpflanzung dar, bei der der Körper das fremde Organ annimmt oder abstößt. Magneten ziehen sich nach Aufladung an oder stoßen sich ab, wie Menschen aufeinander anziehend wirken,

---
1 Lucke, D.: Riskante Annahmen - Angenommene Risiken. Eine Einführung in die Akzeptanzforschung. In: Lucke, D./ Hasse, M.: Annahme verweigert - Beiträge zur soziologischen Akzeptanzforschung, Opladen, 1998, S. 20.
2 Lucke, D.: Akzeptanz Legitimität in der „Abstimmungsgesellschaft" Opladen, 1995, S. 90.
3 Ebd., S. 91.
4 Ebd., S. 89.
5 Ebd., S. 67.

sich sympathisch sind oder ihre Person, ihre Meinungen und Verhaltungsweisen abgelehnt werden.
Politiker bewegen sich angelehnt an die Metereologie in ihrer Karriere als aufgehender oder untergehender Stern. In den Nachrichtentechniken stoßen Signale bei den Empfängern auf positive oder negative Resonanz. Musik findet Anklang oder wird abgelehnt. „Analoges gilt im zwischenmenschlichen Bereich für das Verhältnis von Personen untereinander, aber z.B. auch für die Akzeptanz (sub)kultureller Werte, Normen und (kulinarischer, ästhetischer etc.) Standards."[1] Physikalisch erzeugte Dissonanzen, technische Missklänge sind übertragbar auf zwischenmenschliche Beziehungen.

Ausdrucksformen der gesellschaftlichen Akzeptanz
Akzeptanz ist nicht ohne weiteres wahrnehmbar, sie muss dargestellt und symbolisiert werden. Akzeptanz wird vorwiegend dargestellt in den Medien der Sprache und findet auch in der Körpersprache ihren Ausdruck. Wir akzeptieren jemanden oder lehnen ihn ab, wählen eine Person oder stimmen gegen sie.
Die Bandbreite des Begriffs ist, wie bei der Ablehnung, weit gespannt. „In seinen graduellen Abstufungen und möglichen Typifikationen reicht das Bedeutungsspektrum von der tiefen Gewissensüberzeugung, der begeisterten Aufnahme einer Idee und der Verteidigungsbereitschaft gegenüber Werten bis zur habituellen Nutzung von Alltagstechniken und der gewohnheitsmäßigen Befolgung nur äußerlich akzeptierter und in ihren faktischen Geltung unbewußt gewordener Regeln."[2]
„Akzeptierte Personen(kreise) sind analog dazu solche, gegen deren Anwesenheit niemand etwas einzuwenden hat, die willkommen, also keine ‚personae non gratae', sind und weder in rechtlicher, finanzieller, sozialer noch in irgendeiner anderen Hinsicht diskriminiert werden."[3]

2.2 Desintegration

Soziale Desintegration - Soziale Desorganisation
BERNSDORF identifiziert den Begriff soziale Desintegration mit dem Begriff der sozialen Desorganisation, also im Sinne der Auflösung der Struktur eines sozialen Gebildes, „die sich nach HOMANS in einer Verminderung der Anzahl der von der Gruppe ausgeübten Aktivitäten, in einer abnehmenden Häufigkeit der Interaktionen, in einer Verringerung der Stärke der zwischenmenschlichen Gefühle und in einem Verlust der Kontrolle im Sinne der Hemmung des individuellen Verhaltens zeigt."[4] Desintegration bedeutet laut BERNSDORF aber auch „Ausgliederung" in einzelne Kultursektoren wie Technik, Wirtschaft, Recht, Staat, Religion, Wissenschaft, Kunst und schließlich auch Familien, die relativ autonom sind und relativ unabhängig voneinander funktionieren.

Desintegration als Auflösungsprozess
Das Lexikon zur Soziologie definiert Desintegration als „Prozeß der Auflösung der internen Struktur einer sozialen Gruppe oder eines sozialen Systems. (...) Prozess der Auffächerung eines kulturellen Normen- und Wertesystems in eine Vielzahl einzelner Kultursektoren (Technik, Wirtschaft, Recht usw.), die relativ unabhängig voneinander funktionieren und autonom sind."[5]

---

[1] Lucke, D.: Akzeptanz Legitimität in der „Abstimmungsgesellschaft" Opladen, 1995, S. 69.
[2] Ebd., S. 95.
[3] Ebd., S. 106.
[4] Bernsdorf, W.: Wörterbuch der Soziologie, Stuttgart 1969, S. 376.
[5] Fuchs-Heinritz, W.: Lexikon zur Soziologie, Opladen 1994, S. 135.

Das Soziologie-Lexikon beschreibt Desintegration als einen „Prozeß der Auflösung bzw. des Auseinanderfallens der inneren Struktur eines sozialen Gebildes, oft durch sozialen Wandel verursacht; (...) qualitativ und / oder quantitativ erhebliches abweichendes Verhalten wird als Indikator für Desintegration herangezogen. Sowohl die Handelnden erscheinen desintegriert, wie auch die Gesellschaft, die sich evtl. in Subkulturen teilt."[1]

Desintegration als Ausgrenzung und Abwertung
„Es deutet vieles darauf hin, daß Desintegration zu einem Schlüsselbegriff zukünftiger gesellschaftlicher Entwicklungen avancieren wird. (...), als daß weitreichende individuelle, soziale und politische Beeinträchtigungen und Beschädigungen auf die Tagesordnung gesetzt werden - allen angestrengten Verdrängungsbemühen zum Trotz. Denn es sei daran erinnert, daß die gewaltsamen Ideologien des 20. Jahrhunderts durch die Umwälzungen im 19. Jahrhundert eingeleitet wurden."[2]

Heitmeyer analysiert den Zustand und die Entwicklung einer Gesellschaft u.a. unter den Gesichtspunkten :
„Ausgrenzung von sozialen Gruppen und Milieus vom Zugang zu materiellen und kulturellen Gütern";[3]
„Abwertung und Diskriminierung von ethnisch-kulturellen Minderheiten."[4]

Kontinuität geistesgeschichtlicher Voraussetzungen
von Ausgrenzungsprozessen
Nach THALMANN „kann sich Erinnerung an die Vergangenheit für die Zukunft nicht auf extremste Formen der Menschenverachtung beschränken, denn dies würde bedeuten, daß diese extremen Formen gewissermaßen ex nihilo, schicksals- oder konjunkturbedingt entstanden sind und dementsprechend in den als Rechtsstaaten geltenden pluralistisch-demokratischen Gesellschaften weder Vorgeschichte noch Nachwirkungen haben. Gestellt ist damit die Frage der Kontinuität geistesgeschichtlicher Voraussetzungen von Ausgrenzungsprozessen verschiedener Menschengruppen, Völker und sogenannter Rassen, ein Begriff, der in der Vergangenheit nicht unbedingt unüberwindliche Unvereinbarkeit voraussetzte, heutzutage aber wissenschaftlich und sozialpolitisch delegitimiert, abgelehnt oder zumindest nur in Anführungszeichen wahrgenommen werden sollte."[5]

Bezogen auf den thematischen Schwerpunkt dieser Arbeit wird vor dem Hintergrund der „Akzeptanz" zur „Desintegration" zu folgenden Fragen geforscht:

- Gab es Juden auf Norderney, zu welcher Zeit und wie viele?
- Waren sie anerkannt innerhalb der nicht jüdischen Bevölkerung der Insel?
- Bereisten nach Gründung der Seebadeanstalt 1797 auch jüdische Badegäste die Insel?
- Waren sie gern gesehene Gäste?
- Wurde Juden gestattet, sich auf Norderney niederzulassen?
- Gab es jüdische Geschäftsleute auf der Insel?
- Führten sie ihre Betriebe ganzjährig oder nur in der Saison?
- Wie waren die beruflichen Strukturen der jüdischen Einwohner?

---
1 Reinhold, G.: Soziologie - Lexikon, München 1991, S. 100 f.
2 Heitmeyer, W.: Was treibt die Gesellschaft auseinander? Frankfurt am Main 1997, S. 9.
3 Ebd., S. 10.
4 Ebd.
5 Thalmann, R.: Menschenverachtende Gesellschaften und die Intellektuellen, In: Geldbach, E.: Vom Vorurteil zur Vernichtung? „Erinnern" für morgen, Münster 1995, S. 15 ff.

- Erwarben Juden auf Norderney Besitz?
- Wie übten die Juden ihre Religion aus? Hatten sie eine eigene Synagoge?
- Wie und wo pflegten Juden ihre besonderen Lebens- und Essgewohnheiten?
- Gab es ein jüdisches Kinder-Erholungsheim?
- Wie gestaltete sich das tägliche Miteinander zwischen der jüdischen und der nicht jüdischen Bevölkerung?
- Konnten Juden bei der Ausübung ihres Lebensstils mit Verständnis rechnen? Fanden sie ausdrückliche oder stillschweigende Zustimmung?
- Bekleideten Juden öffentliche Ämter?
- Haben Juden zum wirtschaftlichen Aufstieg der Insel beigetragen?
- Wie wirkte sich die reichsweite Ausgrenzung der Juden auf die jüdische Bevölkerung von Norderney aus?
- Wie verhielten sich die jüdischen Kurgäste in dieser Zeit?
- Wo blieben die Juden von Norderney?

3 Zur Geschichte Norderneys

„Das Eyland Norderney, unter Behrumber Amt gehörig, hat eine Kirche und 18 Häuser, es liegt von der Ostermarsch ins Norden, und ins Westen von der Insel Baltering, hat ostwärts Dünen so 340, westwärts aber 300 Ruhten breit und vom Osten bis Westen 1595 Ruhten lang sind; der Osterstrand von diesen Dünen bis ans Seegatt Wichterey ist lang 790 Ruhten, ziemlicher Höhe und großer Sandstäuburg; das hohe Riff streckt sich ins Süden von dem Fahrwasser, welches gegen den Turm wohl 18 Faden tieff, und ist mit einer halben Getiede trucken; das Norderneyer Tieff nimmt sehr ab und verläufft, also daß es, bevor ab wenn das Wasser leeg ist, fast unbrauchtbar wird; inwendig dem Osterrstrande nach dem Südosten hin ist das Jellesand, welcher sehr gefährlich vor das Stranden der Schiffe; an dem Westende der Dünen haben die Einwohner dieses Eylandes, weil sie wahrgenommen, daß sich viel Helmer und große Sandstäuburg erhoben, durch dienstliche Mittel, als Setzung der Buschen, Fortpflanzung und Pfropfung der Helmeren, unterschiedliche Dünen gewonnen und wäre wohl nöthig, daß selbiges continuirlich deromassen weiteres beobachtet würde,"[1] so zu lesen in einem der ältesten erhaltenen Berichte aus dem Jahre 1650.
„Ein Rechnungsbuch der Gräfin Anna gibt etwa 1550 an": (...), „daruf wohnen 16 lüde (ohne Zweifel mit Familie), (...)."[2] Somit wuchs die Bevölkerung von 1550 bis 1650 nur um zwei Haushaltungen. Der Name Norderney war bereits in der zweiten Hälfte des 16. Jahrhunderts der „gangbare."[3] Norderney trug früher die Bezeichnung ‚Osterende'. (...) „muß wohl darauf zurückgeführt werden, daß die Insel früher zu einem nach Westen gelegenen Ganzen gehörte, von welchem sie im Laufe der Zeit abgerissen wurde."[4]

3.1 Die wirtschaftliche Situation des Inseldorfes Norderney von den Anfängen der Besiedlung bis zur Gründung der Seebadeanstalt

Die Insulaner wohnten in kleinen Holzhäusern in den Dünen. Ihre wirtschaftliche Situation wird wie folgt beschrieben: „Seit dem Beginn der Besiedlung von Norderney, über die man zeitlich keine Angaben machen kann, war eine wichtige Einnahmequelle die Bergung gestrandeter Produkte und Schiffsgüter."[5] Das Strandgut wurde von Schiffen über Bord geworfen oder aber von gestrandeten Schiffen an Land gespült. Norderney wurde von einem Vogt verwaltet, der vom Grafen von Ostfriesland bestimmt wurde. Die Insel war Herrenland, Eigentümer gab es nicht, nur Erbpächter. Die Insulaner besaßen keine politischen Rechte. „Sie durften nicht an das Hofgericht appellieren und konnten auch nicht zu Landtagen oder anderen gemeinen Versammlungen berufen werden."[6]

3.2 Fischerei als Gewerbezweig

Die wichtigste Ernährungsquelle der ersten Insulaner war der Fischfang. Die Strand- und Wattfischerei sicherte zusätzlich die Existenz. Die Lebensbedingungen der Insulaner waren hart. „Frischer, gesalzener, geräucherter und im Winter getrockneter Fisch wurde zum Tee, zu Mittag, als Dessert und zur Not auch abends gereicht. Da-

---
[1] Rykena, St.A.: Beiträge zur Geschichte von Norderney, Norden 1912, S. 8.
[2] Ebd., S. 6.
[3] Ebd.
[4] Ebd.
[5] König, J.G.: Norderney. Portrait einer Insel, Fischerhude 1977, S. 29.
[6] Rykena, Norden 1912, S. 7.

zu gab es - wenn vorhanden - Kartoffeln mit Senfsauce und Gemüse aus dem eigenen Garten. Sonntags gabs zur Abwechslung auch Mehlspeisen oder das Lieblingsgericht vieler Fischer „Gört un Pluumen" (Grütze mit Pflaumen). Fleisch (wenn überhaupt, dann Schafsfleisch) war Luxus. Ja, und wenn einmal tatsächlich kein Fisch zur Hand war, dann verzehrte man Miesmuscheln nach dem Motto: „Mussel is good Fis, wenn d´r anners niks is."[1] Unsichere Lebensräume und geringe Erwerbsmöglichkeit hinderten die Insulaner über viele Jahre daran, sich wirtschaftlich zu entfalten. Bis zum Jahre 1750 ist der Fischfang als Inselgewerbe zu betrachten. Anfangs wurde für den eigenen Bedarf gefischt. Mit Zunahme der Fischer und großer Fischmengen wurde der Fisch auf dem Festland verkauft.

3.3 Handel und Schifffahrt

Ende des 17. und Anfang des 18. Jahrhunderts fuhr ein Teil der männlichen Bevölkerung auf Kauffahrteischiffen, die Mehrzahl der Insulaner ging bis zur Mitte des 18. Jahrhunderts weiter auf Fischfang. Mitte des 18. Jahrhunderts, als die Handelsschifffahrt wuchs, wandten sich viele Insulaner der Kauffahrteischifffahrt zu, die Fischerei, ursprüngliche Erwerbsquelle, verschwand immer mehr. Die Schaluppen für den Schellfischfang reduzierten sich von 30 Schaluppen um 1790 auf nur 9 Schaluppen. „1790 besaß die Insel bereits 20 Kauffahrteischiffe, am Ende des Jahrhunderts sogar 50."[2] Der Wandel der Erwerbstätigkeit war begründet durch die aufblühende Industrie im festländischen Ostfriesland. Die Häfen Emden und Norden, Umschlagplätze für Im- und Export, importierten Kolonialwaren, exportierten landwirtschaftliche Produkte aus der heimischen Industrie. 1768 verschickten Emder Kaufleute ihre Produkte nicht mehr nach Holland, sondern direkt nach England. „Ein großer Teil der Besatzung dieser Kompagnieschiffe bestand aus Insulanern."[3]
Die Norderneyer fuhren auch für Kaufleute aus Bremen, Hamburg und Amsterdam. Eine sehr bedeutende Rolle spielte der Holzhandel. Während der Kauffahrteischifffahrt blieben nur wenige Insulaner ihrem Fischerberuf treu. 1797 gab es nur neun Fahrzeuge, die Norderney und das Festland mit Frischfisch versorgten.

---

1 König, Fischerhude 1977, S. 30.
2 Ebd., S. 39.
3 Bakker, H. S.: Norderney. Vom Fischerdorf zum Nordseeheilbad, Norden 1980, S. 8.

4 Die Entwicklung des Inseldorfes Norderney zur Seebadeanstalt im Jahre 1797

1797 war das Jahr, das in die Geschichte der Insel eingehen sollte. „Es waren vor 1800 einzelne Reisende, die - jeweils unterschiedlich motiviert - die Insel besuchten, um dort Ruhe, Urtümlichkeit, vielleicht sogar auch Wiederherstellung ihrer Gesundheit zu finden."[1]
Das Interesse, gesund zu leben, war gestiegen. Seitdem in England Richard Russel (1700-1771) Nordseekuren verordnete, setzten sich auch in Deutschland Ärzte mit Meerwasser und Seeluft als Heilfaktoren auseinander. In Göttingen pries Prof. Georg Christoph Lichtenberg (1742-1799) in dem „Göttingschen Tagebuch" die heilenden Kräfte des Meeres und fand Unterstützung in dem Jenaer Prof. Hufeland (1762-1836). Lichtenberg gewann auch unter anderen Dr. Vogel (1750-1837) aus Schwerin, Gründer des ersten deutschen Seebades Doberan.
„Am 17. Juli 1783 richtete der Pastor Janus auf Juist eine diesbezügliche Eingabe an König Friedrich den Großen, infolgedessen die Verwaltungsbehörde der Provinz die Ärzte zu einem Gutachten darüber aufforderte."[2]
„Der damalige Vogt Dietrich Feldhausen erkannte die Zeichen der Zeit und baute ein geräumiges Haus, in dem er Gäste aufnehmen und bewirten konnte. Nach Rücksprache mit dem damaligen Präsidenten der ostfriesischen Stände, dem Freiherrn Edzard Mauritz zu Inn- und Knyphausen, der gerne auf der Insel weilte, richtete er 1797 an die Landschaftsversammlung den Antrag, auf Norderney, das damals 106 Häuser mit 563 Einwohnern zählte, eine Seebadeanstalt zu errichten."[3] „Er gibt an, daß schon seit längerer Zeit verschiedene mit Gicht und Aufschlag behaftete Kranke auf Anraten ihrer Ärzte Seebäder genommen haben und auch für dieses Jahr - 1797 - verschiedene Personen auf Norderney angemeldet sind."[4] Feldhausens Idee, seinen Betrieb auszuweiten, wird von den Ständen abgelehnt. „In Ostfriesland waren es in erster Linie der Vorsitzende der Ostfriesischen Landstände, Freiherr von Inn- und Knyphausen und der Landphysikus Dr. F. W. von Halem, welche die Errichtung einer Seebadeanstalt an der heimatlichen Küste erstrebten, so daß im Anfang 1797 die Landstände der Sache näher traten."[5]
„(...), und so kam es zu zwei Eingaben an die Stände 1797: Am 9. Mai bietet sich der Vogt den Ostfriesischen Landständen zur ‚Unternehmung einer wohltätigen Seebadeanstalt' an. Dr. von Halem folgte mit einer Eingabe am 17. Mai. (...). Die ostfriesischen Stände zögerten nicht länger und entschieden sich am 17. Mai 1797 ‚für die Veranstaltung eines Seebades'. Bereits am 3. Oktober 1797 genehmigte König Friedrich Wilhelm II. das Vorhaben."[6]
„Da man sich allseits überzeugt hält, daß ein Seebad bei verschiedenen Krankheiten sehr vielen Nutzen leistet, auch selbst hiesige Eiländer den wohltätigen Einfluß der Seebäder auf die Gesundheit bereits aus der Erfahrung kennen gelernt hatten, da ferner nach Anlegung eines Seebades die kostbaren Reisen nach ausländischen Bädern erübrigt sein können und endlich der Kostenaufwand in Absicht des Ganzen von geringer Erheblichkeit ist, sodann auch in der Folge die Anstalt sich selbst erhalten kann, so sind sämtliche Stände für die Veranstaltung eines Seebades."[7]

---

1 Buurmann, H.: Als Norderney Seebad wurde. Die wohltuende Seebadeanstalt 1797-1827, Norden 1985, S. 5.
2 Rykena, Norden 1912, S. 27.
3 Möhlmann, G.: Geschichte der Insel und des Seebades Norderney, Aurich 1964, S. 14.
4 Rykena, Norden 1912, S. 27.
5 Ebd.
6 König, Fischerhude 1977, S. 41.
7 Möhlmann, Aurich 1964, S. 14 f.

Dr. Friedrich Wilhelm von Halem, der Norddeich als Standort der Badeanstalt ablehnte und sich trotz finanzieller Schwierigkeiten vehement für Norderney einsetzte, erhielt 1799 von den Ständen zunächst für drei Jahre 1500 Taler.
1799 ließ von Halem ein Konversationshaus bauen. „Es war ein hölzernes, 60 Fuß langes, 25 Fuß breites, 21 Fuß hohes Gebäude mit einem flachen, 6 Fuß überstehenden Strohdache. An jedem Ende des Baues waren 2 Zimmer eingerichtet, die Mitte nahm der Saal ein, das ganze Gebäude kostete 1394 Taler."[1] Im Frühjahr 1800 wurde die Seebadeanstalt Norderney eröffnet.
Im Juni 1800 berichteten die Wöchentlichen Ostfriesischen Anzeigen und Nachrichten von den „kräftigen Wirkungen des Seewassers gegen verschiedene Krankheiten"[2] und über die Gründung einer Seebadeanstalt „auf der dazu am bequemsten gelegenen Insel Norderney."[3] Verwiesen wird auf die chemischen Untersuchungen des Nordseewassers mit dem Ergebnis, „daß dasselbe beynahe mal so reichhaltig an constitutiven Theilen sey, als das Wasser der Ostsee."[4]
Die Gesundheit zu fördern durch die reine Luft, die kräftigen Seebäder in bedeckten Karren und die Seele zu erheitern durch Musik, Lesebibliothek und Konversation, dazu sollte die Seebadeanstalt beitragen. Zudem „sind auf der Insel beynahe 50 gute Quartiere mit reinlichen Betten und nothwendigen Meublen vorhanden",[5] die der Vogt Feldhausen besorgte. „Für gutes, frugales aber gesundes Essen und Trinken wird gesorgt und zwar so, daß des Mittags nur eine allgemeine Tafel stattfindet."[6]
Mitte Juli fuhren an vier Tagen in der Woche bedeckte Schiffe nach und von Norderney, und „es geht täglich ein Mensch von der Insel nach Norden und zurück, da denn jeder seine Briefe und andere Bestellungen machen kann."[7]
1801 unterstützten die Stände die Errichtung eines kleinen Badehauses für warme Meerwasserbäder. Die Norderneyer, die die Seebadeanstalt kritisch betrachteten, überzeugte Dr. von Halem, an Fremde Zimmer zu vermieten.
In Wöchentliche Ostfriesische Anzeigen und Nachrichten wird 1801 auf eine Abhandlung „Über die Seebadeanstalt auf der Ostfriesischen Insel Norderney" von Dr. von Halem, „Medicinal-Rath und Landphysikus", verwiesen. „Diese Abhandlung enthält eine vollständige Nachricht von der Einrichtung zu den kalten sowohl als warmen Seebädern, einige Bemerkungen über den Gebrauch des hiesigen Seebades, von der Art nach der Insel zu reisen, den Quartieren, der Oekonomie und andern dahin gehörige Gegenstände."[8]
1802 wurde neben dem ersten ein zweites Conversationshaus mit großem Saal, Billardzimmer und Küche gebaut. Am 21. Juni 1802 berichtete die Wöchentliche Ostfriesische Anzeigen und Nachrichten: „Die Seebade-Anstalt, welche sich jetzt schon eines beträchtlichen Grades der nach dem Locale möglichen Vollkommenheit rühmen kann, hat auch im vorigen Sommer die Erwartung des Publikums nicht getäuschet."[9]
Es wird weiter bekannt gegeben, dass „Hilfsbedürftige" geheilt oder merkliche Erleichterung erfuhren, daß Gichtische und Rheumatische Krankheiten und deren Folgen, kalte Geschwülste, Hautausschlag und zurückgebliebene Schwäche nach

---

1 Rykena, Norden 1912, S. 28.
2 Wöchentliche Ostfriesische Anzeigen und Nachrichten No. 25, 16ten Juny 1800, S. 838.
3 Ebd.
4 Ebd.
5 Ebd., S. 839.
6 Ebd.
7 Ebd.
8 Ebd., No. 27, 29sten Juni 1801, S. 967.
9 Ebd., No. 25, 21sten Juni 1802, S. 872 f.

Krankheiten oder durch allgemeines schwaches Nervensystem dem Seebade die vorzüglichste Gelegenheit gab, seine Kräfte zu beweisen."[1] Gegen beständige Erkältung „ist das kalte Seebad ein Mittel, dem keines gleicht."[2]

Am 23. Juni 1803 schrieb Dr. v. Halem in Wöchentliche Ostfriesische Anzeigen und Nachrichten:

„Diese Anstalt, die jetzt noch die zweyte in Teutschland und die einzige an der Nordsee, nähert sich immer mehr dem Grade der Vollkommenheit, welchen sie nach dem Locale und denen ihr angewiesenen Hülfsmitteln, zu erreichen im Stande ist."[3]

Berichtet wird weiter von verschiedenen wichtigen Verbesserungen wie den Bau eines weiteren massiven Gebäudes neben dem Conversationshaus mit Saal und Billardzimmer. „In dem Badehause ist die dritte Stube zu den warmen Bädern eingerichtet, und die Zahl der Badekutschen am Strande bis auf sechse vermehrt."[4] Weiter ist zu lesen, dass gegen die Sonnenhitze auf der grünen Wiese zwei Zelte aufgestellt sind und in der nahen Scheune gegen Entgelt einige Pferde und Wagen gehalten werden können. Die Postbeförderung wird über eine Spedition sichergestellt. Die Briefe sind im Königlichen Posthause zu Norden oder aber bei der Spedition auf Norderney abzugeben. Ein Verzeichnis der Quartiere, jetzt um zehn gewachsen, liegt in den Wirtshäusern aus. Dr. von Halem verweist auf seine Abhandlung, in der er die Krankheiten angeführt hat, bei denen nach Erfahrung aller Länder Seebäder wirksam sind. „Unter den vielen Gästen, welche, zur Herstellung ihrer Gesundheit von den warmen oder kalten Bädern Gebrauch machten, sind einige ganz vollkommen geheilt, andere haben Erleichterung und Linderung ihrer Leiden empfunden und noch andere sind leider ungetröstet zurückgegangen."[5]

1804 stellt die Landschaftliche Kasse Dr. von Halem 150 Reichstaler zur Verfügung, damit er weiter auf der Insel verbleibt.

In Wöchentliche Ostfriesische Anzeigen und Nachrichten, Montag, den 2ten July 1804 ist zu lesen: „Der Aufenthalt auf der Insel, die daselbst wehende überaus reine Luft, der temperierte Boden, der Aufenthalt auf dem Wasser und der Genuß der fröhlichen sorgefreyen Unterhaltung, paßt für jeden, der Gebrauch der warmen und kalten Bäder aber ist nicht für alle und jede Constitutionen gleich nützlich."[6]

Empfohlen wird abschließend ein Aufenthalt von 3 bis 4 Wochen zum „Besten der Gesundheit" und es wird mitgeteilt, dass die Badezeit am 13. Juli beginnt.

„Die für alle Winde offenliegende Insel, beständige Ebbe oder Fluth, die hiedurch immer gereinigte temperierte und durch stete Zuströmen frischer Luft immer erneuerte Atmosphäre, der ebene, reine Sandboden, das gesellschaftliche Hin- und Herfahren über das Meer, das Ungewöhnliche und besondere einer Insel, die freye, fröhliche Unterhaltung mit Bekannten und Unbekannten, das behagliche kühle Baden im wirksamen Seewasser und dergl., befestigen die gesunden und verbessern manche kränklichen Anlagen, zu deren Hebung überdies, und zur Heilung vieler chronischer Krankheiten, noch die künstlichen warmen See- und Schwefel-Bäder veranstaltet worden sind, welche jeder individuellen Lage angemessen angewandt, wider viele Beschwerden erwünschte Hülfe leisten."[7]

---

[1] Wöchentlicher Ostfriesische Anzeigen und Nachrichten, No. 25, 21sten Juny 1802, S. 873.
[2] Ebd.
[3] Ebd., No. 26, 27sten Juny 1803, S. 952.
[4] Ebd., S. 953.
[5] Ebd.
[6] Ebd., No. 27, 2ten July 1804, S. 623 f.
[7] Ebd., No. 27, 8ten July 1805, S. 660.

1805 tritt Medizinalrat Dr. von Halem als Badearzt und Direktor zurück, Dr. med. Ufen, ein in Norden praktizierender Arzt, wird sein Nachfolger. Die unsichere politische Lage in ganz Europa reduziert die Gästezahl von 500 im Jahre 1804 auf 460 Gäste in 1805. 1806 fällt Ostfriesland und somit Norderney nach der Schlacht bei Jena zu Holland - die Seebadeanstalt Norderney wird geschlossen.

4.1 Norderney unter fremder Herrschaft 1806-1815

Die politischen und militärischen Ereignisse auf dem Festland berührten Norderney nachhaltig. Dem rasch aufblühenden Seebad brachte der Zusammenbruch Preußens im Jahre 1806 ein politisches Ende. Der Besucherstrom endete, die Seebadeanstalt wurde geschlossen. Am 14. Juli 1806 wird in Wöchentliche Ostfriesische Anzeigen und Nachrichten bekannt gegeben: „Da, bey der gegenwärtigen politischen Lage, die Insel Norderney schon feindlich besucht worden, und man vor dergleichen ferneren Beunruhigungen nicht sicher seyn kann, so wird hiedurch bekannt gemacht, daß die wohlthuende Seebadeanstalt daselbst für dieses Jahr geschlossen bleibe."[1]

Der Seehandel, betrieben mit einer Flotte von 30-40 Kauffahrteischiffen und Haupternährungsquelle der Insulaner, wurde eingestellt. „Die Blüte des Seehandels, der für die Norderneyer Schiffer großen wirtschaftlichen Wohlstand mit sich brachte, fand durch den preußischen Zusammenbruch von 1806 ein jähes Ende."[2]

„Ostfriesland, und damit Norderney wurde zunächst dem Königreich Holland, 1810 Frankreich einverleibt, womit jeder Badeverkehr aufhörte."[3]

Die Franzosen bezuschussten den Seebadebetrieb nicht. Norderney und damit von Halems Lebenswerk versank in die Bedeutungslosigkeit. Französische Besatzung wird auf die Insel verlegt, Befestigungen und schwere Geschütze aufgestellt.

4.2 Die Entwicklung des Badelebens auf Norderney nach Wiedereröffnung der Seebadeanstalt 1814

1813 verlässt die französische Besatzungsmacht nach der Schlacht bei Leipzig die Insel. Die preußische Regierung, zu der die Insel wieder gehört, renoviert die heruntergekommenen Gebäude der Seebadeanstalt für die neue Saison „so daß schon im Sommer 1814 der Badebetrieb wieder aufgenommen werden konnte. Das Seebad und der damit verbundene Fremdenverkehr wurde nun die Haupterwerbsquelle der Insulaner."[4]

Das Politische Journal für die Provinz Ostfriesland berichtete am 14. August 1814: „Auch hier an einem der äussersten Gränzpuncte des Preussischen Staates war der gestrige Tag ein Tag der allgemeinen Freude. Die Bewohner der Insel, lauter Schiffer und Fischer, hatten durch Entziehung ihres Broderwerbes acht volle Jahre den Kelch bitterer Leiden getrunken, ja fast geleert. Auch für sie ist die Sonne der Hofnung besserer Zeiten von neuem aufgegangen und belebt schon jetzt die völlig niedergedrückten Gemüther."[5]

Weiter ist zu lesen, dass die Badegesellschaft (etwa 70 Personen) mit den Insulanern im Conversationshaus gefeiert hat. Auf der grünen Wiese lud die Badegesellschaft die Einwohner zum Tanz ein. „Um 9 Uhr Abends wurde ein Feuerwerk abge-

---

1 Wöchentliche Ostfriesische Anzeigen und Nachrichten No. 28, 14ten July 1806, S. 687.
2 Möhlmann, Aurich 1964, S. 12.
3 Galbas, E.: Sonne über Norderney. Geschichte einer kleinen Residenz, Quakenbrück 1947, S. 29 f.
4 Möhlmann, Aurich 1964, S. 18.
5 Politisches Journal für die Provinz Ostfriesland No. 65, Aurich, 14. August 1814, S. 699.

brannt, welches nebst mehrern auf den Dünen angezündeten Theertonnen einen Anblick gewährte, den das feste Land nicht so feierlich darzubieten im Stande ist."[1]

Am 14. August 1814 berichtet das Politische Journal für die Provinz Ostfriesland: „Das See-Bad auf unsrer Insel Nordernei verdient alle Aufmerksamkeit. Die Anstalt ist vortrefflich im Fortschreiten begriffen und das, was ihr noch fehlt, wird durch die thätigen Bemühungen des Herrn Medicinal-Raths von Halem bald ersetzt werden."[2]

Weiter wird das Seebad als flüssiges Arzneimittel gepriesen, (...) „welches auf den ganzen Umfang des Körpers, wo es angewendet wird, einen Reiz hervorbringt, daß dadurch nicht allein die Absonderung der Haut, welche die stärkste des ganzen Körpers ist, gefördert und reguliert, sondern auch Funktionen anderer Theile dadurch kräftigst unterstützt und viele Abweichungen von der Norm öfters schnell wieder hergestellt werden."[3]

Am 28. Mai 1815 schreibt Dr. von Halem: „Diese durch den Druck der Zeiten acht Jahre lang in Stocken gerathene, so heilsame Anstalt, ist im Jahre 1814 wieder vollkommen im Gange gewesen und von mehrern Hunderten, theils Badegästen theils Reisenden, mit Nutzen und Vergnügen besucht."[4]

Von Halem verweist in seinem Bericht auf den Badezeitbeginn des 15. Julius, auf die täglich verkehrenden Fährschiffe und die Möglichkeit, ein Felleisen oder einen kleinen Koffer mitzunehmen. Er preist den Nachsommer, seine Vorzüge und die Möglichkeit, nach dem Besuch anderer Bäder auf Norderney eine Nachkur mit Bädern, die Körper und Geist beleben, zu genießen.

Am 16. Juni 1816 veröffentlicht das Politische Journal für die Provinz Ostfriesland einen Bericht von Dr. von Halem, in dem er die „Hülfe, vorzüglich gegen eingewurzelte Rheumatische und Gichtische Beschwerden, Hautkrankheiten und Nerven-Schwäche, geleistet"[5] hervorhebt. Er teilt mit, dass die 1815 angeschaffte Dusche gute Wirkung erzielt hat und ein „Regenbad (Shower Bad der Engländer)" das Seebad bereichert.

---

1 Politisches Journal für die Provinz Ostfriesland No. 65, Aurich, 14. August 1814, S. 699
2 Politisches Journal für die Provinz Ostfriesland No. 65, Aurich, 14. August 1814, S. 698.
3 Ebd.
4 Ebd., No. 43, Aurich, 28. May 1815, S. 449.
5 Ebd., No. 48, Aurich, 16. Juni 1816, S. 647 f.

5. Das Wachstum der jüdischen Bevölkerung auf Norderney

Von 1816 bis 1848 wuchs die jüdische Bevölkerung (registrierte Juden) in den deutschen Städten von 260.000 auf etwa 400.000 Personen bzw. um 54 Prozent an. Die Gesamtbevölkerung in Deutschland wuchs dagegen nur von 20,6 Millionen auf 34 Millionen Einwohner bzw. um 44 Prozent.
In Ostfriesland, wozu Norderney gehört, stellte sich die jüdische Bevölkerung wie folgt dar: Im Jahre 1744 lebten in Ostfriesland 181 vergleitete Judenfamilien. „Es haben aber in den Herrlichkeiten und in der Stadt Emden noch viel mehr Juden gewohnt, welche bei den Fürsten kein Geleit gesuchet."[1]
1754 wohnten in Ostfriesland und im Harlingerland 301 Judenfamilien. Im Jahre 1756 betrug die Anzahl der Juden 1.440 und 1758 nur noch 1.409 Personen.
1761 wurden für 1760 1.398 Juden und für 1759 1.391 Personen benannt. „Im Jahre 1770 ist die Zahl der Schutzjuden Familien mit Einschluß einiger Herrlichkeits-Juden, welche Geleitgeld bezahlt, exclusive Emden folgende gewesen: Summe 173 Familien."[2] Im Jahre 1805 veröffentlichte „Gemeinnützige Nachrichten für die Provinz Ostfriesland" einen Bericht darüber, wann die Juden zuerst nach Ostfriesland gekommen sind und wie viele jetzt dort leben. Berichtet wird, dass sich die Juden in Emden unter Graf Edzard II (1561-1599) mit ansehnlichen Märkten mit ausländischen Manufakturwaren hervortaten. Emder Prediger beschwerten sich bei Graf Edzard II in Religionsangelegenheiten betreffenden Briefen darüber, dass er den Juden Schutz gewähre. 1593 reiste eine kaiserliche Kommission nach Ostfriesland, um Streitigkeiten zwischen den Landständen und Graf Edzard II beizulegen. Die Bürger Emdens beschwerten sich darüber, „daß die Juden, so denn Seligmacher des menschlichen Geschlechts, täglich öffentlich lästern, allenthalben häufig in und um der Stadt Emden, ohne einige Discretion und Abzeichen unter den Christen und ansehnlichen ehrbaren Leuten, nicht allein häufig zu wohnen gestattet und geduldet wurde, sondern auch ohne zugelassen, daß sie ihre öffentliche Exercitia und Synagoge um Geldes-Gewinn erhalten möchten."[3] In der gleichen Ausgabe der Zeitung ist zu lesen, dass 1802 in Ostfriesland 1363 Juden lebten, in den Städten und Flecken 1.219, auf dem platten Lande 44. 1829 lebten in Ostfriesland 2.113, 1848 2.200 Juden.

5.1 Jüdische Badegäste

„Es ist unmöglich, eine genaue Grenzlinie zwischen jüdischen und nichtjüdischen Namen zu ziehen. Einerseits werden durch gesetzliche Namensänderungen von Juden oft Namen angenommen, die sich von denen ihrer nichtjüdischen Umgebung wenig unterscheiden. Andererseits können die Nachkommen abtrünniger Juden oder zum Judentum übergetretener Nichtjuden aber auch ihre ursprünglichen Namen in der neuen Umgebung weiterführen. Außerdem gibt es eine Anzahl von Namen, die in ähnlicher oder identischer Form, aber mit verschiedenen Etymologien und Bedeutungen, traditionsgemäß von Juden und Nichtjuden verwendet werden."[4]
Ein Register entsprechend dem Melderegister mit Konfessionsangabe gibt es für Kurgäste nicht. Folglich blieben Annahmen über den Anteil der jüdischen Kurgäste an der Gesamtzahl der Gäste reine Spekulation. Zwar ermittelt Martin Tielke in sei-

---

[1] Nr. 1213. Bericht der Ostfriesischen Kammer Aurich, 13.11.1780, Gel. St. A. Gem. Dir. Ostfriesland. Tit. XCIII, No 1, Vol. II.
[2] Ebd.
[3] Gemeinnützige Nachrichten für die Provinz Ostfriesland, 2. Stück, Aurich, 14.01.1805, S. 10.
[4] Guggenheimer, W. und E.H.: Etymologisches Lexikon der jüdischen Familiennamen, München 1996, S. IX.

nem Aufsatz „Judeninsel Norderney" anhand jüdischer Namen für die Jahre 1869 2,4%, 1874 5,8%, 1879 5,5% und 1889 4,1% Juden unter den Badegästen, allerdings nennt er selbst das Bild „impressionistisch" und verweist auf die Unsicherheiten, durch die das Ergebnis lediglich einen „unteren Wert" darstellt.
Die ersten jüdischen Badegäste, die nach Norderney übersetzten, reisten aus den ostfriesischen Städten Aurich, Emden, Leer, Norden, Jever, aber auch aus weiter entfernten Städten wie Bremen, Oldenburg, Hamburg, Berlin und Halle an. Im Politischen Journal für die Provinz Ostfriesland 1816 wurden die ersten Badegäste, unter ihnen jüdische Gäste unter „Angekommene Badegäste auf der Insel Norderney", veröffentlicht:
- J. Levy, Graveur, Oldenburg, 25ten bis 28ten Juli[1]
- Pels, 29ten bis 4ten August[2]
- Pels jun., Emden, 29ten Juli bis 4ten August.

1820 reisten jüdische Badegäste aus dem nahen Ostfriesland sowie aus den entlegenen Städten Bremen und Hamburg an. Die Anzahl der Gäste ist noch überschaubar, fast alle sind Kaufleute.

Name	Wohnort	Zeitraum der Ankunft
Ahronsohn, Kaufmann nebst Frau und Sohn	Bremen	1sten bis 8ten Juli
Cohen, Kaufmann	Hamburg	1sten bis 8ten Juli[3]
Cohen, Frau, nebst Bruder	Handelsleute, Norden	9ten bis 13ten Juli[4]
Pels jun., Kaufmann	Emden	14ten bis 19ten Juli[5]
Weinthal	Emden	14ten bis 19ten Juli

Da Norderney ein landesweit bekanntes Seebad der gehobenen Klasse geworden war und in der Saison auch Hochadel zu seinen Gästen zählte, zog es Badegäste aus wohlhabenden, gutbürgerlichen Kreisen an. In diesen Schichten waren jüdische Unternehmer stark vertreten, sodass auf Norderney viele „neureiche" jüdische Badegäste weilten.

5.2 Jüdische Einwohner
Die statistischen Werte der jüdischen Bevölkerungsentwicklung auf Norderney habe ich aus jüdischer sowie preußischer Statistik erarbeitet.
Da die Zahl der Juden auf Norderney überschaubar bleibt, und im weiteren Verlauf der Darstellung Biographien im Mittelpunkt stehen, sind hier aus einigen Jahren sämtliche Einwohner namentlich aufgeführt:
Vom 01.6.1879 bis 01.6.1880 lebten auf Norderney folgende jüdische Einwohner:[6]
Anhalt, Moritz, Friedrichstraße 1
Cohen, Levi, Friedrichstraße 6
Heymann, Caroline, Marienstraße 7
Koppel, Jacob, Bazar 12
Koppel, Joseph, Bazar 12

---
1 Politisches Journal für die Provinz Ostfriesland 1816, Nr. 60, 28.07.1816, S. 809.
2 Ebd., Nr. 62, 04.08.1816, S. 869.
3 Amtsblatt für die Provinz Ostfriesland. Jahrgang 1820, 58stes Stück. Aurich, den 19ten Juli 1820, S. 809.
4 Ebd., 59stes Stück. Aurich, den 23sten Juli, 1820, S. 830.
5 Ebd., 60stes Stück. Aurich, den 26sten Juli, 1820, S. 841.
6 Gerdes, C.: Adreßbuch des Nordsee-Bades Norderney vom 1. Juni 1879 bis 1. Juni 1880, Norden - Norderney 1879.

Lemmersmann, Abraham, Kamp 19
Lemmersmann, Heymann, Kamp 17
Löwe, Petrus de, Schulstraße 2
Samson, Jacob, Winterstraße 5
Wall, Abraham van der, Bazar 14 und Gartenstraße 2
Wall, Benjamin van der, Gartenstraße 2
Wall, Isaak van der, Herrenpfad 1 und 2
Wall, Moses van der, Gartenstraße 2
Weinberg, Moses, Damenpfad 9
Weinberg, Salomon, Kamp 4

Von 1880 bis 1881 wurden für Norderney 13 Juden benannt, annähernd die gleiche Anzahl wie im Adressbuch des Nordsee-Bades Norderney ein Jahr zuvor. Die Personen sind jedoch nicht immer die gleichen:
Verzeichnis der jüdischen Einwohner 1880 – 1881:[1]
Aron, Hirsch, Strandstraße 1
Cohen, Levy, Friedrichstraße 6
Heymann, Caroline, Frl., Marienstraße 7
Koppel, Jacob, Bazar 12
Koppel, Joseph, Bazar 12
Lemmersmann, Abraham, Im Kamp 19
Lemmersmann, Heymann, Im Kamp 17
Löwe, Petrus de, Schulstraße 2
Salomon, L., Strandstraße 1
Samson, Jacob, Winterstraße 5
Wall, Isaak van der, Herrenpfad 1 und 2
Wall, Moses van der, Bazar 14 und Gartenstraße 2
Weinberg, Moses, Damenpfad 9 und Luisenstraße 1
Weinberg, Salomon, Im Kamp 4

Im Jahre 1882 weist das Adressbuch des Nordsee-Bades Norderney folgende Juden aus:[2]
Aron, Hirsch, Kirchstraße 3
Cohn, Frau Levi, Friedrichstraße 6
Koppel, Jacob, Bäckerstraße 3
Koppel, Joseph, Bazar 12
Lemmersmann, Heimann, Kamp 17
Löwe, Gottfried de, Schulstraße 2
Vries, Siegfried de, Langestraße 13
Wall, Abraham van der, Herrenpfad 1 und Osterstraße 1
Wall, Isaak van der, Osterstraße 2
Wall, Moses van der, Herrenpfad 1
Weinberg, Moses, Damenpfad 9
Weinberg, Salomon, Kamp 4

Das endgültige Hauptergebnis der Volkszählung am 1. Dezember 1885 im Königreich Preußen ergab folgendes Bild: Auf Norderney lebten 1885 31 Juden, 12 männ-

---

1 Leendertz, W.J. (Hg.): Adreß-Buch für Ostfriesland (Landdrostei Aurich) 1880-1881, Leer 1880.
2 Gerdes, C.: Adressbuch des Nordsee-Bades Norderney, Norden - Norderney 1882.

liche und 19 weibliche. Die ortsanwesende Bevölkerung betrug 2.842 Personen, davon 1.310 männliche und 1.532 weibliche Personen. Die Wohnbevölkerung zählte 1.276 männliche und 1.529 weibliche Personen. Zur Wohnbevölkerung gehörten die am Zählungstage in der Gemeinde wohnhaft und anwesenden, sowie die zwar wohnhaften, aber vorübergehend auswärts abwesenden Personen. Zur ortsanwesenden Bevölkerung gehörten die am Zählungstage in der Gemeinde wohnhaften und anwesenden, sowie die vorübergehend anwesenden, aber auswärts wohnenden Personen.

Die ortsanwesende Bevölkerung am 1. Dezember 1885 gliederte sich nach den Religionsbekenntnissen wie folgt: 31 Juden, 2.781 Evangelische, 17 Katholiken und 13 sonstige Christen.[1]

Die Volkszählung am 1. Dezember 1890 im Königreich Preußen benennt für die Landgemeinde Norderney im Kreise Norden, Regierungsbezirk Aurich 34 Juden.[2] Die Wohnbevölkerung setzte sich zusammen aus 1.668 männlichen und 1.888 weiblichen Personen. Die ortsanwesende Bevölkerung teilt sich in 3.615 ortsanwesende Personen überhaupt, davon 1.717 männliche und 1.898 weibliche.

Nach den Religionsbekenntnissen gliederte sich die Bevölkerung in 34 Juden (15 männliche und 19 weibliche), 3.524 Evangelische (1.664 männliche und 1.860 weibliche), 34 Katholiken (26 männliche und 8 weibliche) und 3 (1 männliche und 2 weibliche) anderen oder unbekannten Religionsbekenntnissen angehörende Personen.

Für 1893, Verzeichnis der Einwohner nach dem Alphabet, sind folgende Juden aufgeführt."[3]

Cohn, Auguste, Friedrichstraße 37
Heimann, Frl., Caroline, Marienstraße 7
Lemmersmann, Heymann, Karlstraße 6
Lemmersmann, Moses, Karlstraße 6
Rosenstamm, Sophie und Auguste, Bismarckstraße 8
Wall, Isaak von der, Osterstraße 1
Wall, Moses von der, Bäckerstraße 12
Weinberg, Moses, Luisenstraße 7
Weinberg, Heymann, Damenpfad 31
Weinthal, Jette, Halemstraße 6

1895 wurden für Norderney 35 Juden benannt. Angegeben wurde eine ortsanwesende Bevölkerung von 3.988 Personen, 1.848 männlichen und 2.140 weiblichen, aufgeteilt nach den Religionsbekenntnissen in 35 Juden, 3.897 Evangelische, 39 Katholiken und 16 andere Christen.[4]

Im Hand- und Adressbuch für das Königliche Nordseebad Norderney von 1896 ist zu lesen: „Norderney als Inseldorf an der ostfriesischen Küste gelegen, zählt nach der letzten allgemeinen Volkszählung vom 2. Dezember 1895 3.988 Einwohner."[5]

Weiter heißt es: „Der Confession nach leben in Norderney: Protestanten: 185 evangelische ohne nähere Bezeichnung, 3.600 evangelisch-lutherische, 105 evangelisch-

---

[1] Verlag des Königlichen statistischen Bureaus (Hg.): Gemeindelexikon für das Königreich Preußen. IX. Provinz Hannover. Auf Grund der Materialien der Volkszählung vom 1. Dezember 1885. Berlin 1887, S. 219.
[2] STAN Akten: Königreich Preußen. Volkszählung am 1.Dezember 1890. Endgültiges Hauptergebnis für die Land-Gemeinde Norderney im Kreise Norden, Regierungsbezirk Aurich.
[3] Soltau, D.: Adreßbuch des Nordsee-Bades Norderney für das Jahr 1893.
[4] Verlag des Königlichen statistischen Bureaus (Hg.): Gemeindelexikon für die Provinz Hannover. Berlin 1897. Auf Grund der Materialien der Volkszählung vom 2. Dezember 1895 und anderer amtlicher Quellen. Berlin 1897, S. 221.
[5] Francke, G.B.: Hand- und Adreß-Buch für das Königliche Nordseebad Norderney. Leipzig 1896.

reformierte, 8 altlutherische, 39 Katholiken, 13 Mennoniten, 2 Baptisten, 1 Methodist und Quäker, 35 Juden, mit unbestimmter Angabe des Religionsbekenntnisses 1 Person."[1]
Namentlich aufgeführt sind 1896:
Die mit einem * versehenen Namen beziehen sich auf auswärtige, während der Badezeit anwesende Einwohner.[2]
*Cohn geb. Juchenheim, Auguste, Ehefrau, Friedrichstraße 37
*Heimann, Caroline, Marienstraße 7
*Hoffmann, Heinrich, Bismarckstraße 4
*Lemmersmann, Moses, Karlstraße 6 (früher Kamp 17)
*Rosenstamm, Sophie, Bismarckstraße 8
Wall, Isaak von der, Osterstraße 1
*Wall, Moses von der, Schulstraße 12a
Weinberg, Bertha, Wwe., Kampstraße 2
*Weinberg, Heymann, Damenpfad 31
*Weinthal, Lazarus, Halemstraße 6

Die jüdische Statistik weist in 1896[3] acht jüdische Familien aus. Im Jahre 1897[4] wurden 26 Seelen (acht Familien), 1898[5] 26 Seelen in sieben Haushalten gezählt.
1905 wurden unter Provinz Hannover, Regierungsbezirk Aurich, unter Kreis Norden, Landgemeinde Norderney, 35 Juden angegeben. Die ortsanwesende Bevölkerung überhaupt betrug 3.888 Personen, die sich nach den Religionsbekenntnissen in 35 Juden, 3.808 evangelische, 38 katholische und sieben andere Christen aufteilt.[6]
Die jüdische Statistik weist im gleichen Jahr ebenfalls 35 Juden aus.[7]
Das Einwohnermeldeamt Norderney benennt für 1905 folgende Juden:[8]
Die mit einem * versehenen Personen blieben nur während der Saison auf der Insel.
*Bendix, Eduard, Langestraße 4
*Bergheim, Auguste, Fräulein, Bismarckstraße 7
Bretschneider, Rosa, Wwe., Damenpfad 38
*Cleef, M. van, Strandstraße 5
Cohn, Auguste, Tollestraße 1a
Heimann, Karoline, Frl. Marienstraße 7
*Hirsch, Aron, Mittelstraße 1
*Hirsch, Iwan, Friedrichstraße 37
Hoffmann, Heinrich, Bismarckstraße 4
*Katzenstein, Dr. med., Kaiserstraße 11
Klompus, Moritz, Strandstraße 9
*Koppel, Hermann, Poststraße 9
Lemmersmann, Moses, Karlstraße 6
Müller, Karl, Bismarckstraße 8

---

1 Francke, G.B.: Hand- und Adreß-Buch für das Königliche Nordseebad Norderney. Leipzig 1896.
2 Ebd.
3 Bureau des Deutsch-Israelitischen Gemeindebundes: Statistisches Jahrbuch des Deutsch-Israelitischen Gemeindebundes, Berlin 1896, S. 34.
4 Ebd., 1897, S. 37.
5 Ebd., 1898, S. 43.
6 Verlag des Königlichen Statistischen Landesamts (Hg.): Gemeindelexikon für das Königreich Preußen Provinz Hannover. Auf Grund der Materialien der Volkszählung vom 1.Dezember 1905 und anderer amtlichen Quellen, Berlin 1908, S. 135.
7 Bureau für Statistik der Juden: Statistisches Jahrbuch deutscher Juden, Berlin 1905, S. 47.
8 Dunkel, C.A.: Adreßbuch für die Inselgemeinde Norderney. Königliches Nordseebad 1905.

*Münster, August, Luisenstraße 5
*Philipson, Julius, Strandstraße 5
Rosenstamm, Sofie (Sophie), Bismarckstraße 8
*Sinasohn, H., Wilhelmstraße 1
Wall, Caroline von der, Frl., Schulstraße 12a
Wall, Isaak von der, Osterstraße 1
Wall, Moses von der, Schulstraße 12a
Weinberg, Heymann, Poststraße 9
*Weinthal, Lazarus, Kampstraße 9

Im Jahre 1907 wies die jüdische Statistik 22 Seelen aus.[1] Das Handbuch der jüdischen Gemeindeverwaltung und Wohlfahrtspflege 1909 benennt bei einer Einwohnerzahl von 4.000 Personen für Norderney 24 Seelen.[2] Die gleiche Anzahl von 24 Seelen wird auch in der jüdischen Statistik von 1911 aufgeführt. Die Gesamtbevölkerung der Insel betrug 4.000 Einwohner.[3]
Laut Einwohnermeldeamt Norderney lebten 1911 folgende jüdische Einwohner auf der Insel:[4]
Die mit einem * bezeichneten Einwohner Norderneys sind nur während der alljährlichen Badesaison (Juni bis Oktober) anwesend.
*Abt, Leo, Friedrichstraße 9
*Alfandary, R. und S., Poststraße 2
Bendix, Eduard, Damenpfad 32
*Bergheim, Auguste, Kaiser-Wilhelm-Platz 2
Blumenfeld, Hermann, Direktor, Benekestraße 54
Bretschneider, Rosa, Wwe., Damenpfad 38
*Cleef, J. v., Strandstraße 8a/b
Cohn, L., Frau, Wwe., Tollestraße 1a
Heimann, Karoline, Frl., Marienstraße 7
*Hirsch, Aron (Aron, Hirsch), Mittelstraße 4
*Hirsch, Iwan, Friedrichstraße 37
*Hoffmann, Heinrich, Bismarckstraße 4
Klompus, Moritz, Strandstraße 9
Koppel, H., Poststraße 9
Lemmersmann, Moses, Karlstraße 6
*Löwy, Max, Strandstraße 12a und Friedrichstraße 39
Müller, Karl, Bismarckstraße 8
*Münster, August, Luisenstraße 7
*Philipson, Julius, Strandstraße 12
Rosenstamm, E. und Co., Bismarckstraße 8
*Schulenklopper, Gebr., Bismarckstraße 9
Wall, Caroline von der, Frl., Schulstraße 12a
Wall, Isaak von der, Osterstraße 1
Wall, Moses von der, Schulstraße 12a
Weinberg, H., Poststraße 9
*Weinthal, Julius, Kampstraße 10

---

1 Deutsch-Israelitischer Gemeindebund (Hg.): Handbuch der jüdischen Gemeindeverwaltung und Wohlfahrtspflege (Statistisches Jahrbuch), Berlin 1907, S. 61.
2 Ebd., Berlin 1909, S. 65.
3 Ebd., Berlin 1911, S. 72.
4 Braams, H.: Adressbuch für die Inselgemeinde Norderney. Königliches Nordseebad 1911.

1924/25 wies die jüdische Statistik 20 jüdische Seelen aus, bei einer Gesamtbevölkerung von rund 4.000 Personen (siehe Anhang III).[1]
Laut Hauptübersicht für die Kreise des Gemeindelexikons für den Freistaat Preußen, Regierungsbezirken und die Provinz Hannover wohnten auf Norderney 1925 88 Juden.[2] Die Wohnbevölkerung betrug am 16.06.1925 5.564 Personen, davon 2.206 männliche Personen. Nach dem Religionsbekenntnis gliederte sich die Bevölkerung in 88 Juden, 4.970 Angehörige der evangelischen Landeskirche, 380 Angehörige der röm.- katholischen Kirche und 22 Bekenntnislose. Die Angaben im Gemeindelexikon für den Freistaat Preußen, Provinz Hannover, nach der Volkszählung von 1925, wichen erheblich von der jüdischen Statistik im Handbuch der jüdischen Gemeindeverwaltung und Wohlfahrtspflege ab. Im Gemeindelexikon für den Freistaat Preußen wurden 88 Juden genannt, das Handbuch der jüdischen Gemeindeverwaltung und Wohlfahrtspflege wies für das Jahr 1924/25 20 Seelen aus.

1927 (4.300 Einwohner) veröffentlichte das Einwohnermeldeamt die Namen folgender Juden:[3]

*Berlin, Frl., Friedrichstraße 37
Heimann, Caroline, Marienstraße 7
Hoffmann, Fritz, Bismarckstraße 4
Hoffmann, Julius, Gartenstraße 20
Horwitz, Ida, Bismarckstraße 5
*Klompus, Moritz, Strandstraße 9
Lemmersmann, Moses, Karlstraße 6
Leo, Paul, Gartenstr. 20
*Löwy, Max, Wedelstraße 3
Müller, Karl, Herrenpfad 2
Rosenstamm, Auguste, Bismarckstraße 8
Rosenstamm, Engeline, Bismarckstraße 8
Rosenstamm, Sophie, Bismarckstraße 8
Steingießer, Ferdinand, Dr., Moltkestraße 11
*Tobar, Ursel, Poststraße?
Weinthal, Julius, Kampstraße 10
*Weinthal, Lazarus, Kampstraße 10
Wollenstein, Pinkas, Luisenstraße 7

1932-33 betrug die Anzahl der Juden bei einer Gesamtbevölkerung von 5.564 Einwohnern 15 Personen.[4]

Am 16.06.1933 lebten auf Norderney 28 Israeliten.[5] Die Wohnbevölkerung betrug 5.171 Personen, davon 2.300 Männer und 2.871 Frauen. Die Religionszugehörigkeit gliederte sich wie folgt: Israeliten 28, Angehörige der evangelischen Landeskirchen, einschließlich 119 evangelisch-reformierter 4.696, Römisch-katholische Christen 375, Altlutheraner, Altreformierte und Herrnhuter 4, Angehörige sonstiger evangelischer Religionsgesellschaften 11, Angehörige anderer nicht christlicher Religionsge-

---

[1] Deutsch-Israelitischer Gemeindebund und Zentralwohlfahrtsstelle der deutschen Juden (Hg.): Handbuch der jüdischen Gemeindeverwaltung und Wohlfahrtsstelle, Berlin 1924/25, S. 53.
[2] Verlag des Preußischen Statistischen Landesamts (Hg.): Gemeindelexikon für den Freistaat Preußen. Provinz Hannover. Nach dem endgültigen Ergebnis der Volkszählung vom 16. Juni 1925 und anderen amtlichen Quellen unter Zugrundelegung des Gebietsstandes, 1. August 1930, Berlin 1930, S. 114.
[3] Soltau, D.: Adreß-Buch für die Inselgemeinde Norderney. Staatliches Nordseebad. Norderney 1927.
[4] Zentralwohlfahrtsstelle der Deutschen Juden (Hg.): Führer durch die jüdische Gemeindeverwaltung und Wohlfahrtspflege in Deutschland 1932 - 33, S. 134.
[5] STAN Ergebnisse der Volkszählung vom 16.06.1933, Landgemeinde Norderney.

sellschaften und Angehörige (lediglich) von Weltanschauungsgemeinschaften 1, Gemeinschaftslose 55, ohne Angabe 1.
1935 lebten laut Adressbuch 1935 folgende Juden auf Norderney:[1]
*Horwitz, Ida, Bismarckstraße 5
*Klompus, Moritz, Strandstraße 9
Lemmersmann, Clementine, Wwe., Strandstraße 8
Müller, Karl, Bismarckstraße 8
Rosenstamm, Engeline, Bismarckstraße 8
Steingießer, Ferdinand, Dr. med., Moltkestraße 11
Wollenstein, Pinkas, Luisenstraße 7
Schultenkötter, Ulrike geb. Krebs
  wird unter dem Namen ihres Ehemannes, Friedrichstraße 17, geführt
Hoffmanns Hotel Falk ist noch unter Gewerbe verzeichnet.

Die Liste der im Gemeindebezirk Norderney wohnhaften Juden vom 23.12.1935 weist folgende Juden aus:[2]
Lemmersmann, Clementine geb. Fröhlich, Luisenstraße 7
Mahler, Martha, Bismarckstraße 8
Müller, Karl, Bismarckstraße 8
Müller, Julie geb. Klein, Bismarckstraße 8
Rosenstamm, Engeline, Bismarckstraße 8
Schultenkötter, Ulrike geb. Krebs, Friedrichstraße 17
Wollenstein, Pinkas, Luisenstraße 7
Wollenstein, Chaia-Jiente, Luisenstraße 7
Wollenstein, Ella, Luisenstraße 7

Die Liste der im Gemeindebezirk Norderney wohnhaften Juden. Aufgestellt: Norderney vom 23.12.1935 weicht erheblich ab von den Angaben im Adressbuch für die Inselgemeinde Norderney Staatliches Nordseebad 1935.
Die Adressbücher des Einwohnermeldeamtes Norderney weisen Angehörige der genannten Personen nicht aus, gleichwohl gab es sie. Die Autorin verweist in diesem Zusammenhang auf den Anhang I dieser Studie (Saisonarbeiterinnen, Ausländische Juden) für 1927 insbesondere auf die Anmerkungen und Aussagen des Zeitzeugen Heinrich Valentien.[3]

---

[1] Freund, O.: Adreßbuch für die Inselgemeinde Norderney Staatliches Nordseebad 1935.
[2] STAN Liste der im Gemeindebezirk Norderney wohnhaften Juden. Aufgestellt: Norderney vom 23.12.1935.
[3] Anmerkungen des Zeitzeugen Heinrich Valentien, Bielefeld, Norderney, in einem Gespräch mit der Autorin am 05.08.2003 auf Norderney.

Die Entwicklung der jüdischen Bevölkerung auf Norderney laut jüdischer und preußischer Statistik 1867-1935								
Jahr der Zählung	Ortsanwesende Bevölkerung	Juden lt. jüdischer Statistik	Ortsanwesende Bevölkerung nach Religion lt. preußischer Statistik					
			Juden	Evangelische	Katholiken	Dissidenten	sonstige Christen	Bekenner anderer Religionen und unbestimmt
1867	1.431		6	1.412	4	9		
1871	1.769		9	1.740	9		11	
1873	1.960		6					
1974	2.004		5					
1875	2.042		5					
1885	2.842		31	2.781	17		13	
1890	3.561		34	3.524	34		20	3
1895	3.988		35	3.897	39		16	
1897	4.036	26						
1898	4.070	26						
1905	3.888	35	35	3.808	38		7	
1907	3.862	22						
1909	4.182	24						
1911	4.183	24						
1924/25	5.564	20						
1925	5.564	20	88	4.970	380	22		
1932/33	5.171	15						
1933	5.171		28	4.696	375	55	11	1
1935	5.171		9					

Tabelle 5-1: Entwicklung der jüdischen Bevölkerung auf Norderney 1867-1935[1]

Während in Ostfriesland der jüdische Bevölkerungsanteil stetig zurückging und sich in die Bevölkerungszentren verlagerte, blieb er auf Norderney auf einem relativ hohen Niveau. Auffällig ist der Sprung zwischen 1875 und 1885: Innerhalb von 10 Jahren erhöhte sich der Anteil auf über 1%. Nicht aussagekräftig ist die hohe Zahl des Jahres 1925 der preußischen Statistik, da die Zählung nicht wie sonst üblich im Dezember erfolgte, sondern zu Beginn der Saison.

5.3 Jüdische Saisonarbeiter

In der Polizeiverordnung über das Meldewesen vom 25. August 1904 ist in § 2 zu lesen: „Wer seinen Wohnsitz oder dauernden Aufenthalt im Polizeibezirk nimmt, hat sich und die zu seinem Hausstande gehörenden Personen unter Vorlegung des ihm an seinem früheren Wohnorte erteilten Abmeldescheins anzumelden, auch auf Erfordern über seine und seiner Angehörigen persönlichen Verhältnisse Auskunft zu geben. Erfolgt der Zuzug aus einer nicht preußischen Gemeinde und kann ein Abmeldeschein nicht beigebracht werden, so hat der Anmeldende sich über seine und der zu seinem Hausstand gehörenden Personen Identität anderweitig genügend auszuweisen.

In § 3. Der gleichen Pflicht unterliegt derjenige:
1. welcher, ohne seinen auswärtigen Wohnsitz oder auswärtigen dauernden Aufenthalt aufzugeben, im Polizeibezirk vorübergehend Wohnung nimmt, um

[1] siehe Quellenverzeichnis

in der Landwirtschaft oder in deren Nebenbetrieben (...) zur Verrichtung von ihrer Natur nach an bestimmte Zeiten des Jahres geknüpften Arbeiten in Beschäftigung zu treten (Saisonarbeiter);
2. welcher, nachdem er zu einem dieser Zwecke und ohne seinen hiesigen Wohnsitz oder hiesigen dauernden Aufenthalt anzugeben außerhalb des Polizeibezirks vorübergehend Wohnung genommen, aber in den Polizeibezirk zurückkehrt (Saisonarbeiter)."[1]

Auf Norderney, wo seit Gründung der Seebadeanstalt im Jahre 1797 viele Personen in der Saison beschäftigt sind, wurden in der Gemeindeverwaltung seit 1893 Melderegister geführt, die für Norderney etwas Besonderes darstellen. Die Melderegister sind sehr aufschlussreich, außer wichtiger Lebensdaten wie Name, Vorname, Geburtsort, Geburtsdatum, Familienstand, Herkunft, Wohnung auf Norderney, Tag des Zu- und Abzugs ist die Religion (z.B. israelitisch, mosaisch, jüdisch) angegeben. Die jüdischen Saisonarbeiter arbeiteten und wohnten in Betrieben, Geschäften, Kaufhäusern, Hotels, Pensionen, Restaurants und Kinderheimen, deren Besitzer wie sie Juden waren.

Melderegister 1893-1895
Um den besonderen Essgewohnheiten der Juden zu entsprechen, waren von 1893 bis 1895 allein neun Schlachtergesellen und ein Schlachterlehrling als Saisonarbeiter beschäftigt und beim Arbeitgeber wohnhaft. Ein Schlachtergeselle war bei dem Schlächter Heimann Lemmersmann, Im Kamp 17, die anderen acht Schlachtergesellen und auch der Lehrling bei Abraham von der Wall beschäftigt und wohnhaft, der in der Osterstr. 1 schon 1879 eine jüdische Restauration unterhielt. Andere arbeiteten als Dienstmädchen, Gehilfen, Kellner oder als Fotograf. Sie stammten aus den festländischen ostfriesischen Städten Aurich, Emden, Leer, Norden, Esens, Dornum sowie aus Jever. Andere kamen aus Hamburg, Leipzig, Köln und Berlin. Sie reisten im Mai, Juni oder Juli an und blieben bis September oder Oktober. Die meisten waren ledig, ungebunden, einige verheiratet und brachten Frau und Kinder mit. Nach der Saison zogen sie wieder dahin, woher sie kamen. Manche zogen auch in eine andere Stadt oder wurden auf der Insel sesshaft. Im folgenden Jahr reisten viele Saisonkräfte wieder an.

Melderegister 1904
Auch 1904 reisten jüdische Saisonarbeiter von weit her an. Sie kamen beispielsweise aus Bremen, Hamburg, Frankfurt, Leipzig, Eisenach, Iserlohn, Dortmund, Münster, Hagen, Gelsenkirchen, Kassel und Wilhelmshaven. Einige wenige stammten aus den ostfriesischen Städten Aurich und Norden. Auch die Berufszweige unterschieden sich von denen in 1893 bis 1895. Neben drei Kaufleuten und vier Schächtern waren ein Bäcker und ein Friseur ausländischer Herkunft. Daneben gab es zwei Händlerinnen, zwei Handlungsgehilfen, einen Arzt, zwei Schauspieler, zwei Comiss, einen Handelslehrling und ein Ladenfräulein. Die meisten Saisonarbeiter waren männlich, alle bis auf einen verheirateten Schächter ledig. Fast alle reisten nach der Saison zurück in die Stadt, woher sie gekommen waren. Einer ging auf Reisen, einer auf Wanderschaft. Ihre Religion wurde mit israelitisch, mosaisch oder jüdisch angegeben.

Melderegister 1913
Im Jahr 1913 zeichnete ein buntes Bild die saisonal beschäftigten Juden. Nach Stand und Gewerbe waren sie Viehhändler, Metzger, Kaufmann, Stütze, Hausmädchen, Schächter, Verkäuferin, Koch, Haustochter, Haushälterin, Fotograf, Köchin,

---
1 Polizeiverordnung über das Meldewesen, 25.08.1904, Hannover 1904.

Pensionsinhaberin, Commiss, Wirt, Wirtschaftsleiterin, Kellner, Küchenfrau und Sängerin. Der Kaufmann Simon de Beer, seine Ehefrau Minna, ihre Kinder Hanna, Fanny, Siegfried, Otto, Recha und Walter reisten aus Oldenburg an und wohnten in der Chaussee 15. Alle anderen in der Saison beschäftigten Juden kamen von weit, oft sehr weit her. Sie kamen aus Köln, Berlin, Wien, Fulda, Düsseldorf, Bielefeld, Rüsteringen, Leipzig, Frankfurt, Oswiecim, Krefeld, Darmstadt, Pfungstadt, Northeim und Bremerhaven. Der Viehhändler Louis Abt aus Eldagsen reiste mit seiner Frau Alma geb. Franz, seinen Töchtern Grete und Frieda und seiner Schwester Herta an. Sie wohnten in der Friedrichstr. 9 und blieben vom 28. Juni bis zum 9. September 1913 auf der Insel. Nach der Saison gingen sie zurück nach Eldagsen. Das Melderegister 1913 führt auffallend viele Kindergärtnerinnen, acht an der Zahl, die alle in der Benekestr. 44 im Kinderheim der Zion-Loge Hannover arbeiteten und wohnten. Eine der Kindergärtnerinnen war die am 4. Juli 1890 in Berlin geborene Gertrud Feiertag, preußisch, mosaisch, ledig, die vom 6. Juni bis zum 3. Oktober 1913 im Kinderheim der Zion-Loge Hannover als Leiterin des Hauses tätig war. Sie kam von Charlottenburg und ging nach der Saison dorthin zurück. Die Fotografin Ulrike Krebs reiste aus Friedenau/Berlin an und wohnte vom 3. Juli bis zum 22. September 1913 in der Seilerstr. 16.
Dem Familienstand nach waren 13 Personen verheiratet, alle anderen ledig. Nach Angabe der Religion waren sie mosaisch, israelitisch oder jüdisch.
Im Juli, August, September oder Oktober verließen die jüdischen Saisonarbeiter wie ihre christlichen Kollegen die Insel.

Melderegister 1923
Im Jahre 1923 arbeiteten jüdische Saisonarbeiter aus Leipzig, Wien, Berlin, Hannover, Kassel, Eschwege, Frankfurt, Osnabrück, Haßfurt, Dresden, Pyrmont, Bremen, Polsen, Göttingen, Mülhausen, Mannheim, Essen/Ruhr, Dortmund, Berlin-Steglitz, Hamm i.W., Essen, Herne, Halberstadt und Holzminden von Mai, Juni, Juli bis August, September auf Norderney. Sie waren Geschäftsinhaber, Kaufleute, Köche, Kochlehrlinge, Kindergärtnerinnen (1923 waren es sechs), kaufmännische Angestellte, Hilfskräfte, Stützen, Kontoristinnen, Lehrerinnen, Zahnärzte, Sekretärinnen, Gästeführerinnen, Artisten, Musiker und Vertragskünstler. Gertrud Feiertag arbeitete 1923 als Jugendleiterin in der Benekestr. 44 im jüdischen Kinderheim der Zion-Loge Hannover. Sie hatte ihre Ausbildung am Pestalozzi-Fröbel-Seminar zur Jugendleiterin absolviert. Der Kaufmann Moritz Klompus reiste aus Hannover mit seiner Ehefrau Rosette, seinen Kindern Gertrud und Elfriede, die am 3. Juli 1904 auf Norderney geboren war, an, und blieb mit seiner Familie bis zum 12. September 1923. Er arbeitete und wohnte in der Strandstr. 9. 1923 waren 24 von 65 Beschäftigten verheiratet, eine Person verwitwet, alle anderen ledig. Ihrer Staatsangehörigkeit nach waren sie Balten, Russen, Rumänen, Tschechen, Österreicher, Litauer oder Preußen.
Bereisten 1923 noch 65 Saisonarbeiter jüdischer Herkunft Norderney, reduzierte sich ihre Zahl bis 1932 auf 49 Beschäftigte. Von ihrem letzten Wohnort Berlin, Hannover, Frankfurt, Leipzig, Breslau, Darmstadt, Wien, Köln, Würzburg, Caputh und Alfeld/L. reisten sie im Mai, Juni oder Juli an und arbeiteten als Geschäftsinhaber, Schlachter, Koch, Kochlehrling, Hausangestellte, Stütze, Sekretärin, Lehrer, Praktikant, Haushaltslehrerin, Pianist.

Melderegister 1932
1932 arbeiteten und wohnten acht Kindergärtnerinnen, zwei Heimleiterinnen, eine Sekretärin, eine Hausangestellte, eine Schwester, ein Lehrer, eine Gymnastiklehrerin, eine Lehrerin, ein Privatbeamter, eine Stütze, eine Haushaltslehrerin, drei Hausangestellte, ein Erzieher, eine Hausbeamtin, eine Hortnerin, eine Haustochter im

Kindererholungsheim der Zion-Loge Hannover in der Benekestr. 44. Neun Personen aller Saisonarbeiter im Jahr 1932 waren verheiratet, eine Person geschieden, alle anderen ledig. Ihrer Staatsangehörigkeit nach waren sie Holländer, Österreicher, Polen und die meisten Preußen. Der Kaufmann Pinkas Wollenstein reiste mit seiner Ehefrau Goja und seiner Tochter Ella am 8. März 1932 von Alfeld/L. an, arbeitete und wohnte in der Luisenstr. 7. Im August, September, Oktober verließen bis auf zwei Personen, die erst im Dezember abreisten, alle Saisonarbeiter die Insel.

Melderegister 1933
Das An- und Abmelderegister der Gemeinde Norderney 1933 weist nur noch 31 jüdische Saisonarbeiter aus. Der Kaufmann Lazarus Weinthal reiste am 30. Mai 1933 aus Norden an, arbeitete und wohnte in der Kampstr. 10. Aus Norden kam auch die Hausbeamtin Lotte Netheim, die in der Benekestr. 44 Arbeit und Wohnung fand. Alle anderen Saisonarbeiter kamen aus weiter entfernten Städten wie Hagen, Amsterdam, Hannover, Heilbronn, München, Kassel, Berlin und Caputh. Sie waren Jugendleiterinnen, Heimleiterinnen, Hausbeamtin, Gärtnerin, Gymnastiklehrerin, Hortnerin, Köchin, Hausangestellte, Sekretärin, Kaufleute und Vertragskünstler. Ihrer Religion nach meldeten sich 14 mit jüdisch, 13 mit mosaisch und 4 mit israelitisch an. Die Staatsangehörigkeit wurde bei allen mit Preußen angegeben. Am Ende der Saison meldeten sie sich dorthin ab, woher sie gekommen waren. Zwei Personen gingen auf Reise, eine meldete sich gar nicht ab. Zu den vier Personen gehörte auch Ida Horwitz, geb. Samson, und ihr Sohn Franz, die in der Bismarckstr. 5 eine Pension betrieben. Die Tochter Elisabeth Horwitz meldete sich ab am 23. Oktober 1933 nach Duisburg.

5.4 Ausländische Juden

Zwischen 1880 und dem Ersten Weltkrieg flüchteten etwa drei Millionen Juden aus Osteuropa. Die Fluchtwelle wurde ausgelöst durch die Pogrome im Zarenreich. Viele Juden durchquerten das Deutsche Reich, um über die Überseehäfen Bremen und Hamburg nach Amerika zu gelangen.
„Zweieinhalb Millionen Juden kehrten Russland den Rücken, mehr als 400.000 verließen vor allem Galizien und Rumänien, zum kleineren Teil auch Böhmen, Mähren und Ungarn."[1]
Diese Wanderungsbewegungen führten in Deutschland zu antisemitischen Reaktionen. Die ‚Ostjuden' wurden als Bedrohung empfunden. Verglichen mit den Millionen Auswanderern stellten die ausländischen Juden aber nur einen geringen Teil der jüdischen Bevölkerung, 1900 nur 41.000 Juden, wie nachfolgende Tabelle [2] aufzeigt:

	1880	%	1890	%	1900	%	1910	%
Reich	15.000	2,7	22.000	3,9	41.113	7,0	78.746	12,8
Preußen	10.000	2,7	11.390	3,1	21.800	5,6	48.166	11,6
Sachsen	1.000	15,3	2.800	29,9	5.637	54,5	10.378	59,0

Tabelle 5-2: S. Adler-Rudel ‚Ostjuden in Deutschland', S. 164.

Eine zeitlich befristete Arbeits- und Aufenthaltserlaubnis erschwerte ein dauerhaftes Niederlassen. Viele Juden, die es nach Berlin zog, wurden von dort aufgrund der gezielten Auswanderungspolitik der preußischen Regierung abgeschoben. Auf Anord-

---

[1] Meyer, M. A. (Hg.): Deutsch - Jüdische Geschichte in der Neuzeit Band III, München 1997, S. 23.
[2] Adler-Rudel, S.: Ostjuden in Deutschland, S. 164. In: Meyer, M. A. (Hg.): Deutsch - Jüdische Geschichte in der Neuzeit Band III, München 1997, S. 25.

nung des Innenministers fand 1885 bis 1887 mit 10.000 Juden die größte Ausweisung von Juden aus Preußen statt. Trotz der unsicheren Rechtslage stieg die Zahl der ausländischen Juden. „Im Reich machten also 1910 die ausländischen Juden fast 13 Prozent aller in Deutschland lebenden Juden aus. Zu Beginn des Ersten Weltkrieges gab es etwa 90.000 jüdische Ausländer im Reich. Im Kriege wurden dann in den von Deutschland besetzten Gebieten etwa 30.000 weitere Juden als Arbeitskräfte für Deutschland angeworben oder zwangsverpflichtet, während zusätzliche jüdische Kriegsflüchtlinge über die Grenzen kamen."[1]

Nach Kriegsende lebten schätzungsweise 150.000 ausländische Juden im Deutschen Reich, die meisten in Preußen, Bayern und Sachsen. Sie bevorzugten Großstädte mit großen jüdischen Gemeinden wie Berlin, Leipzig, München, Frankfurt und Hamburg. Sie stammten aus allen sozialen Schichten, waren Intellektuelle, Künstler, Großkaufleute, Handwerker, Gelegenheitsarbeiter und Studenten. Auch auf Norderney lebten ausländische Juden.

Die ausländischen Juden auf Norderney stammten aus unterschiedlichen Staaten, wie Russland, Ukraine, Polen, Türkei, Holland, Ungarn, Österreich und Amerika. Es gab unter ihnen Schächter, Kaufleute, Pensionsinhaber, Drechsler, Schneider, Kindergärtnerinnen, Musiker, Kapellmeister, Graphologen und Volontäre. Sie arbeiteten als Dienstmägde, Diener, Köchinnen, Stützen, Aufwahrtsfräuleins, Kochhilfen, Kaufmannslehrlinge und Verkäufer. Auffallend ist, dass sie alle bei jüdischen Arbeitgebern arbeiteten, wo sie auch wohnten. Sie blieben meistens nur die Saison von Juni bis September auf der Insel und zogen dann nach Berlin, Hannover, Wien, Nürnberg, Hamburg, Amsterdam, Warschau, Oswiecim, Bremen, Bremerhaven, Heidelberg, Göttingen, Kattowitz, Chrzanow und Mannheim.

Viele von ihnen kamen im nächsten Sommer wieder. Die meisten waren ledig, einige reisten mit ihrer Familie an. Wenige ließen sich später auf Norderney nieder, eröffneten selbst ein Geschäft, eine Pension oder ein Hotel.

---

1 Meyer, München 1997, S. 25.

6. Jüdische Geschäftsleute

Einer der ersten jüdischen Geschäftsleute war der Konditor David Benedix Goldstein aus Norden, der in einer Verkaufsbude auf Norderney seine koscheren Konditorwaren anbot. Am 5. Dezember 1827 war ihm durch den Vorsteher der Bäckerzunft J. T. Krimpening mitgeteilt worden, dass „ihm jetzt die oberpolizeiliche Erlaubnis als Kuchenbäcker erteilt worden sey, er aber nicht in die Zunft der Bäcker aufgenommen werde, da er das Backen nicht erlernt hat."[1] Möglicherweise war es jedoch die jüdische Herkunft Goldsteins, die seine Aufnahme in die Bäckerzunft verhinderte. Goldstein, der seit den 20er Jahren seine Produkte auf Norderney verkaufte, beantragte 1840 die Genehmigung für den Betrieb einer „israelitischen Garküche" auf Norderney und markiert so den Beginn der Versorgung eines spezifisch jüdischen Fremdenverkehrs. Wenig später erhielt auch Abraham von der Wall eine Konzession, nachdem es ihm gegen den Widerstand einiger Norderneyer - sie fürchteten, von der Wall könne sich aktiv in den Handel mit Strandgut einschalten - gelungen war, ein Haus zu kaufen, was in anderen Gebieten des hannoveranischen Territoriums zumeist untersagt war.

Mitte des 19. Jahrhunderts ließen sich jüdische Manufakturisten auf Norderney nieder. In einem Brief vom 13. Juli 1852 aus der „Hohe Königliche Landdrostei von Ostfriesland" ist zu lesen: „Die unterzeichneten Brüder Jonas und Jacob Weinberg aus Hage im Amt Dornum, welche die Badeinsel Norderney angehört und Moses Weinberg zu Norden haben unter der Firma ‚Gebrüder Weinberg' schon seit vielen Jahren jährlich in der Badezeit auf Norderney das Manufakturgeschäft ungehindert frei betrieben, indem sie Jahr auf Jahr (...) ohne Anstand und Bedenken die Conzession erhalten, gleich allen anderen sowohl in als auch ländlichen Kaufleuten. Sie haben deshalb auch für die jetzige Saison solche Conzession bei dem derzeitigen Badecommisar, Herrn Kapitän von Landsberg, gebührend nachgemacht, dieselbe aber bis daher nicht erhalten. (...) Umso zuversichtlicher dürfen wir daher vertrauen, daß Euer Hochwohlgeboren, wie wir dankensvoll unterthänigst zu bitten wagen, die bisherige Conzession zum Manufacturhandel auf Norderney in der Badezeit uns auch für dieses Jahr gnädigst zu ertheilen."[2]

Die Gewährung der Konzession war jedoch offensichtlich streng an die Nachfrage gebunden. So erfahren wir aus einem Brief des Königl. Bade Commissionair für Norderney an Königl. Landdrostei zu Aurich: „Dem zuerst bittenden Salomon war die Conzession unwissend über die Trennung der Brüder ertheilt worden, den zweiten Bittenden mußte die Conzession versagt werden, weil die conzessionierte Manufactur Waarenhandlung Gebr. Koppel aus Norden, Bernd Meyer aus Norden und Salomon Weinberg aus Norden und die hiesigen Handlungen den Anforderungen mehr als genügen."[3] Die Verwaltung in Aurich schloss sich dieser Einschätzung an und teilte den Kaufleuten Jonas und Jacob Weinberg zu Hage mit, dass „dem Gesuche einer Conzession zum Manufacturhandel auf Norderney während der diesjährigen Badezeit nicht stattgegeben werden kann, da bereits eine den Bedürfnissen genügende Anzahl von Manufactuwarenhandlungen für die diesjährige Badezeit conzessioniert ist."[4] Mit dem zunehmenden Fremdenverkehr nahm die Nachfrage

---

1 StAA Rep. 15, 10514 (Brief des J. T. Krimping an die Bäckerzunft, Copie an den Magistrat aus Aurich und an David Benedix Goldstein, Norden).
2 StAA Rep. 15, 4322 (Brief der Gebrüder Weinberg, Hage und Norden am 13ten Juli 1852 an Hohe Königliche Landdrostei von Ostfriesland).
3 StAA Rep. 15, 4322 Brief des Königl. Bade-Commissionair für Norderney an Hohe Königl. Landdrostei von Ostfriesland vom 21sten Juli 1852.
4 StAA Rep. 15, 4322 Bescheid für die Kaufleute Jonas und Jacob Weinberg, Aurich vom 24sten July 1852.

nach jüdischen Angeboten zu. 1867 leben jedoch erst sechs Juden konstant auf Norderney, ihre Anzahl erhöhte sich in der Folgezeit kontinuierlich.

6.1 Berufliche Strukturen der Norderneyer Juden im Vergleich zur Berufsstruktur der Juden in Deutschland

Die Berufsstrukturen der jüdischen Minderheit in Deutschland unterschieden sich erheblich von der Gesamtbevölkerung. Das zeigt das Ergebnis der Gewerbezählung vom 14. Juni 1895 über die Berufsverhältnisse der Juden in Deutschland: Unter den 24.252.000 Erwerbstätigen und Dienenden beträgt der Anteil der erwerbstätigen Israeliten 244.586, davon männlich 183.563, davon weiblich 61.023 Personen. „Die Israeliten haben ihre bedeutenderen Antheile im Handel, wo sie mit über der Hälfte aller israelitischen Erwerbsthätigen - 54,56 % - sich finden, ferner in der Berufsabtheilung Industrie (18,80) und Selbständige ohne Beruf (16,30), während sie in der Landwirtschaft nur mit 1,88% erscheinen."[1]

Das Berufsbild änderte sich auch nicht nach dem Gesetz über die Rechtsverhältnisse der Juden von 1842, der Aufhebung der zwangsweisen Beschränkung auf Handel und Gewerbe, der Öffnung der Handwerker für Juden. Juden hielten weiter an ihren Traditionen fest, waren weiterhin vorwiegend im Handel tätig. Die fortschreitende Industrialisierung und die Rationalisierung der Landwirtschaft verschlechterte ohnehin die Situation der Gesamtbevölkerung, während der Handelssektor expandierte. Im Handel verfügten Juden über große Erfahrung, Handels- und Werbemethoden, Schnelligkeit, die sie die wirtschaftlichen Bedürfnisse erkennen ließen. So war im Kaiserreich die Hälfte aller Juden im Handel tätig, mehrheitlich selbstständig. Zudem richteten sie ihre Entscheidungen an den in den jeweiligen Berufszweigen zu erwartenden Diskriminierungen aus. Im Handwerk arbeiteten sie als Schächter und Bäcker, handwerkliche Berufe, die ihnen schon vor der Emanzipation offen standen. Söhne aus Kaufmanns- und Bankiersfamilien studierten Rechtswissenschaften, Medizin, Journalistik. Akademiker anderer Fachbereiche fanden aufgrund des Antisemitismus keine Anstellung.

Vergleicht man diese Werte mit der Berufsstruktur der Norderneyer Judenheit, so wird der außerordentlich hohe Anteil an Gewerbetreibenden jüdischer Herkunft deutlich. Sie bildeten in einigen traditionell jüdischen Gewerbezweigen die Mehrheit (Schlachter, Manufakturwaren, Antiquitäten, Möbel) und waren auch in anderen Bereichen gut vertreten. Auffallend sind die Schwankungen im Gaststättengewerbe. Die Prozentangaben gewinnen ihre Aussagekraft, wenn man bedenkt, dass die Juden in Deutschland nur etwa 1% der Bevölkerung stellten:

Gewerbezweig	Gesamtzahl	Davon Juden	
		Absolut	in %
Antiquitäten	2	1	50
Gemüse- und Obsthändler	4	1	25
Manufakturwaren	7	3	43
Optiker	1	1	100
Putzwaren	5	1	20
Restauration	8	3	37,5
Schlachter	4	3	75

Tabelle 6-1: Gewerbezweige der Juden auf Norderney 1882[2]

---

[1] Bureau des Deutsch-Israelitischen Gemeindebundes: Statistisches Jahrbuch Berlin, 1898, S. 132.
[2] Gerdes, Norderney 1882.

Gewerbezweig	Gesamtzahl	Davon Juden	
		absolut	in %
Antiquitäten	4	2	50
Kolonialwaren	24	1	4,2
Konfektionsgeschäfte	5	1	20
Eisen-, Stahlwaren	5	1	20
Fleischereien	5	3	60
Galanterie- u. Kurzwarenhandlg.	8	1	12,5
Gast- und Hotelwirte	28	2	7,1
Gemälde- und Kunstausstellungen	1	1	100
Hut- und Mützenhandlungen	8	3	37,5
Kurz-, Weiß- und Wollwarenhandlg.	13	3	23,1
Manufakturwarenhandlungen	5	3	60
Muschelwaren	8	1	12,5
Möbelhandlungen	4	3	75
Obst- und Gemüsehandlungen	8	1	12,5
Optiker	2	1	50
Verkaufsstellen für Postwertzeichen	4	1	25

Tabelle 6-2: Gewerbezweige der Juden auf Norderney im Jahre 1896[1]

Gewerbezweig	Gesamtzahl	Davon Juden	
		absolut	in %
Antiquitäten	3	2	66
Arztpraxen	4	1	25
Fleisch-Gemüse-Geflügel	7	1	14
Handel mit Bernsteinwaren	1	1	100
Handel mit Drechslerwaren	1	1	100
Herren- und Damenmoden	1	1	100
Hotels	12	1	8
Möbelhandlungen	1	1	100
Muschelgeschäfte	3	1	33
Optiker	1	1	100
Pensionate	7	4	57
Putz- und Weißwaren	4	1	25
Restaurants	12	1	8
Schlachtereien	7	3	43
Spielwarengeschäfte	3	2	66
Warenhäuser	1	1	100

Tabelle 6-3: Gewerbezweige der Juden auf Norderney 1905[2]

---

1 Francke, Norderney 1896.
2 Dunkel, Norderney 1905.

Gewerbezweige	Gesamtzahl	Davon Juden	
		gesamt	in der Saison
Antiquitäten	6	2	2
Delikatessen	12	2	1
Drechslereien	1	1	0
Fischhandlungen	3	1	1
Friseure	10	1	1
Hotels	17	1	1
Konfektionen für Damen	5	2	1
Konfektionen für Herren	4	1	0
Korbwaren	2	1	0
Manufaktur- und Modewaren	8	2	1
Möbelhandlungen	3	2	0
Muschelwaren	4	2	0
Obst- und Südfrüchte	9	1	1
Optiker	2	1	1
Pensionen	21	1	1
Restaurants	20	1	0
Schlachtereien	6	3	0
Spielwaren	7	2	0
Wild- und Geflügel	2	1	1

Tabelle 6-4: Verzeichnis der Firmen Norderneys nach dem Gewerbe 1911[1]

Gewerbezweig	Gesamtzahl	Davon Juden	
		absolut	in der Saison
Drechsler	1	1	0
Friseure	9	1	0
Hoteliers	12	1	1
Kaufmänner	59	5	3
Kinderheime	12	1	1
Logierhausbesitzer	13	3	0
Restaurateure	7	1	0
Schächter, Schlachter	9	2	0

Tabelle 6-5: Gewerbezweige der Juden auf Norderney im Jahre 1927[2]

Durch die nationalsozialistische Vertreibungs- und Ausgrenzungspolitik reduzierte sich die Anzahl jüdischer Gewerbetreibender auf 6 Personen (bei insgesamt 9 Juden auf Norderney).

Gewerbezweig	Gesamtzahl	Davon Juden	
		insgesamt	in der Saison
Kaufmänner	47	2	1
Pensionen	25	3	0
Schlachter	3	1	0

Tabelle 6-6: Gewerbezweige der Juden auf Norderney im Jahre 1935[3]

---

[1] Braams, Norderney 1911.
[2] Soltau, Norden - Norderney 1927.
[3] Freund, Norderney 1935.

7. Jüdischer Besitz

Bereits 1845 war der israelitische Abraham v. d. Wall aus Norden der Höchstbietende bei dem Verkauf des Hauses des weiland Harm Amels durch das Königliche Amt Berum.
„Ob es einem Israeliten überhaupt freistehe, auf unserer Insel gelegene Immobilie käuflich an sich zu bringen",[1] so die Landesmänner der Insel Norderney an Königliche Hochlöbliche Landdrostei. Der Brief endet mit der Bitte „Hoch dieselbe wollen gnädigst dahin verfügen, daß es den obgedachten Israeliten Abr. v. d. Wall nicht gestattet werde, sich hier auf Norderney niederzulassen."[2]
Nach Paragraph 11 des Edikts vom 11.03.1812 hatten die Juden aber die gleichen Rechte wie christliche Einwohner - die Kommune musste zustimmen.
Bei meinen Recherchen über jüdischen Besitz auf Norderney habe ich im Flurbuch, im Eigentümerverzeichnis und in den Gebäude- und Gebäudesteuerrollenbüchern geforscht. Im Mutterrollenbuch ist der gesamte Besitz des Eigentümers zu ersehen. Meine Untersuchungen haben gezeigt, dass Juden auf Norderney, wie beiliegende Verzeichnisse ausweisen, über große Besitztümer verfügten und den wirtschaftlichen Aufschwung der Insel entscheidend mitbestimmten. Sie waren immer gerne gesehen und brachten Kapital auf die Insel. Durch Grundstückserwerb, den Bau von Logierhäusern und Villen förderten sie die Aufwärtsentwicklung der Insel im erheblichen Maße. Noch heute zeugen viele Bauten auf Norderney von ehemals feudalem jüdischen Besitz.
Exemplarisch liste ich folgende Zeitungsinserate auf:
1908 boten Koppel & Weinberg, Vereinigte Warenhäuser, Villen und Logierhäuser zum Verkauf und zur Vermietung an.
1910 warben Koppel & Weinberg für moderne Logierhäuser in bester Lage sowie für Bauplätze direkt am Strand (See-Aussicht), ferner an der Benekestraße (Villenkolonie), Lucius-, Ellern-, Gartenstraße etc. unter sehr günstigen Bedingungen.
1920 wurden im Auftrag des Kaufmanns H. Weinberg in Frankfurt a.M. und H. Koppel in Hamburg folgende Häuser angeboten:

---

1 StAA Rep.15, 4777 Landdrostei Aurich 1845. Die Beschwerde der Landesmänner auf Norderney über den Grundstückserwerb des Abraham van der Wall aus Norden auf der Insel.
2 Ebd.

Im Auftrage des Kaufmanns H. Weinberg in Frankfurt a. M. und H. Koppel in Hamburg werde ich

Freitag, den 13. d. Mts.,

nachmittags 4 Uhr,

im Ebeling'schen Hotel in Norderney folgende daselbst belegene [372

 **Häuser**

zum Verkauf ausbieten lassen:

**Logierhaus Winterstraße 23 und der anstoßende Bauplatz,
Logierhaus Gartenstraße 11,
6 Häuser Maybachstraße 8—13,
4 Häuser Gartenstr. 28, 30, 31 u. 32
und 2 Häuser Luciusstr. 3 und 3a.**

Norden, den 7. Februar 1920.

Justizrat Franzius, Notar.

Abbildung 7-1: Anzeige Häuserverkauf, Norderneyer Badezeitung (im Folgenden NBZ) 12.02.1920.

8. Die Synagoge auf Norderney: Ein Beispiel für (zwischenzeitliche) Akzeptanz

Ein Beispiel für die Akzeptanz jüdischen Lebens auf Norderney ist die Entstehungsgeschichte der Synagoge.
Bereits vor der Erbauung der Synagoge gab es auf Norderney eine jüdische Betstube im Wohnhaus des M. von der Wall, Schulstraße 12a.
1872 bestand die Absicht, auf Norderney für die dort lebenden und zu Besuch weilenden Juden eine Synagoge zu errichten. Die zuständige Finanzdirektion in Hannover lehnte es jedoch ab, ein fiskalisches Grundstück für diesen Zweck unentgeltlich abzutreten, und so ruhte die Angelegenheit erst einmal. Der Wunsch nach einem jüdischen Bethaus bestand weiterhin. „1877 gründete sich ein Comitee, welches die Erbauung eines jüdischen Tempels auf Norderney befördert und an dessen Spitze ein Kaufmann M. Bargebuhr aus Harburg sowie ein Dr. phil. Rosin in Breslau steht, mittels Kauf in den Besitz eines privaten Grundstücks gelangt sei, auf welchem der Bau zur Ausführung gelangen soll."[1]
Nachdem geklärt war, „daß mit dem Synagogenbau nicht zugleich eine Synagogengemeinde und der Anschluß an eine andere Gemeinde verbunden und der Unterhalt gesichert ist, wurde dem Architekten von Hülst die Erbauung eines israelitischen Gotteshauses auf Norderney übertragen und dem Landesrabbiner Dr. Buchholz, Emden, die Pläne zur Begutachtung vorgelegt. Dr. Buchholz schrieb: „Seit langer Zeit besteht auf der Insel Norderney eine Privatsynagoge im Hause des daselbst wohnenden v. d. Wall zur Abhaltung des Gottesdienstes für die Badegäste jüdischen Glaubens. Dieses Bethaus hat jedoch mancherlei Übelstände, besonders ist es wegen seines beschränkten Raumes der Gesundheit der zum Gebete sich versammelnden schädlich, weshalb es schon längst der Wunsch der alljährlich das Bad besuchenden Gäste jüdischen Glaubens war, daß ein würdiges Gotteshaus auf Norderney hergestellt würde. Diesem Wunsche wollen die Herren M. Bargebuhr aus Harburg in Hannover und Dr. D. Rosin in Breslau in frommer Absicht nachkommen und steht meines geringen Erachtens der Genehmigung des Hauses seitens des Gesetzes über die Rechtsverhältnisse der Juden vom 30. September 1842 nichts entgegen.
Es wohnen zur Zeit drei jüdische Familien auf Norderney, die nach § 1 des Verfassungsstatuts der Gemeinde Norden zu dieser gehören. Schon für diese ist die Synagoge, namentlich an den hohen Festtagen, ein dringendes Bedürfnis. § 19 des angeführten Gesetzes stellt den Juden die Ausübung ihres Gottesdienstes in der Synagoge frei, ohne diese Erlaubnis von der Existenz einer Gemeinde abhängig zu machen. Es dürfte vielmehr nach diesem Paragraphen auch einem einzelnen Juden, vorbehaltlich der nach § 27 a. a. O. einzuholenden Genehmigung der Königlichen Landdrostei gestattet sein, zum Zwecke der Abhaltung des Gottesdienstes eine Synagoge zu erbauen. Die Synagoge auf Norderney würde ihre geringen Bedürfnisse wie Beleuchtung, Reinigung und etwaige Reparaturen durch ihre Einnahmen wie Spenden, Vermiethung der Sitzstellen reichlich zu bestreiten in der Lage sein. Somit erlaube auch ich mir um geneigte Genehmigung des Baues ergebenst zu bitten."[2]

---

[1] StAA Rep. 15 12626. Die Genehmigung zum Bau einer Synagoge auf Norderney und der Status der Synagogengemeinde, 1874-1880. Brief des Amtshauptmanns in Norden an Königliche Landdrostei Aurich vom 17.Oktober 1877.

[2] Ebd., Schreiben vom 24.12.1877 des Landesrabbiners Dr. Buchholz, Emden, an die Königliche Landdrostei Aurich.

Da auch durch die Ausführungen des Landesrabbiners die rechtliche Situation nicht wirklich geklärt war, übergab die zuständige Landdrostei Aurich die Angelegenheit an das übergeordnete preußische Innenministerium, das am 18. Januar 1878 unter Bezugnahme auf § 27 im „Gesetz über die Rechtsverhältnisse der Juden" vom 30.09.1842, „erforderlichen landdrosteilichen Genehmigung zur Errichtung einer neuen Synagoge auf der Insel Norderney uns unbedenklich erscheint"[1] die Genehmigung zum Bau einer Synagoge auf Norderney erteilte.

Um das Vorhaben finanziell langfristig abzusichern, beantragte am 25. Juni 1878 das „Comitee zur Errichtung einer Synagoge auf Norderney" die Erwirkung der Allerhöchsten Genehmigung für die beabsichtigte milde Stiftung „Synagoge auf der Insel Norderney" resp. „Die Ertheilung des Corporationsrechts für diese Stiftung" (siehe Anhang III[2]

Am 7. Juli 1878 wurde der Königlichen Landdrostei Aurich aus Norden mitgeteilt, dass die Synagoge fertiggestellt ist. „Die Synagoge ist bis auf die noch zu ergänzende innere Ausstattung vollkommen fertig gestellt, und würde der Bau noch mehr zur Zierde der Insel gereichen, wenn derselbe nicht an einer entlegenen, etwas wenig ins Auge fallenden Stelle errichtet wäre."[3]

Am 9. August 1878 wurde die Synagoge festlich eingeweiht.

Die Allgemeine Zeitung des Judenthums berichtet: „Das alltäglich auf hübsche Wellen und schönes Bad concentrirte Interesse der Badegäste war heute von einer hier nicht oft vorkommenden öffentlichen Feier in Anspruch genommen. Es wurde der durch ausdauerndes Bemühen der Herren Bargebour in Harburg und Dr. Rosin in Breslau zur Vollendung gebrachte Tempel für israelitische Curgäste festlich eingeweiht. Vor dem kleinen, aus Rohziegeln zierlich ausgeführten, mit grünem Laubgewinde geschmückten Gebäude erwartete eine zahlreiche Versammlung die Ehrengäste, nach deren Erscheinen Herr Bargebour die Feier mit einer kurzen Ansprache und Überreichung des Tempelschlüssels an den Landrath eröffnete. Letzterer reichte den auf einem Kissen ruhenden Schlüssel dem Landdrost, welcher mit den Worten: ‚Im Namen des Staates und des Kaisers übergebe ich dieses Haus seiner Bestimmung zur Erhebung der Herzen' das Tempelthor erschloß und den Justizminister Dr. Leonhardt zum Eintritt einlud. (...). Die zur Tempelweihe vorgebrachten Choralgesänge wurden von Mädchen gut ausgeführt und von dem hiesigen Küster lobenswert dirigirt. Die Festpredigt hielt der Seminardirektor Dr. Prager aus Hannover; das Schlußgebet für die Kaiserfamilie und Staatsbehörden sprach Dr. Rosin. Der Justizminister, der Landdrost, sowie die anderen Vertreter der Behörden waren mit ihren Orden geschmückt. Der hiesige Pastor Herr Rodenbeck allein verweigerte seine Theilnahme an dem Feste, welchem beizuwohnen - wie er erklärte - seinem evangelischen Gewissen widerstreitet."[4]

---

[1] Brief des Ministeriums des Innern, Berlin, 18.01.1878 an die Königliche Landdrostei zu Aurich.
[2] Brief mit zwei Anlagen des „Comitees zur Errichtung einer Synagoge auf Norderney", Hannover, Harburg, Hamburg und Breslau, 25.06.1878.
[3] Schreiben des Amtshauptmannes in Norden an die Königliche Landdrostei, Aurich 07.07.1878.
[4] Allgemeine Zeitung des Judenthums, Leipzig, 27.08.1878. 42. Jahrg. Nr. 35, S. 554 f.

Abbildung 8-1: Fotos der Synagoge auf Norderney, um 1885 u. 1904, Stadtarchiv Norderney (im Folgenden STAN) Bildbestand

Wenig später setzte sich das Landesrabbinat Emden mit einem Schreiben an die Königliche Landdrostei Aurich erneut für die beabsichtigte Gründung einer Stiftung für die Norderneyer Synagoge ein:
„Die nunmehr fertiggestellte und ihrer Bestimmung übergebene Synagoge auf Norderney entspricht einem seit langen fühlbaren Bedürfnisse, indem viele Badegäste durch den Mangel eines Gotteshauses bisher verhindert waren, während ihres Aufenthalts auf Norderney ihre religiösen Bedürfnisse zu befriedigen. Um nun die genannte Synagoge in ihrem Bestande zu sichern, sie vor Entweihung und Entwürdigung zu schützen, erscheint es erforderlich, ihr einerseits eine feste Verwaltungsform zu geben, welche sie den Schwankungen menschlicher Verhältnisse soviel als möglich entzieht, und anderseits einen staatlichen Schutz zu verschaffen, der ihr Selbständigkeit gewährleistet und die Mittel zur Abwehr willkürlicher und gewalttätiger Eingriffe gewährt. Indem dasselbe die Synagoge zu einer Stiftung machen will, für welche es Corporationsrechte erbittet, gilt es, ihr diejenige Selbständigkeit und Unabhängigkeit welche, da zur Zeit in Norderney keine Synagogengemeinde vorhanden ist, die allein wünschenswerthe und bei weitem den Vorzug verdient vor dem Anschluß an eine der naheliegenden Gemeinden."[1]
Erneut leitet Aurich das Gesuch an das preußische Innenministerium weiter, das am 28.01.1879 antwortet: „Nachdem die zu Norderney erbaute Synagoge im Laufe des vergangenen Sommers fertiggestellt und dem Gottesdienstlichen Gebrauch übergeben worden ist, unterliegt es keinen Bedenken, das Unternehmen durch Einwirkung juristischer Persönlichkeit zu fördern und zu befestigen, wenn die Gründer, was ihnen ohne Zweifel nicht schwer werden wird - den Nachweis liefern, daß sie nach Abzug

---

[1] Schreiben des Landrabbinats Emden an die Königliche Landdrostei Aurich, 30.08.1878.

aller Baukosten noch soviel Mittel in der Hand haben, daß sich aus den Zinsen die dauernde bauliche Unterhaltung des Gebäudes bestreiten läßt."[1]

Wie das Unternehmen finanziert werden sollte, zeigt ein Schreiben des Norder Amthauptmanns an die Landdrostei Aurich: „Nach Abzug sämtlicher Baukosten verbleibt ein Betrag von Mk 1500,00. Derselbe und Zinsen hieraus wäre ausreichend für die Unterhaltung der Synagoge. Es wird angenommen, daß auch Kollekten und freiwillige Spenden den Betrag erhöhen."[2]

Aus seinem Urlaubsort Baden-Baden schrieb Kaiser Wilhelm I: „Auf Grund gemeinschaftlichen Berichts vom 29. V. R. will ich der Synagogenstiftung auf der Insel Norderney im Landdrosteibezirk Aurich, Provinz Hannover, auf Grund des anbei zurückfolgenden Status vom 27. April d.J. hiermit die Rechte einer juristischen Person verleihen."[3]

Die Norderneyer Synagoge hatte von Beginn an die Unterstützung des preußischen Innenministeriums, und nun hatte der Kaiser höchstpersönlich seine Erlaubnis zur Gründung der Stiftung erteilt. Schon bei der feierlichen Eröffnung der Synagoge wurde der Kaiser und die kaiserliche Familie mit einem Gebet geehrt. Hier zeigt sich, dass „die enge Verbindung von Thron und Altar im Kaiserreich keineswegs auf die lutherische Kirche beschränkt war, sondern ebenso für Juden galt. Der Monarch von Gottes Gnaden übergibt auch den Juden ihr Gotteshaus, und umgekehrt sprechen diese ihr Gebet für den Kaiser - ein Beleg für das Maß der Integration der Juden in die deutsche Gesellschaft."[4]

Vorsteher der Filial-Synagogengemeinde mit 22 jüdischen Seelen war 1896 M. v.d. Wall. Zur Synagogenstiftung Curatorium gehörten: Landesrabbiner Dr. Löb, Emden; Bankier J. Levy, Hamburg; Bankier S. Süskind, Leipzig; Bankier E. Meyer, Hannover; R. A. Weinberg, Hannover; Dr. H. Rosin, Berlin.

1932/33 wurde Julius Hoffmann als Verwalter der Synagogenstiftung Norderney benannt. Zur nicht selbstständigen Gemeinde, die steuerlich der Synagogengemeinde Norden angeschlossen war, gehörten 15 jüdische Seelen. Landesrabbiner Dr. Blum, Emden, führte den Vorsitz der Synagogenstiftung Norderney, K. J. Fellner war weiterhin Kantor. In der Nacht vom 9. zum 10. November 1938 brannten überall in Deutschland die Synagogen, auf höheren Befehl hin von der SA und Mitgliedern der NSDAP angezündet und zerstört. Vorgeschobener Grund für die Barbarei war der Mord des Juden Grünspan an dem Gesandschaftsrat von Rath in Paris, der wieder in Kollektivhaftung der gesamten Judenheit zur Last gelegt wurde. 191 Synagogen wurden vernichtet, 76 demoliert, Fensterscheiben jüdischer Geschäfte zertrümmert, Waren geraubt, männliche Juden in Schutzhaft genommen und später in Konzentrationslager gebracht.

Die sogenannte „Reichskristallnacht" war der Anfang der Vernichtung der Juden. Die Synagoge auf Norderney an der Schmiedestraße wurde in der sogenannten „Reichskristallnacht" nicht zerstört. Der Rechtsanwalt und Notar Walter Poppinga hatte im August 1938 beim Regierungspräsidenten die Genehmigung zum Verkauf der Synagoge beantragt. Am 8. Dezember 1938 genehmigte der Regierungspräsident Aurich nach einigen Verwaltungsprozeduren in einem Schreiben an Poppinga den Verkauf der Synagoge.

---

[1] Schreiben des Innenministeriums vom 28.01.1878 an die Königliche Landdrostei in Aurich.
[2] Schreiben des Amtshauptmanns in Norden vom 09.05.1879 an die Königliche Landdrostei Aurich.
[3] Brief Kaiser Wilhelm I, Baden-Baden, 01.10.1879, versehen mit verschiedenen Unterschriften und Beglaubigungsvermerken, Berlin, 05.11.1879.
[4] Tielke, Aurich 1988, S. 201 f.

Auf Anregung der Evangelischen Jugend von Norderney wurde, wie die NBZ vom 04./05.04.1996 berichtet, an der Fassade des umgebauten Gebäudes der ehemaligen Synagoge von der Stadt Norderney eine Gedenktafel mit folgender Inschrift angebracht:[1]

Ehemalige Synagoge (1878 – 1933)

Dieses Gebäude wurde als Bethaus für jüdische Bürger und Gäste errichtet. Im Juli 1938 verkauft, entging es der Zerstörung in der Pogromnacht vom 09. November des Jahres.

Zur Erinnerung und zum Gedenken.

Abbildung 8-2: Gedenktafel zur Synagoge, STAN Bildbestand

---

[1] NBZ vom 4./5.04.1996. Gegen das „Nicht-mehr-erkennen" - Gedenktafel an der ehemaligen Norderneyer Synagoge angebracht.

9. Jüdische Wohlfahrtspflege

9.1 Das jüdische Kinder-Erholungsheim der Zion-Loge

„Hilfe ist die Antwort auf Not. Wenn private Hilfe die Not nicht mehr beheben kann, ist organisierte Hilfe nötig. Die Entstehung der zentralisierten jüdischen Wohlfahrtspflege im Jahre 1917 war die Antwort auf eine Fluchtbewegung von Millionen Juden aus dem Osten Europas. Die damit einhergehenden Nöte waren nicht mehr mit traditioneller Hilfe zu lindern. Dieser sozialgeschichtliche Hintergrund ist ein Spezifikum jüdischer Wohlfahrtspflege hierzulande."[1] Zu dem Netzwerk jüdischer Wohlfahrtspflege zählt auch der 1843 von deutsch-jüdischen Auswanderern in New York gegründete Unabhängige Orden B`nai B'rith (U.O.B.B.). Ihre Devise war: „Wohltätigkeit, Bruderliebe, Eintracht."[2] Jüdische Selbsterziehung war eines der Hauptziele. Die internationale jüdische Organisation bildete 1882 in Deutschland die erste Bne Briss Loge, die 1885 mit zwölf Logen über 1.150 Mitglieder und 1912 mit 79 Logen 8.610 Mitglieder zählte. Die Tätigkeit der Loge bestand vor allem aus Vorträgen in Philosophie, Religionswissenschaften, Pädagogik, Medizin, Geschichte, Literaturgeschichte, Kunst und Sozialkunde. Gefördert wurden Studium und sonstige Berufe, Erziehung zum Handwerk in Bodenbau und Bodenkultur. Unterstützung erfuhren Bedürftige, Krankenhäuser, Blinden- und andere Institutionen. Die Zion-Loge XV. Nr. 360, gegr. 4. März1886,[3] entstand aus Mitgliedern der Gemeinden Hannover, war der 8. Distrikt des U.O.B.B. und gehörte zur Großloge Berlin. Die Zion-Loge unterhielt Ausbildungsstätten, Kinder- und Erholungsheime. Auf ihre Initiative wurde 1910 eine Kinderheilstätte auf Norderney errichtet. Träger des Hauses war die Zion-Loge Hannover. Verwaltet wurde das Haus von dem Komitee der Zion-Loge zur Fürsorge für kranke und pflegebedürftige Kinder. 1914 teilte das Komitee nach dreijähriger Öffnungszeit des Hauses in einem Sonderbericht mit: „Unser Erholungsheim in Norderney mußte Anfang August wegen der Mobilmachung seine Pforten schließen."[4] Die zu der Zeit im Heim zur Erholung weilenden „82 Kinder aus allen Teilen Deutschlands"[5] (...) „sind alle wohlbehalten zu den Eltern zurückgekehrt."[6] Am 9. August 1914 beschlossen die Mitglieder der Zion-Loge in ihrer Sitzung, das „Kinder-Erholungsheim auf Norderney der Militärbehörde als Genesungsheim zur Verfügung zu stellen."[7] Auch 1915 war kein Kurbetrieb möglich. Im August 1917 berichtet der Ausschuss zur Fürsorge für kur- und pflegebedürftige Kinder: „Unser Kinderheim auf Norderney konnte wegen seiner Lage innerhalb des Kriegsgebiets auch im Jahre 1916 nicht benutzt werden. Die Heeresverwaltung hatte das Haus für kurze Zeit gemietet, um es als Lazarett zu verwenden; es stellte sich aber bald heraus, daß es dafür nicht recht geeignet war."[8] Im Bericht für das Jahr 1919/20 teilt die Zion-Loge mit: (...), „das Norderneyer Ferienheim, wurde trotz aller Schwierigkeiten am 15.6.19

---

1 Scheller, B.: Die Zentralwohlfahrtsstelle. Der jüdische Wohlfahrtsverband in Deutschland, Frankfurt am Main 1987, S. 7.
2 Oppenheimer, J. F.: Lexikon des Judentums, Gütersloh 1971, S. 109.
3 Deutsch-Israelitischer Gemeindebund: Handbuch der jüdischen Gemeindeverwaltung und Wohlfahrtspflege, Berlin 1911, S. 68.
4 Grossloge für Deutschland: Aus den Logen des VIII. Distrikts. Bericht über die Tätigkeit der Zion-Loge im Jahre 1914-15. Berlin 1915, S. 77.
5 Ebd.
6 Ebd.
7 Ebd., S. 76.
8 Ebd., Bericht der Großloge für Deutschland VIII. U.O.B.B. Berlin 1917, Nr. 7, S. 101.

eröffnet."[1] „Die Zion-Loge in Hannover nahm im Frühjahr 1921 zum 1. Male im Anschluß an ihr seit 1910 bestehendes Kinderheim auf Norderney eine Gruppe von zehn über 14 Jahre alten jungen Mädchen auf."[2] Möglich wurde dies durch eine großzügige Spende des Br. Louis Sternheim und der dem Erholungsheim benachbarten neuerworbenen kleinen Villa, „zum Andenken an den im Kriege gefallenen Sohn des Spenders das ‚Ottohaus' genannt."[3] Neben dem erholsamen Aufenthalt an der Nordsee über einen Zeitraum von 5-6 Monaten wurde den „jungen jüdischen Mädchen nach beendeter höheren Schulbildung"[4] theoretischer Unterricht in verschiedenen Fächern, Praxis in den Arbeitsbereichen Hauswirtschaft, Kochen, Mitarbeit in der Großküche sowie Einführungen in pädagogische und pflegerische Aufgabenbereiche im benachbarten Erholungsheim geboten.

Nachdem sich die Überzeugung von den heilenden Kräften des Seeklimas immer mehr durchsetzte, boten immer mehr Heime aufgrund steigender Nachfrage Winterkuren an. 1927 wurde das Kinder-Erholungsheim der Zion-Loge ganzjährig geöffnet. „Das Kinder-Erholungsheim der Zion-Loge U.O.B.B. auf Norderney wird daher von jetzt ab ganzjährig geöffnet sein, nachdem es durch Herstellung zweckmäßiger Erweiterungsbauten in der Lage ist, warme Seebäder im Hause zu verabreichen."[5]

Das Kinder-Erholungsheim der Zion-Loge U.O.B.B., Benekestraße 44, nahe dem Meer gelegen, verfügte über helle, sonnige Wohn- und Schlafräume und neuzeitliche hygienische Einrichtungen. 1924/25 betrug die Bettenzahl 90. Aufgenommen wurden Kinder im Alter von 6-14 Jahren. Die Leitung des Hauses oblag Vors. Siegmund Friedmann, Leiterin Gertrud Feiertag und dem Arzt Dr. Schlichthorst. Im Haus waren 9 ErzieherInnen und 11 Personen im Hauswirtschafts- und Pflegebereich tätig. Das Kinder-Erholungsheim war vom 1. Mai bis 1. Oktober geöffnet, die Kinder blieben 4 Wochen.[6] 1928/29 standen im Haus 100 Betten für erholungsbedürftige Kinder zur Verfügung. Beschäftigt waren 15 ErzieherInnen und 12 Personen in Hauswirtschaft und Pflege.[7] 1932-33 sind Öffnungszeit, Kurdauer, Bettenzahl und Personal gleichgeblieben. In der Leitung des Hauses gab es einen Wechsel.[8] Leiterin des Kinder-Erholungsheimes der Zion-Loge U.O.B.B. war bis 1930 die am 04.07.1890 in Berlin geborene Gertrud Feiertag, die am Pestalozzi-Fröbel Haus in Berlin ihre Ausbildung zur Kindergärtnerin und später zur Jugendleiterin absolvierte. Auf Norderney war sie zu folgenden Zeiten gemeldet:[9]
06.06.1913-03.10.1913. 26.05.1914-17.08.1914. 09.04.1921-14.10.1921. 25.04.1922-12.10.1922. 25.04.1923-09.10.1923. 23.04.1924-18.10.1924. 18.04.1925-10.10.1925. 16.04.1926-14.10.1926.

---

1 Großloge für Deutschland: Aus den Logen des VIII. Distrikts. Bericht über die Tätigkeit der Zion-Loge. (Aus dem Bericht für das Jahr 1919/20, erstattet von Br. Silberberg-Ahlem), Berlin 1920, Nr. 6/7, S. 173.
2 Feiertag, G.: Das Ottohaus des Kindererholungsheims der Zion-Loge auf Norderney, In: Großloge für Deutschland: Der Orden Bne Briss Mitteilungen der Großloge für Deutschland VIII. U.O.B.B., Berlin 1923, Nr. 7/8, S. 75.
3 Ebd.
4 Großloge für Deutschland: Der Orden Bne Briss: Mitteilungen der Großloge für Deutschland VIII U.O.B.B., Berlin 1921, Nr. 1/2, S. 11.
5 Ebd., Berlin 1927, Nr. 11, S. 211.
6 Deutsch-Israelitischer Gemeindebund und Zentralwohlfahrtsstelle der deutschen Juden: Handbuch der jüdischen Gemeindeverwaltung und Wohlfahrtspflege, Berlin 1924/25, S. 194 ff.
7 Zentralwohlfahrtsstelle der deutschen Juden: Führer durch die jüdische Wohlfahrtspflege in Deutschland, Berlin 1928, S. 206 ff.
8 Ebd., Führer durch die jüdische Gemeindeverwaltung und Wohlfahrtspflege in Deutschland 1932-33, S. 464 ff.
9 STAN Melderegister der einzelnen Jahrgänge alphabetisch geordnet unter Lfd. Nr.: 1913 F 78, 1914 F 46, 1921 F 17, 1922 F 20, 1923 F 18, 1924 F 13, 1925 F 30, 1926 F 13.

Nach der ganzjährigen Öffnung des Kinder-Erholungsheimes der Zion-Loge U.O.B.B. im Jahre 1927 reiste Gertrud Feiertag am 12.04.1927 an und blieb bis zum 25.10.1930 auf Norderney.[1]

Abbildung 9-1: Kinder-Erholungsheim der Zion - Loge U.O.B.B. Ansichtskarte 1927 geschrieben von Mariechen Kirschenbaum an Herrn Grünbaum in Hannover.[2]

Abbildung 9-2: Kindergruppe der Zion-Loge 1919, in der Mitte Gertrud Feiertag.

---

1 STAN An- und Abmelde-Register 1927 Lfd. Nr. F 15.
2 Privatbesitz Heinz Bubacz, Emden, Norderney.

Die Kinder nannten Gertrud Feiertag liebevoll „Trudebude" oder „Tante Trude". In altershomogenen Kleingruppen, Jungen und Mädchen getrennt, unter der Leitung von Kindergärtnerinnen und Kinderpflegerinnen, erlebten die Kinder eine erholsame vierwöchige Kur auf Norderney. Sie badeten im Meer, spielten am Strand, bauten Burgen, sammelten Muscheln und machten Spaziergänge. Im Winter wurden Seebäder im Haus angeboten. „Für Regentage standen im Heim ein gut ausgestattetes Spielzimmer, eine Leihbibliothek und für die Größeren Beschäftigungskurse zur Verfügung. Mit den Kindern wurde gesungen und musiziert. Die Kinder brachten ihre Instrumente (Blockflöten, Okarinen, Geigen) oft von zu Hause mit; im Heim stand ein Klavier zur Verfügung. Es gab am Tag fünf Mahlzeiten; das Essen war koscher. Die Schabbatruhe wurde eingehalten.[1]

Wie die Gebäudesteuerrollen für den Gemeindebezirk Norderney unter der Rollennummer 911 ausweisen (siehe Anhang III) ist die Zion-Loge eingetragener Verein in Hannover ab 1938 nicht mehr Gebäudeeigentümer. 1938: Deutsche Erholungsheime für Kinder und Jugendliche, eingetragener Verein in Berlin.

Gertrud Feiertag gründete 1931 ein Kinder-Landheim in Caputh bei Potsdam in schönster Lage an Wald und Wasser und mit einem großen Garten. „Das Kinder-Landheim Caputh nimmt Kinder zur Erziehung, Pflege, Erholung und junge Mädchen zu hauswirtschaftlicher und kinderpflegerischer Ausbildung auf. Schulunterricht im Hause. Öffentliche Schulen in Potsdam."[2]

Abbildung 9-3: Anzeige Kinder-Landheim Caputh[3]

Nach dem Ausschluss jüdischer Kinder am Schulleben wurde Caputh zur „Oase" aus der Gertrud Feiertag am 10. November 1938 mit den Kindern und Lehrenden gewaltsam vertrieben wurde. Im Gedenkbuch wird Gertrud Feiertag als „verschollen Auschwitz" aufgeführt.[4]

9.2 Als Kind zur Erholung im Kinder-Erholungsheim der Zion-Loge

Dr. h.c. Ruth C. Cohn, geboren 1912 in Berlin, heute eine der bedeutendsten Vertreterinnen der Humanistischen Psychologie und Pädagogik, war als achtjährige im Kinder-Erholungsheim der Zion-Loge auf Norderney. Sie schreibt aus ihren Erinnerungen: „Ich weiß, daß neben dem Haus noch ein eigenes Sandstück war und daß der Weg zum Meer für meine Beine nicht sehr nah war - über die Dünen. Die Leiterin jener Zeit (1920) war Gertrud Feiertag, ich glaube, relativ jung für diesen Job. Aus meinem Wissen über Pädagogik bin ich sicher, daß sie den Kindern, den Jungen

---

[1] Feidel-Mertz, H./Paetz, A.: Ein verlorenes Paradies. Das jüdische Kinder- und Landschulheim Caputh (1931-1938), Frankfurt am Main, S. 28.
[2] Jüdische Rundschau Nr. 63, 14.VIII. 1931, S. 392.
[3] Central-Verein: C.V.-Zeitung Blätter für Deutschtum und Judentum. Organ des Central - Vereins deutscher Staatsbürger jüdischen Glaubens e.V., Berlin 1931, S. 228.
[4] Bundesarchiv Koblenz, Internationaler Suchdienst Arolsen: Gedenkbuch Opfer der Verfolgung der Juden unter der nationalsozialistischen Gewaltherrschaft in Deutschland 1933-1945, Koblenz 1986, S. 318.

und Mädchen, mehr Freiheit erlaubte als üblich. Ich weiß nicht genau, wie viele Kinder da waren, schätze es heute auf mindestens hundert. ‚Tante Gertrud' hatte im Sommer Geburtstag (wahrscheinlich im August). Ich wurde von jemand auf einen Tisch gehoben, da es keine Bühne gab, um ihr ein selbstgemachtes Gratulationsgedicht vorzutragen. Das war persönlich gesprochen, mein erstes öffentliches Auftreten. Daß es auch traditionelle Erziehungstechniken gab, erinnere ich nur dadurch, daß ich vom Mittagessen bis zum Abend nichts anderes bekam als das mir widerliche Gericht, respektive das zuviel. Die schönste Erinnerung war, daß ich als älteste der Kleinen (gerade dort 9 Jahre alt geworden) die Freitagabendstunde mit ‚Tante Trude' und den Großen besuchen durfte."[1]

9.3 Die jüdische Erholungsfürsorge

Der Schwesternverband der U.O.B.B.-Logen, gegründet 1904 zum Zweck der Heranziehung seiner Mitglieder zur sozialen Arbeit, gründete mit der Zentralwohlfahrtsstelle der deutschen Juden und dem jüdischen Frauenbund 1925 die Arbeitsgemeinschaft „Jüdische Erholungsfürsorge" und unterhielt außer dem Kinder-Erholungsheim der Zion-Loge noch folgende weitere Kinderheime auf Norderney:[2]

- Ferienheim Bielschowsky-Eichwald
- Kinderheim Weiler-Abt
- Ferienheim Villa Rosenhof, Frau Sanitätsrat Dr. Simon, Frau Medizinal-Rat Dr.Simonsohn
-

Abbildung 9-4:   Anzeige Ferienheim Villa Rosenhof[3]

Abbildung 9-5: Anzeige Kinderheim Weiler-Abt[4]

Im Norderneyer Jahrbuch 1928 inserierte das Kinder- und Jugendheim wie folgt:[5]

---

1 Cohn, Ruth C.: Brief vom 16.01.2001, Privatbesitz Ingeborg Pauluhn.
2 Berliner Logen U.O.B.B.: Monatsschrift der Berliner Logen U.O.B.B., Berlin 1927, Nr. 3, S. 47.
3 Central Verein: C.V.-Zeitung Blätter für Deutschtum und Judentum. Organ des Central-Vereins deutscher Staatsbürger jüdischen Glaubens e.V. Berlin 01.05.1931, S. 228.
4 Ebd., 15.07.1932, S. 207.
5 Verkehrsverein für Norderney: Norderneyer Jahrbuch 1928, Norderney 1928, S. 71.

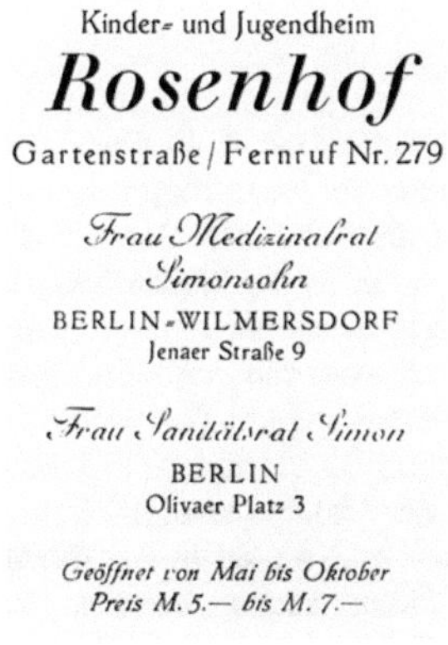

Kinder- und Jugendheim
Rosenhof
Gartenstraße / Fernruf Nr. 279

Frau Medizinalrat
Simonsohn
BERLIN-WILMERSDORF
Jenaer Straße 9

Frau Sanitätsrat Simon
BERLIN
Olivaer Platz 3

Geöffnet von Mai bis Oktober
Preis M. 5.— bis M. 7.—

Abbildung 9-6: Anzeige Kinder- und Jugendheim Rosenhof

Tagesaufenthalt für Kinder!
Extragruppe 1928
Gewissenhafte Aufsicht durch geprüfte Kräfte
Kinderheim Rosenhof,
Gartenstr. 3   Telefon 279

Abbildung 9-7: Anzeige Kinderheim Rosenhof[1]

Kindererholungsheim
Bielschowsky
Eichwald
Norderney
Modern pädagogische Leitung. Streng rit. Verpflegung.
Berlin - Wilmersdorf
Konstanzer Straße 52.   Telefon: Oliva 3006.

Abbildung 9-8: Anzeige Kindererholungsheim Bielschowsky - Eichwald[2]

---

[1] NBZ, 12.07.1930.
[2] Jüdische Rundschau, 09.05.1930.

10. Die Desintegration

10.1 Die antisemitischen Äußerungen des Lehrers de Boer

Die Geschäftstätigkeit der Juden auf Norderney sowie zahlreiche jüdische Badegäste aus dem In- und Ausland im mondänen Seebad Norderney, spiegelte die fortschreitende Integration der Juden in die Industriegesellschaft Deutschlands wider. Der „Aufstieg" der Juden gelang vorwiegend in der Ökonomie, wichtige Schaltstellen der Gesellschaft blieben jedoch weiterhin „judenfrei" (Staatsämter, Militär). Während die Industrialisierung Deutschlands reibungslos voranschritt, vollzog sich die Integration der Juden weitgehend ohne Diskussionen. Problematisch war, dass die Juden als Minderheit in den Augen der Mehrheitsgesellschaft am stärksten vom industriellen Kapitalismus profitierten - und so zu ihrem Symbol wurden. Mit der ersten schwerwiegenden Krise des ökonomischen Systems (Börsenkrach 1873) geriet daher die Judenheit als vermeintlicher Verursacher vor allem bei jenen ins Blickfeld, die im „jüdischen Kapitalismus" die Vernichtung aller angeblich deutschen Werte sahen. Der Antisemitismus wurde zu einer politischen Bewegung mit zahlreichen Organisationen, die sich vorwiegend aus gescheiterten Intellektuellen zusammensetzten.

Norderney blieb zunächst von der Agitation der antisemitischen Parteien verschont. Im November 1892 beschwerte sich H. v. d. Wall bei der Königlichen Regierung über die antisemitische Äußerung des Lehrers de Boer während des Unterrichtes in der Fortbildungs-Schule, die sein Sohn Julius, Lehrling bei Isaak v. d. Wall, besuchte. In der Rechenstunde hielt Herr de Boer eine Rede „über die Berechtigung des Antisemitismus, schimpfte dabei auf die Juden, mit der Mahnung, nicht bei ihnen zu kaufen und gab nun weiter den Inhalt antisemitischer Schriften (...) zum Besten."[1]

H. v. d. Wall schrieb: „Ich bin überzeugt, daß auch Hohe Regierung keinem Lehrer das Recht einräumen wird, sich beim Unterrichte geringschätziger Äußerungen über andere Konfessionen zu bedienen, wie dies ja auch ein hoher Ministerialerlaß, den ich vor mehreren Jahren gelesen zu haben mich erinnere, nachdrücklichst untersagt."[2]

H. v. d. Wall bat abschließend die „Königliche Regierung gehorsamst, Herrn Lehrer de B. in Norderney wegen dieses unangenehmen bzw. unpassenden Verhaltens zu rektifizieren und mir hiervon gütigst Mitteilung machen zu wollen."[3]

10.2 Antisemitische Gesinnung im Hotel- und Gaststättengewerbe

Nicht zufällig entzündeten sich auf Norderney die ersten antisemitischen Tendenzen im Hotel- und Gaststättengewerbe. In den wenigen jüdischen Lokalitäten konnte sich das jüdisch-rituelle Leben vor den Augen der Öffentlichkeit am besten entfalten. Erstmals wurden hier im Jahre 1907 antisemitische Äußerungen zum Streitpunkt. Carl Pongrácz, Besitzer des Hotels ‚Kaiser Franz Josef' wehrte sich in einer Pressemitteilung gegen die Vorwürfe, „einen Kellner seiner jüdischen Konfession wegen nicht engagiert"[4] zu haben. Der Deutsche Kellnerbund, Bezirks-Verein Norderney, stellte seinerseits in einer Presseerklärung der NBZ vom 03.08.1907 die Veröffentlichung des Herrn Carl Pongrácz als Lüge dar und betonte erneut dessen „antisemitische Gesinnung".[5]

---

1 StAA Rep.16/2, 1656, Brief v. d. Walls an Königliche Regierung, Norden, 10.11.1892.
2 Ebd.
3 Ebd.
4 NBZ, Nr. 35, 39. Jahrg., 01.08.1907.
5 Ebd., Nr. 37, 39. Jahrg., 03.08.1907.

Wie aus dem Statement des Kellnerbundes auf Norderney hervorgeht, war antisemitisches Gedankengut - vor allem mit Blick auf mögliche ökonomische Folgen - noch nicht opportun.

Mit der als politische Katastrophe verstandenen Niederlage im 1. Weltkrieg gewann der Antisemitismus als Erklärung für das Unerklärliche weiteren Auftrieb: Der Protest gegen das „Versailler Diktat" hatte von Anfang an eine antijüdische Stoßrichtung. Die teils recht skurrilen Auswirkungen antisemitischer Gesinnung zeigt eine Pressemitteilung zur Aufklärung für israelitische Kurgäste von Teo Nagelschmidt, dem Barmeister der Norderneyer ‚Riche Bar'. Nagelschmidt gab 1922 in der NBZ bekannt: „In der C.V.-Zeitung war die Riche Bar hier in dem Verzeichnis der antisemitischen Lokale aufgeführt. (...), ist die Riche Bar schon seit einiger Zeit in dem Verzeichnis gestrichen",[1] (siehe Anhang III). Das Lokal findet sich jedoch in der C.V.-Zeitung 1922 bis 1926 in dem Verzeichnis der judenfeindlichen Erholungsorte, Hotels und Pensionen[2] (siehe Anhang III). 1927 war die Riche Bar in dem Verzeichnis der judenfeindlichen Erholungsorte, Hotels und Pensionen nicht mehr aufgeführt[3] (siehe Anhang III). In allen von der Autorin eingesehenen C.V-Zeitungen (1922-1931) sind neben der genannten Riche Bar weitere judenfeindliche Hotels und Pensionen für Norderney ausgewiesen, exemplarisch dargestellt am Jahrgang 1928[4] (siehe Anhang III).

Am 16.08.1924 veröffentlichte die NBZ folgenden Beschluß: „In Sachen des Hotelbesitzers Paul Goetze in Norderney, ‚Hotel Astoria', Antragsteller, vertreten durch Rechtsanwalt Dr. Heuer, Norden, gegen 1. den Artisten Niklas in Norderney, ‚Kabarett Regina', 2. den Dielenmitinhaber Joachim Sass in Norderney, ‚Hotel Arcadia', 3. den Dieleninhaber Siegfried Müller in Norderney, ‚Hotel Arcadia', Antragsgegner, wegen Erlaß einer einstweiligen Verfügung, wird (...) durch einstweilige Verfügung den Antragsgegnern aufgegeben, die Weiterverbreitung der Behauptung, der Antragsteller sei ein Antisemit und trage das Hakenkreuz, zu unterlassen."[5] Antisemitische Äußerungen waren also noch 1924 im Hotelgewerbe Norderneys nicht salonfähig und konnten durchaus Nachteile bringen.

10.3 Antijüdische Propaganda

Mit der stark antisemitisch ausgerichteten „Deutsche Arbeiterpartei" (DAP), die sich 1920 in „Nationalsozialistische Deutsche Arbeiterpartei" (NSDAP) umbenannte, bekam der Antisemitismus in Deutschland eine neue Qualität.

Der Aufstieg der NSDAP begann 1930 mit spektakulären Wahlerfolgen, und es ist kein Zufall, dass in diesem Jahr zahlreiche Veranstaltungen der Partei auf Norderney stattfanden. Die Veranstaltungen standen unter dem Motto „Ist die Hitlerbewegung eigentumsfeindlich?" „Konsumverein und Warenhaus" mit Angriffen auf das vermeintlich „jüdische Großkapital" etc. „Bereits 1930 erhielt die NSDAP mehr als 23 % der Norderneyer Stimmen (Deutsches Reich: 18,3 %)."[6]

Auf die bevorstehende Saison wurde jedoch Rücksicht genommen. In einer Pressemitteilung vom 26. Mai 1930 wies die Polizeiverwaltung darauf hin, „daß sämtliche politischen Plakate, besonders die in letzter Zeit überall angeklebten Zettel der Natioalsozialisten, zu entfernen seien."[7]

---

1 NBZ, Nr. 81, 51. Jahrg., 13.07.1922.
2 Central-Verein deutscher Staatsbürger jüdischen Glaubens: C.V.-Zeitung, Blätter für Deutschtum und Judentum, I. Jahrg., Nr. 3, 18.05.1922 und: V. Jahrg., Nr. 19, 07.05.1926.
3 Ebd., VI. Jahrg., Nr. 14, 08.04.1927, S. 184.
4 Ebd., VII. Jahrg., Nr. 22, 01.06.1928, S. 314.
5 NBZ, Nr. 97, 53. Jahrg., 16.08.1924
6 STAN Ausstellungsbroschüre: Hoch lebe die Republik! 75 Jahre SPD-Ortsverein Norderney, S. 16.
7 NBZ, 27.05.1930.

11. Aktionen gegen Juden nach der Machtübernahme Hitlers 1933-1938

Nach der Ernennung Hitlers zum Reichskanzler (30. Januar 1933) begannen Schritt für Schritt reichsweite Aktionen gegen Juden. Im Reichstage, der am 1. Februar 1933 aufgelöst und am 5. März 1933 neu gewählt wurde, „ging die NSDAP mit 43,9% der abgegebenen Stimmen und 288 Mandaten als stärkste Partei im Reichstag"[1] hervor. Am 24. März 1933 hatte Hitler durch das sogenannte „Ermächtigungsgesetz" bereits alle Macht an sich gerissen. Er war das Gesetz. Der Boykott gegen jüdische Geschäfte vom 1. April 1933 zielte zunächst auf ihre ökonomische Vernichtung unter dem Vorwand einer angeblichen jüdischen „Hetze" in der Auslandspresse, die ihre Besorgnis über die Entwicklung Deutschlands zum rechtsfreien Raum Ausdruck gab. Die diktatorische Gleichschaltung der deutschen Presse hatte nun auch Norderney erfasst, wie folgende Bekanntmachung der Badezeitung verdeutlicht:
„Alle jüdischen Geschäfte wurden als Gegenmittel gegen die unglaubliche Auslandshetze der jüdischen Presse gegen die nationale Erhebung Deutschlands, die angeblich Judenverfolgung betreiben solle, geschlossen."[2]

11.1 Nationaler Tag
Auf Norderney lassen sich gleichsam mikroskopisch die Entwicklungen zur grenzenlosen Diktatur in Deutschland nachvollziehen. Veranstaltungen und Feiertage sollten das deutsche Volk agitatorisch vereinigen. Den Auftakt bildete der Nationale Tag in Potsdam (21.03.33), welcher der Bevölkerung die „Versöhnung" zwischen dem alten und dem neuen nationalsozialistischen Deutschland suggerieren sollte. Die Veranstaltung in Potsdam, im Radio von Goebbels pathetisch übertragen, besiegelte jedoch die Entmachtung der alten kaisertreuen Elite um Hindenburg, mit schwerwiegenden Folgen für die deutsche Judenheit. Wie im gesamten Deutschen Reich blieben auch auf Norderney am 21. März 1933 Behörden und Schulen geschlossen. Abends fand auf der Insel ein Fackelzug für die „nationalgesinnte Einwohnerschaft und die Vaterländischen Verbände"[3] statt.

11.2 Flaggenverbrennung
Dass ein ‚neuer Wind in Deutschland wehte', sollten auch die Norderneyer spüren. Die Verbrennung der schwarz-rot-goldenen Flagge sollte Freiheit und Demokratie symbolisch vernichten. Das Interesse der Insulaner war offensichtlich groß. Auf dem Marktplatz wurde in Gegenwart einer großen Menschenmenge die bei allen Staats- und Gemeindebehörden abgeholten 1848er Revolutionsfahnen schwarz-rot-gelb in „Asche und Rauch verwandelt."[4]

---

[1] Vgl.: Münch, I. von (Hg.): Gesetze des NS-Staates Dokumente eines Unrechtssystems. Paderborn, 1994, S. 14.
[2] Badezeitung und Anzeiger, Kur- und Fremdenliste für das Nordseebad Norderney Nr. 39, 01.04.1933.
[3] NBZ, 21.03.1933.
[4] Kur- und Fremdenliste für das Nordseebad Norderney Nr. 39, 01.04.1933.

Abbildung 11-1:   Foto Flaggenverbrennung auf dem Marktplatz, 27.03.1933, STAN Bildbestand

11.3 Verbrennung jüdischen Geistesgutes auf Norderney

Die Sonnwendfeier, die reichsweit am 25. Juni 1933 stattfand, wurde, symbolisch für das neue Deutschland, von der Hitlerjugend gestaltet. Für diesen Tag hatte die Kreisleitung der NSDAP die feierliche Verbrennung jüdischen Geistesgutes angeordnet. Ein Stoßtrupp der SA ging von Haus zu Haus und sammelte alles Material (...), „das gegen den deutschen Geist verstößt und unser Volk innerlich unterminiert. Es werden gesammelt alle Bücher marxistischer Weltanschauungen und Politik; alle Schriften und Druckerzeugnisse, die unter die Rubrik ‚Schmutz und Schund' fallen und geeignet sind, besonders die junge Generation zu vergiften (Bücher usw. jesuitischer und freimaurerischer Tendenz, Noten für undeutsche Musik, Schallplatten mit Richard Tauber, Paul Abraham usw.)."[1]

Die Norderneyer Einwohner wurden gebeten, alle Materialien zur Verfügung zu stellen oder abzugeben (bei den Ortsgruppenleitern der NSDAP Carl Pleines oder dem Propagandawart Ernst Luttmann).

Der Leiter der Sonnwendfeier auf Norderney, Siemers, forderte in der NBZ dazu auf, sich geschlossen am Zuge zu beteiligen. „In gemeinsamem Lied, in gemeinsamem Tanz und Feuer soll die Volksverbundenheit erneut bekräftigt werden. Und gerade ihr Norderneyer, ihr Insulaner, versucht, euch eins zu fühlen. Gemeinsames Schicksal kettet euch! Stellen wir uns alle unter die Idee unseres Volkskanzlers Adolf Hitler. Laßt ab von Nörglersucht und Klatschkram."[2]

---

1 NBZ, 22.06.1933.
2 NBZ, 24.06.1933.

12. Jüdische Kurgäste unerwünscht

Ende Juni 1933 wurden von der Badeverwaltung am Badestrand Schilder mit der Aufschrift „Juden unerwünscht" aufgestellt.
Diverse Zeitungen machten öffentlich, dass Juden nicht nach Norderney kommen sollten.[1]

Abbildung 12-1:   Anzeige „Volks-Parole", Gladbach 04.08.1933.

Bis Ende Juni 1933 bereisten jüdische Gäste ohne Belastung der Schilder ‚Juden unerwünscht' die Insel. Aus den Schriftstücken des Rechtsanwaltes und Notars Walter Poppinga in Sachen Dr. med Steingießer auf Norderney geht hervor, dass der frühere Bürgermeister Lührs auf Anfrage verschiedentlich geäußert hatte, dass die Einstellung der Badeverwaltung gegenüber jüdischen Gästen sich nicht ändern würde. Bürgermeister Lührs und dem früheren Ortsgruppenleiter der NSDAP Biester wurde noch im Mai 1933 im Ministerium des Innern zugesagt, dass sich die Einstellung des Bades gegenüber jüdischen Kurgästen nicht ändern würde. Verwiesen wurde darauf, dass die Geschäftsleute und die übrigen Einwohner der Insel von der Fremdenindustrie lebten und die wirtschaftliche Situation ohnehin schon schwierig sei. Nachdem Bürgermeister Lührs am 12.07.1933 als Gemeindevorsteher beurlaubt und am 22.02.1934 seines Amtes enthoben wurde, änderte sich die Situation schlagartig.[2]

---

[1] StAN 3.5 Seebadeanstalt Norderney. Maßnahmen gegen den Aufenthalt von jüdischen Kurgästen 1934-1935. Bestand: Kurverwaltung Norderney. Volks-Parole, Gladbach, 04.08.1933. Deutsche Heimat Wander- Reise- und Bäder-Beilage, Nr. 180, 04.08.1933.
[2] StAN Personalakte C. Lührs, Akte 1 1.602014. Schreiben des Preuß. Minister des Innern vom 22.02.1934. „Aufgrund des § 6 des Gesetzes zur Wiederherstellung des Berufsbeamtentums vom 07.04.1933 in der Fassung von 23.06.1933 versetze ich Sie in den Ruhestand."

* **Norderney, 18. Juli. Der Bürgermeister beurlaubt.** Der Bürgermeister der Gemeinde Norderney, Lührs, ist durch Verfügung des Landrats beurlaubt worden. Auf Antrag der Gauleitung Oldenburg der NSDAP. wurde bereits ein kommissarischer Nachfolger für Lührs bestellt. Es handelt sich dabei um den Referendar Müller-Oldenburg, der auch als neuer Ortsgruppenleiter der NSDAP. auf Norderney eingesetzt ist.

Abbildung 12-2: Bürgermeister Lührs beurlaubt.[1]

„Juden unerwünscht" führte dazu, dass jüdische Hotels und Pensionen leer standen, jüdische Gäste erst gar nicht an- und schnell wieder abreisten.

Vom Seebad Norderney

Wir erhalten folgende Zuschrift:

Norderney, den 12. Juni 1934.

An die
Schriftleitung der „Jüdischen Rundschau"
Berlin

Obwohl wir bereits seit langer Zeit stets darauf hingewiesen haben, daß der Besuch nichtarischer Gäste im staatlichen Nordseebad Norderney nicht erwünscht ist, werden aus diesen Kreisen in letzter Zeit wiederholt Versuche unternommen, die Genehmigung für einen Kuraufenthalt auf Norderney zu bekommen.

Im Interesse aller Nichtarier bitten wir Sie, in Ihrer Presse darauf hinzuweisen, daß es zwecklos ist und nur unnötige Kosten verursacht, wenn von diesen Personen eine Reise nach Norderney unternommen wird.

Staatliches Nordseebad Norderney,
Betriebsgesellschaft m. b. H.
(Unterschrift).

Abbildung 12-3: Anzeige Jüdische Rundschau, 15.06.1934.[2]

---

1 Allmers, A.: Nachrichten aus den Ämtern Friesland u. Wesermarsch. 1. Beilage zum „Gemeinnützigen" zu Nr. 166, 117.Jahrg., 18.07.1933.
2 STAN 3.5 Seebadeanstalt Norderney. Maßnahmen gegen den Aufenthalt von jüdischen Kurgästen 1934-1935. Bestand: Kurverwaltung Norderney. Zuschrift vom 12.06.1934, veröffentlicht von der Jüdischen Rundschau am 15.06.1934.

Die Maßnahmen gegen den Aufenthalt jüdischer Kurgäste und in Folge die finanziellen Einbußen führten zwangsläufig zum wirtschaftlichen Ruin der jüdischen Hoteliers, Restaurantbesitzer und Pensionsbetreiber - und schließlich zur Zwangsversteigerung des Besitzes, exemplarisch dargestellt in einer Kurzbiographie des Dr. med. Ferdinand Steingießer sowie des Hoteliers und Restaurantbetreibers Julius Hoffmann.

12.1 „Das Märchen von der Hochburg der Juden auf Norderney ist aus": Kultusminister Rust auf Norderney

Neben den diffamierenden Schildern beschleunigte der Besuch des Kultusministers Rust die Diffamierung und Vertreibung der Juden auf Norderney. Bei der großen SA- und SS-Kundgebung auf dem Sportplatz an der Marienstraße sprach Kultusminister Rust vor etwa 3.000 Personen. Er forderte die Norderneyer eindringlich auf, sich für Juda oder das Banner Hitlers zu entscheiden. „Warum ist die Judenfrage so bedeutend geworden? Wer ist verantwortlich für den Antisemitismus? Es kann nicht angehen, dass 1 Prozent die übrigen 99 Prozent führen und knechten. Wir gehen daran zugrunde."[1] Er verwies weiter auf die Artfremdheit der Juden und die notwendige scharfe Trennung zwischen Germanen und Juden. „Das Märchen von der Hochburg der Juden auf Norderney ist aus. Die Braunhemden wollen diese Insel für sich."[2] Der Rede folgte schon bald die Umsetzung. Schon am 03.08.1933 teilte der kommissarische Bürgermeister Müller mit, dass er im Einvernehmen mit der örtlichen Leitung der NSDAP die Bereinigung der Judenfrage in Angriff genommen und Maßnahmen eingeleitet habe, die Juden ein für allemal von der Insel zu vertreiben. „Der Zuzug von jüdischen Badegästen nach Norderney liegt weder im Interesse des Preußischen Staates, dem das Bad gehört, noch im Interesse der Gemeinde als der Pächterin des Badebetriebes."[3] Norderney leide mehr unter seinem Image als Judenbad als unter der schlechten Wirtschaftslage. Alle Maßnahmen in der Judenfrage würden nunmehr „von einer einzigen Stelle aus angeordnet",[4] um antisemitische Aktionen auf eigene Faust zu unterbinden. Interessant für die Akzeptanz der neuen Machthaber auf Norderney ist Müllers Bemerkung, dass „die Bürgerschaft" bezüglich der eingeleiteten Maßnahmen „derselben Ansicht ist."[5]

Glaubt man dem Bericht der NBZ über die Veranstaltung, erklärte sich die „Einwohnerschaft (...) solidarisch mit den Ausführungen des Ministers Rust, so dass in Zukunft Juden auf der schönsten Nordseeinsel (...) nicht angenehm sind und daher nicht gern gesehen werden."[6]

Die Quellen legen den Schluss nahe, dass die Desintegration und Vertreibung ohne nennenswerten Protest der Insulaner vollzogen werden konnte.

Resigniert reagierte die „Jüdische Rundschau" auf die Vorgänge auf Norderney. „Sollte jedoch gemeint sein, daß der Besuch von Juden in Norderney künftig nicht erwünscht ist, so wäre es für die Juden sehr wichtig, dies zu wissen, da es sehr unangenehm ist, zur Erholung irgendwohin zu kommen, wo man nicht gern gesehen ist."[7]

---

1 NBZ, 25.07.1933.
2 Ebd.
3 NBZ, 03.08.1933.
4 Ebd.
5 Ebd.
6 NBZ, 01.08.1933.
7 STAN 3.1 Maßnahmen gegen Juden 1933-1937: Jüdische Rundschau, 25.07.1934.

12.2 Münchmeyer auf Norderney

Nachdem schon bei Kultusminister Rust die ‚Judenfrage' im Mittelpunkt gestanden hatte, trat wenig später der chronische Antisemit und Reichstagsabgeordnete Münchmeyer auf der Insel auf. Der ehemalige Pfarrer auf Borkum war aufgrund seiner antisemitischen Tiraden während der Weimarer Republik in einige Prozesse verstrickt und als Pfarrer zurückgetreten. Als er nach Norderney kam, war er bereits Motor der Vertreibung der Juden von Borkum.

Bei einer Massenversammlung im Kurhaus auf Norderney vor etwa 1.200 Menschen entfaltete er das Standardrepertoire der Antisemiten: „Ganz erstaunt waren wir in Borkum, dem judenfreien, daß Norderney einen für Borkum unmöglichen Badedirektor hier in Amt und Würden setzte. Norderney war und ist bis heute noch das Judenbad (...). Diese Leute, die heute noch hinter den Juden herjammern, haben den nationalsozialistischen Grundsatz: ‚Gemeinnutz geht vor Eigennutz' noch nicht erfasst, weil sie sich mit der wichtigsten Frage der Judenangelegenheit noch nicht beschäftigt haben. (...). Die Juden sind immer das störende Element der ganzen Welt zu allen Zeiten. Der Weltkrieg 1914-1918 ist nur auf das Schuldkonto der Juden zu buchen (...). Nicht Deutschland oder Amerika sind Schuld am Weltkrieg, sondern einzig und allein der Jude. Darum ist auch in Amerika die Aufnahme dieser vornehmen Sippe gesperrt (...). 2000 Jahre wurden sie von der menschlichen Gesellschaft ferngehalten (...). Das russische Volk war früher ein fleißiges Bauernvolk, welches aber durch den Bolschewismus, einer Schöpfung der Juden, in ein Trümmerfeld verwandelt wurde. Und so sollte es auch mit uns gehen, wenn nicht einer kam und ihnen energisch Halt gebot, und das war Adolf Hitler."[1] Abschließend bat Münchmeyer die anwesenden Badegäste, in ihrer Heimat zu verkünden, dass Norderney nunmehr „judenfrei" sei.

Im Juni 1934 hielt Münchmeyer auf Norderney seine zweite Rede.

Münchmeyer wies zu Beginn seiner Rede darauf hin, dass die Insel voll, keine Wohnung mehr frei sei und betonte, dass auch ohne jüdische Gäste ein Aufschwung zu verzeichnen sei. Die von ihm aufgeworfene Judenfrage bezeichnete er als zukünftige Weltfrage und verwies abschließend auf die vergangene Saison, die gezeigt hätte, „daß es auch ohne diese Fremdlinge gehen könnte."[2]

12.3 Rassenschänder Juda Rosenberg

Nachdem jüdische Einwohner und Badegäste durch Aufstellung der Tafeln „Juden unerwünscht" öffentlicher Diffamierung ausgesetzt waren, bereiteten die Reden Rusts und Münchmeyers eine weitere Eskalation in der „Judenpolitik" auf Norderney und anderen Nordseeinseln vor. Nach der Ankündigung des kommissarischen Bürgermeisters Müller, administrative Maßnahmen zur Vertreibung zu ergreifen, sorgte ein Fall von ‚Rassenschande' für eine erste antisemitische Aktion. So berichtete die NBZ am 12. August 1933, dass der jüdische Möbelhändler Juda Rosenberg aus Gelsenkirchen in Schutzhaft genommen worden sei, weil er „mit einem 20jährigen Christenmädel aus dem Ruhrgebiet 2 durchgehende Zimmer"[3] bewohnte. „Rosenberg ist polnischer Staatsangehöriger. Er wie auch das Christenmädel sind unverheiratet. Das Konzentrationslager wird noch eben gut genug für den Rassenschänder sein"[4] (siehe Anhang III).

---

1 NBZ, 19.08.1933.
2 Ebd., 28.07.1934.
3 NBZ, 12.08.1933.
4 NBZ, 12.08.1933.

„Juda Rosenberg ist in das Gefängnis nach Norden überführt."[1] Die polnische Staatsangehörigkeit Rosenbergs machte den Fall offensichtlich zur „unglauliche(n) Frechheit". Ein Pamphlet in der NBZ vom 13. August 1933 repräsentierte die ideologische Untermauerung des absurden Vorwurfs, 'Rassenschande': „Nach den Gesetzen unserer Vorfahren (!) wurde die Rassenschande an beiden Teilen mit dem sofortigen Tode bestraft. Daß solche Gesetze wieder eingeführt werden müssen, ist klar und wird auch von jedem gesund denkenden Volksgenossen gebilligt. Zur Zeit müssen wir uns aber auf andere Weise gegen derartige Schweinereien schützen."[2] Abgesehen davon, dass die Behauptung nach vermeintlichen Todesurteilen wegen „Rassenschande" durch „Gesetze unserer Vorfahren" völlig ahistorisch sind, war bis zu den Nürnberger Gesetzen des Jahres 1935 noch nicht einmal definiert, wer eigentlich als Jude zu bezeichnen war. Die Festnahme Rosenbergs geschah also ohne jegliche gesetzliche Grundlage; sie war ein Akt der örtlichen Verantwortlichen, um das antisemitische Klima auf Norderney anzuheizen und die Einheimischen gleichzeitig abzuschrecken. Bezeichnenderweise drohte die Badezeitung im selben Pamphlet abschließend: „Dasselbe wird mit allen denjenigen geschehen, die das Gleiche tun."[3]

Nur wenige Tage vorher war im Kurhaus der Insel ein Schild mit der Aufschrift „Eine deutsche Frau tanzt nicht mit einem Juden" angebracht worden.

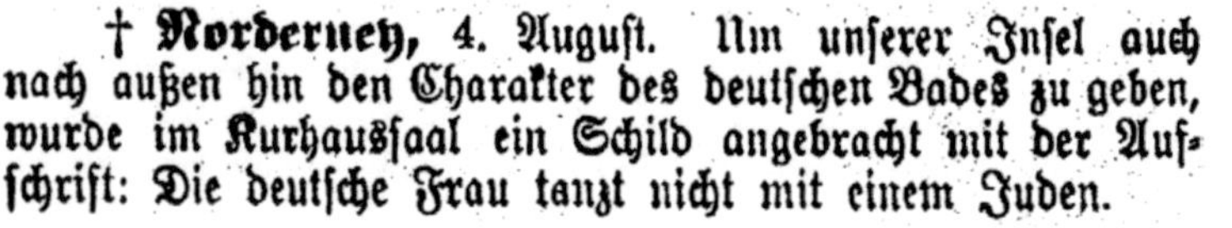

† **Norderney,** 4. August. Um unserer Insel auch nach außen hin den Charakter des deutschen Bades zu geben, wurde im Kurhaussaal ein Schild angebracht mit der Aufschrift: Die deutsche Frau tanzt nicht mit einem Juden.

Abbildung 12-4: Anzeige NBZ, 05.08.1933.

12.4 Vertreibung, Verhaftung und Diskriminierung

Auf ähnlicher Ebene liegt die Vertreibung der Juden von der Insel Juist, ebenfalls im August 1933. Auslöser war erneut ein absurder Vorwurf, der in der Pressepropaganda ausgeschlachtet wurde, um kollektive Vertreibung ohne rechtliche Basis begründen zu können: Die in der Nacht zerstörte Hakenkreuzfahne auf der Sandburg einer Münchner Krankenschwester wurde kollektiv den Juden als Tätern zur Last gelegt. Die „Jüdische Rundschau" berichtete, „daß sämtliche der jüdischen Rasse zugehörenden Kurgäste die Insel sofort zu verlassen hatten. Darauf hätten sieben Juden und Jüdinnen bzw. mit Juden verheiratete Juist verlassen müssen."[4]

Erneut ist es der vermeintliche Volkszorn, der zur Begründung herangezogen wird.

Von nun an sind Juden auch auf Norderney der Willkür ausgeliefert. Sie werden aus einflussreichen Positionen verdrängt oder schlichtweg, wie am 13. September 1933 die Spielwarengeschäftsinhaberin Fr. Bergheim, verhaftet. Sie habe „des öfteren staatsfeindliche Gerüchte verbreitet und konnte sich als Jüdin nicht so recht mit dem heutigen Staat abfinden."[5]

---

1 NBZ, 13.08.1933.
2 Ebd.
3 Ebd.
4 STAN 3.1 Maßnahmen gegen Juden 1933-1937: Neues Wiener Abendblatt, 10.08.1933.
5 NBZ, 14.09.1933.

Die Verdrängung der Juden von Norderney befreite zunächst einige Branchen von unliebsamer Konkurrenz. Wie wir gesehen haben, waren Juden im Schlachtergewerbe traditionell stark repräsentiert, ihre Verdrängung konnte den Norderneyer Fleischern also nur Vorteile bringen. So forderte im Oktober 1933 die Fleischer-Innung Norden-Norderney durch ein Inserat in der Norderneyer Badezeitung Hausfrauen auf: „Kauft beim deutschen Fleischermeister!"[1]

Abbildung 12-5: Anzeige NBZ, 17.10.1933.

---

[1] NBZ, 17.10.1933.

13. Norderney - Judenfrei

Durch Plakate an Fahrrädern mitgeführt, beschriftete Türen am Zugabteil, Siegelmarken mit der Aufschrift „Norderney - judenfrei" liefen diverse antijüdische Aktionen.

13.1 Reichsparteitag in Nürnberg
An der Fahrt zum Reichsparteitag nach Nürnberg nahmen auch acht Männer von der alten Stammabteilung der Norderneyer SA und zehn Jungen von der Hitlerjugend teil. Sie warben im Zuge der neuen Bewegung auf der Tür des Zugabteils mit „Norderney bleibt judenfrei"![1]

Abbildung 13-1:   Fahrt zum Reichsparteitag nach Nürnberg, NBZ 16.09.1933.

„,Wir ziehen alle an einem Strang', unter diesem Motto brachten gestern Vormittag die SA-Urlauber drei ihrer abreisenden bayrischen Kameraden zum Hafen. Ein mit Blumen und Laub bekränzter Wagen war hergerichtet und zwei Strandkörbe und ein Strandzelt auf dem Wagen aufgestellt. Mit Musik und Gesang, wobei der Wagen von den zurückgebliebenen SA-Männern gezogen wurde, ging es durch den Ort zum Hafen. (...) ‚Norderney Judenrein!', so lauten die mitgeführten Inschriften."[2]

---

1 NBZ, 16.09.1933.
2 Ebd., 28.09.1933.

Abbildung 13-2: Foto Verabschiedung von drei SA-Urlaubern, 1933, STAN Bildbestand.[1]

Zwei junge Fischer von Norderney in historischen ostfriesischen Trachten begaben sich mit ihren Fahrrädern auf Wanderschaft und warben in Rhein- und Ruhrgebiet mit Schildern an ihren Fahrrädern mit der Aufschrift:
„besucht das judenfreie Nordseebad Norderney"[2]

Abbildung 13-3: Mit Fahrrädern auf Wanderschaft für ein judenfreies Nordseebad Norderney, 26.10.1933, STAN Bildbestand.

---

1 STAN 3.1 Maßnahmen gegen Juden 1933-1937, General-Anzeiger für Dortmund, 24.10.1933.
2 Ebd., Westdeutscher Beobachter, Köln, 26.10.1933.

13.2 Die Siegelmarke "Nordseebad Norderney ist Judenfrei" - und einzelne Proteste dagegen

Ein Beispiel für den im Dritten Reich typischen vorauseilenden Gehorsam auch und gerade in der ‚Judenfrage' zeigt die Siegelmarke „Nordseebad Norderney ist Judenfrei." Die Vertreibung der Juden wurde gleichsam als Marketinginstrument eingesetzt, nicht ohne die höchsten Stellen von der vermeintlichen Errungenschaft zu informieren. In einem Schreiben vom 20. Dezember 1933 an den Reichsminister für Propaganda und Volksaufklärung, Dr. Josef Goebbels, teilte die Registratur auf Norderney die Herausgabe der Siegelmarke mit. Vor allem nach dem 1. Weltkrieg hätten „die Juden Norderney als ihre ausschließliche Domäne betrachtet, so dass unzählige deutsche Kurgäste das Bad mieden."[1] (...) „Wir müssen daher dazu übergehen, ein für alle Mal reinen Tisch zu machen",[2] da „die Existenz des Nordseebades gefährdet wäre, wenn das Judentum weiterhin ungehindert die Insel besuchen würde."[3]

Abbildung 13-4: Siegelmarke - „Nordseebad Norderney ist Judenfrei", STAN Bildbestand.

---

[1] STAN 3.1 Maßnahmen gegen Juden 1933-1937: Brief der Registratur Norderney vom 20.12.1933 an den Herrn Reichsminister für Propaganda und Volksaufklärung Dr. Goebbels.
[2] Ebd.
[3] Ebd.

Abbildung 13-5: Briefumschlag „Nordseebad Norderney ist Judenfrei"[1]

Die Siegelmarke traf jedoch nicht auf ungeteilte Begeisterung.
So schrieb ein ehemaliger Kurgast aus London, dass er vor einigen Jahren mit englischen Freunden „angenehme Ferien" auf Norderney verbracht hätte und die Anwesenheit von Gästen jüdischen Glaubens den Urlaub bereicherten. „Mit der Veröffentlichung des Siegels" werde jeder ‚rechtdenkende Mensch' von der Insel ferngehalten. Für ihn und seine Freunde, Professoren und Ärzte, die auch ihren Patienten Norderney empfohlen hätten, sei Norderney nun von der Karte Europas gestrichen, der Ort werde bei weiterer antisemitischen Agitation zur Größe eines Fischerdorfs herabsinken.[2]

Am 16. Dezember 1933 erreichte die Badeverwaltung ein Schreiben eines amerikanischen Redakteurs, der zu „Norderney - Judenfrei" folgendes Gedicht verfasste:[3]

„Die gar so höhnisch die Juden fluchen,
sie werden in kurzer Zeit sie suchen.
Doch alsdann predigt ihr tauben Ohren,
für Euch sind die Juden für immer verloren.
Es ist ein Zeichen der irren Zeit
und bezeuget wenig Dankbarkeit,
für die, die das Geld auf die Insel gebracht
und die armen Fischer einst reich gemacht.
Die Welt steht Kopf und blickt verwundert
auf Deutschlands Rückfall ins 18. Jahrhundert,

---

1 STAN 3.1 Maßnahmen gegen Juden 1933-1937: Briefumschlag mit Siegelmarke, 27.12.1933.
2 Ebd., Brief eines ehemaligen Kurgastes vom 09.01.1934 aus London an die Kurdirektion Norderney.
3 Ebd., Schreiben eines amerikanischen Redakteurs aus Darmstadt vom 15.12.1933 an die Badeverwaltung Seebad Norderney.

Ihr freien Söhne aus Nordlands Fluren,
das Ausland nennt Euch Kreaturen."

Es ist bezeichnend, dass derartige Proteste lediglich aus dem Ausland kamen - obwohl ein Protest auch für „Inländer" durchaus möglich gewesen sein dürfte. Politisches Kalkül der höchsten Regierungsebene, die ökonomische Verluste für den Tourismus und außenpolitischer Imageverlust des Bades sind offensichtlich die Gründe, die zur Einstellung der Siegelmarke führten. So schrieb der Verkehrsverband „Ostfriesland" an sämtliche Badeverwaltungen der Nordseebäder: „Gegen das Bestreben einer Reihe von Kurorten, die Juden vom Aufenthalt auszuschließen, werden von der Wirtschaft, namentlich von der Export-Wirtschaft und Ueberseeschiffahrt sehr lebhafte Bedenken erhoben. Die Propaganda gegen die Juden ist in der Regel sehr laut und auffallend. Dadurch wird die Greuelpropaganda des Auslandes, die schon im Erlöschen ist, verstärkt und neue Boykottmaßnahmen gegen die deutsche Wirtschaft veranlasst."[1] „Das nationalsozialistische Ziel in der Judenfrage muss auch im Fremdenverkehr stets im Auge behalten werden. Der Jude darf niemals wieder Subjekt weder in der deutschen Politik, noch als Führer in der deutschen Wirtschaft sein. Es wäre aber töricht, ihn nicht als Objekt in der Wirtschaft zu dulden; das heisst auf gut Deutsch: Sein Geld wird genommen."[2]

Die Siegelmarken waren zunächst jedoch weiterhin im Verkehr. Unter Berufung auf einen mündlich bekanntgegebenen Erlass des preußischen „Herrn Minister des Innern vom 5.6.1934" wurde die Angelegenheit deshalb zur Chefsache und durchlief die bürokratischen Hierarchien, bis hinunter zum Norderneyer Gemeindeschulzen, der am 30. Juni 1934 sämtlichen Dienststellen anordnete: „Die von der Badeverwaltung herausgegeben Siegelmarken „Norderney ist judenfrei" dürfen nicht mehr benutzt und aufgebraucht werden."[3] Vorhandene Bestände seien im Rathaus abzugeben.

Nach dem Verbot meldeten das Gas-, Wasser- und Elektrizitätswerk Norderney, die Betriebsgesellschaft m.b.H. des Staatlichen Nordseebades Norderney sowie die Schule zu Norderney an den Norderneyer Gemeindeschulzen, dass man die Angestellten vom Verbot unterrichtet habe.

Die Radikalisierung antisemitischer Maßnahmen schien vorerst gestoppt. Wiederum unter Berufung auf die Entscheidung des Preußischen Ministers des Inneren vom 5. Juni erging durch den Regierungspräsidenten am 12. Dezember 1934 in Aurich die Anordnung, „dass der polizeiliche Schutz allen Badebesuchern ohne Unterschied der rassischen Zugehörigkeit in gleicher Weise zu gewähren sei."[4]

---

[1] STAN 3.5 Seebadeanstalt Norderney, Maßnahmen gegen den Aufenthalt von jüdischen Kurgästen 1934-1935, Bestand: Kurverwaltung Norderney: Schreiben des Verkehrsverbandes „Ostfriesland" Emden, 10.04.1934, an die Badeverwaltungen der Nordseebäder Borkum, Juist, Norderney, Baltrum, Langeoog, Wangerooge, Spiekeroog, A.G. Emden, Leer, A.G. Reederei Norden-Frisia, Norddeich, Borkumer Kleinbahn - u. Dampfschiffahrts - A.G., Baltrum-Linie, Nordseebad Baltrum.

[2] Ebd.

[3] STAN 3.1 Maßnahmen gegen Juden 1933-1937: Schreiben des Gemeindeschulzen Norderney vom 30.06.1934 an sämtliche Dienststellen.

[4] Ebd., Schreiben des Regierungspräsidenten von Aurich vom 12.12.1934 an den Landesverkehrsverband Ostfriesland e.V. in Emden, Abschrift an den Herrn Landrat in Norden, an den Gemeindeschulzen in Norderney.

13.3 Das Ende jüdischer Badegäste auf Norderney

Die Situation änderte sich in den Sommermonaten „1935, als die antisemitische Hetze in noch nicht dagewesener Schärfe über das Reich hinwegfegte."[1] Gleichsam mikroskopisch finden sich die von Hitlerjugend, SA und NSDAP getragenen antisemitischen Aktionen im Deutschen Reich auf Norderney widergespiegelt. Den Auftakt bildete am 21. Juli 1935 die Einweihung von zwei sog. „Stürmerkästen" unter dem Motto „Die Juden sind unser Unglück" am Nord- und Weststrand der Insel. In seiner Einweihungsrede verband NSDAP-Ortsgruppenleiter Pleines das gesamte Arsenal antisemitischer Rhetorik über die jüdischen „Schädlinge" mit der Warnung an diejenigen Norderneyer, „die glauben, auf Geschäfte mit Juden nicht verzichten zu können. Solche Judenknechte sind Volksverräter! Sie verdienen keine Rücksicht und werden in Zukunft im Stürmerkasten öffentlich bekannt gemacht werden (...). Norderney hat nur 2 bzw. 3 Judenfamilien. Es ist allen Geschäftsleuten ein Leichtes, Geschäfte jeglicher Art mit diesen Juden abzulehnen."[2] Wie aus der Einwohnerliste des Jahres 1935 zu ersehen ist, lebten in diesem Jahr noch neun Juden auf Norderney, ständig bedroht von Diskriminierungen der braunen Aktivisten. In der selben Ausgabe der NBZ mit ihrem Bericht über die Einweihung der Stürmerkästen (22.07.1935) findet sich unter der Überschrift „Jüdische Unverschämtheit" folgende Meldung: „Schon wiederholt konnte in letzter Zeit beobachtet werden, daß der Jude Pinkas Wollenstein sein Geschäft an Sonntagen auch während der Kirchzeit glaubt, betreiben zu müssen. Gestern hatte der Jude wieder vergessen, seinen Laden bei Beginn der Kirchzeit zu schließen. Die Polizei, der Anzeige erstattet wurde, wird sich nunmehr des Unverschämten annehmen."[3]

Bigotte Respektierung des Gottesdienstes und menschenverachtendes Gedankengut schienen sich in Parteikreisen also nicht zu widersprechen. Pinkas Wollenstein hatte den Angriff auf seine Person wohl - vorerst - überstanden, da er sich noch in der kurz vor Weihnachten 1935 erstellten Einwohnerliste wiederfindet.

Noch während der antisemitischen Welle des Sommers 1935 hatte die NSDAP-Ortsgruppe Norderney an den Bürgermeister appelliert, eine dringende Gemeinderatssitzung einzuberufen, mit den Tagesordnungspunkten „Entschließung gegen Juden und Judenknechte" sowie diejenigen Norderneyer von der Vergabe von „Aufträgen der Gemeinde und ihrer Betriebe" auszuschließen, die mit Juden verkehren und „bei Juden kaufen."[4]

Im Dezember 1935 erbat die Staatspolizeistelle für den Regierungsbezirk Aurich in Wilhelmshaven eine Liste mit allen im dortigen Gemeindebezirk wohnhaften Juden, aus der sämtliche Personalien der Person zu ersehen sind, gerichtet an die „Herren Landräte in Wittmund, Aurich, Norden und Leer und den Herrn Oberbürgermeister als Ortspolizeibehörde in Emden"[5] (siehe Anhang III). Der Landrat in Norden sandte am 16. Dezember 1935 eine Abschrift an sämtliche Bürgermeister des Kreises einschließlich der Stadt Norden.

Ziel war also zunächst die administrative Erfassung jüdischer Einwohner. Im Februar 1936 wurde den im Gemeindebezirk Norderney wohnhaften Juden ein Fragebogen vorgelegt. Anzugeben waren außer den für einen Fragebogen üblichen Daten insbe-

---

[1] Bankier, D.: Die öffentliche Meinung im Hitler-Staat. Die „Endlösung" und die Deutschen. Eine Berichtigung. Berlin 1995, S. 98.
[2] NBZ, 22.07.1935.
[3] Ebd.
[4] STAN 3.1 Maßnahmen gegen Juden 1933-1937: Schreiben der Nationalsozialistischen Deutschen Arbeiterpartei, Ortsgruppe Norderney vom 15.08.1935 an den Herrn Bürgermeister.
[5] Ebd., Schreiben der Staatspolizeistelle f. d. Reg. Bez. Aurich vom 04.12.1935 an sämtliche Bürgermeister des Kreises, einschl. Stadt Norden.

sondere auch die frühere Konfession der Eltern und Großeltern, da gemäß § 3 der ersten Verordnung zum Reichsbürgergesetz vom 14.11.1935 (Stimmrecht in politischen Angelegenheiten) als Jude galt, „wer von mindestens 3 der Rasse nach volljüdischen Großeltern abstammt, wobei als volljüdisch gilt, wer der jüdischen Religionsgemeinschaft angehört"[1] (siehe Anhang III).

Der Erfassung jüdischer Einwohner 1935 folgte dann erneut eine eher „ruhige" Phase, da die staatlichen Organe die Diskriminierung geregelt organisierten. Für Norderney sind in diesem Zeitraum keine Zwischenfälle nachweisbar. 1937 erfolgte schließlich ein Erlass durch den „Reichs- und Preußischen Minister des Innern" an die Regierungspräsidenten, welche die Behandlung von jüdischen Badegästen grundsätzlich regeln sollte:

„Jüdische Kurgäste sind in Heilbädern, in denen die Möglichkeit besteht, sie getrennt von den übrigen Kurgästen in jüdischen Kuranstalten, Hotels, Pensionen, Fremdenheimen oder dgl. unterzubringen, zuzulassen (...). Gemeinschaftseinrichtungen, die Heilzwecken dienen, (...) sind auch den Juden zur Verfügung zu stellen; es ist jedoch angängig, den Juden mit Rücksicht auf die nicht jüdischen Kurgästen angemessene örtliche und zeitliche Beschränkungen hinsichtlich der Benutzung aufzuerlegen, z.B. Beschränkung auf bestimmte Badekabinen oder Badezeiten. Von den Gemeinschaftseinrichtungen, die nicht unmittelbar Heilzwecken dienen, z.B. von Kurgärten, Sportplätzen, Kurgaststätten, können Juden ausgeschlossen werden."[2]

Damit war für die Kurorte und Heilbäder die Möglichkeit geschaffen, Juden abzuweisen, sofern keine Unterbringungsmöglichkeiten in jüdischen Hotels und Pensionen möglich war, weil die einheimische jüdische Bevölkerung durch den antisemitischen Druck vertrieben war.

Nur wenig später fragte der Regierungspräsident in Aurich am 31. August 1937 an, „wie viele jüdische Kurgäste, die in dem dortigen Bezirk gelegenen Seebäder besucht haben"[3] und erbat Hinweise auf bereits getroffene Anordnungen für jüdische Kurgäste. In einem Schreiben, datiert vom 28. August 1937, teilte die Norderneyer Kurverwaltung mit, dass „nichtarische Gäste nicht mehr nach Norderney kommen. Es ist in den letzten Jahren nur vereinzelt ein Jude auf Norderney eingetroffen, der aber fast immer schon am nächsten Tage die Insel verlassen hat. Es ist daher anzunehmen, dass auch in Zukunft Nichtarier unsere Insel meiden werden."[4]

---

[1] Walk, J. (Hg.): Das Sonderrecht für die Juden im NS-Staat. Heidelberg, 1996, S. 139 f.
[2] STAN 3.1 Maßnahmen gegen Juden 1933-1937: Schreiben des Reichs- und Preußischen Ministers des Innern vom 24.07.1937 an die Regierungspräsidenten.
[3] Ebd., Schreiben des Regierungspräsidenten - Landwirtschaftliche Abteilung - Gesch. Z.: Da. Na. 115 vom 31.08. 1937 an die Herren Landräte in Norden, Leer und Wittmund.
[4] Ebd., Schreiben der Kurverwaltung Norderney vom 28.08.1937 an den Bürgermeister der Inselgemeinde Norderney. Schreiben gleichen Inhalts vom 20.09.1937 an den Herrn Landrat.

14. Jüdische Biographien auf Norderney

14.1 Julius Hoffmann

Julius Hoffmann wurde am 11. Mai 1885 in Elberfeld als Sohn des Gastwirts und Hoteliers Heinrich Hoffmann und seiner Ehefrau Helene geb. Falk, geboren. Sein Vater, geboren am 1. April 1853 in Triest, mosaisch, bereiste am 13. Juni 1893 Norderney, wohnte in der Bismarckstraße 4 und verließ die Insel am 13. September des Jahres. Im folgenden Jahr kam er am 24. April wieder, diesmal mit seiner Frau Helene und seinen in Elberfeld geborenen Kindern Felix, geb. am 28.11.1881, Alexander, geb. am 22.03.1883, Julius, geb. am 11.05.1885, Johanna, geb. am 15.04.1886 und Fritz, geb. am 18.01.1889. Diesmal blieb er auf Norderney. Wie die Auszüge aus den Gebäudesteuerrollen-Büchern nachweisen, erwarb der Hotelier Heinrich Hoffmann im Steuerjahr 1893/94 das von dem Restaurateur Moses von der Wall 1888/89 erbaute Wohnhaus mit Hinterhaus und Hofraum in der damaligen Bismarckstr. 12a (später 4).

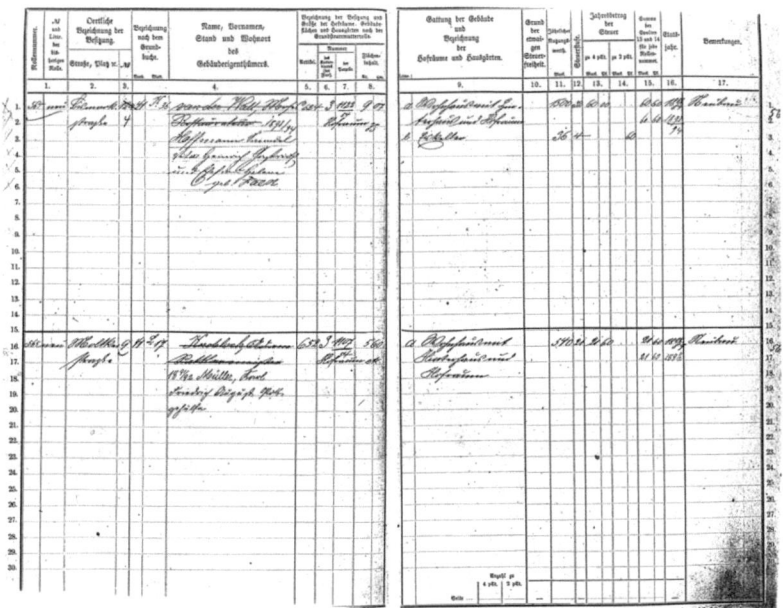

Abbildung 14-1: Auszug Gebäudesteuerrollen (siehe Anhang III)

Das an der Ecke Bismarckstraße/Roonstraße gelegene Restaurant - Pension - Hotel - wurde von den neuen Eigentümern unter ‚Hotel Falk' geführt.
Den Namen erhielt es nach dem Geburtsnamen von Helene Hoffmann.

Abbildung.14-2: Hoffmanns Hotel im ursprünglichen Zustand, Kalenderbild aus Privatbesitz, um 1900.

Nachfolgende Geschäftsanzeigen des „Hotel Falk" zeigen Umfang und Selbstdarstellung des Betriebes.

Abbildung 14-3: Anzeige aus dem Hand- und Adreß-Buch für das Königliche Nordseebad Norderney 1896.

Das „Hôtel Falk“ oder „Hoffmanns Hotel Falk“ war in sämtlichen touristischen Blättern mit Anzeigen vertreten. Die folgenden Inserate zeigen einen Querschnitt über die Jahre:

כשר Norderney כשר
Hôtel Falk
Haus ersten Ranges.
70 Zimmer. Mässige Preise.
Pension.

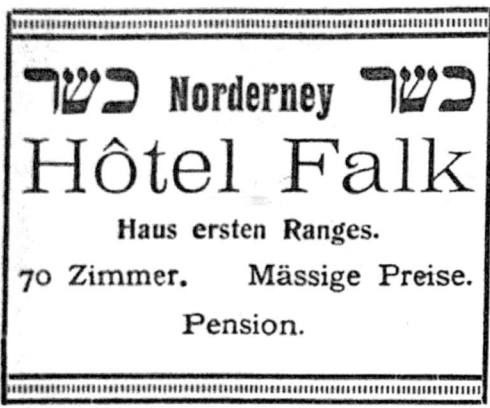

Abbildung 14-4: Anzeige Hotel Falk, Statistisches Jahrbuch deutscher Juden, 1905.

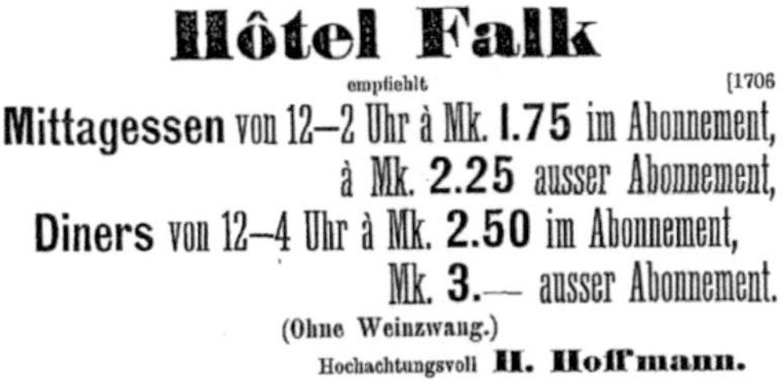

Hôtel Falk
empfiehlt
[1706
Mittagessen von 12–2 Uhr à Mk. 1.75 im Abonnement,
à Mk. 2.25 ausser Abonnement,
Diners von 12–4 Uhr à Mk. 2.50 im Abonnement,
Mk. 3.— ausser Abonnement.
(Ohne Weinzwang.)
Hochachtungsvoll H. Hoffmann.

Abbildung 14-5: Anzeige Hotel Falk, NBZ, 18.09.1906.

[1636
כשר
כשר
Hoffmanns Hotel Falk.
Hotel - Restaurant - Pension.
Diners à part an kleinen Tischen von 12 bis 4 Uhr.

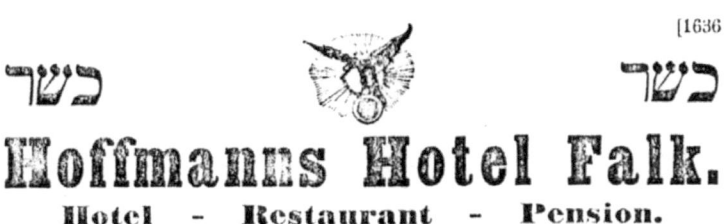

Abbildung 14-6: Anzeige Hoffmanns Hotel Falk, NBZ, 13.06.1914.

Abbildung 14-7: Anzeige Hoffmanns Hotel Falk, NBZ, 03.08.1920.

Abbildung 14-8: Anzeige Hoffmanns Hotel Falk, NBZ, 25.06.1921.

Hoffmanns Hotel „Falk"

Fernspr.   כשר   Nr. 248

Einzigstes Hotel unter Rabbinatsaufsicht auf den Nordsee-Inseln, 80 Zimmer, elektr. Licht in allen Räumen, vollständig renoviert, große u. kleine Diners, Pensions-Arrangements, Speisen nach der Karte. Verkauf von Aufschnitt, kalten Platten, Konditorwaren usw. außer dem Hause.

Abbildung 14-9: Anzeige Hoffmanns Hotel Falk, Staatliches Nordseebad Norderney, Führer für 1925.

HOFFMANN'S HOTEL FALK

Altrenommiertes Haus, Stammhaus gegr. 1844

כשר   Streng rituell   כשר

Einziges Hotel auf den Nordsee-Inseln unter Aufsicht des Hamburger Vereins. Fernruf 248 u. 159. Telegramm-Adresse: Falk-Norderney

Besonders bekannt durch die vorzügliche Verpflegung

HOTEL / RESTAURANT / PENSION

Große und kleine Diners in verschiedenen Preislagen. Speisen nach der Karte zu jeder Tageszeit. Eigene Wurstlerei, Räucherei und Conditorei. Verkauf von Aufschnitt, kalten Platten, Konditoreiwaren usw außer dem Hause. Vollpension. Reichhaltige Abendkarte. Mäßige Preise.

Jeden Freitag abend: Fischessen

In der Vor- und Nachsaison bedeutend ermäßigte Preise.

Jede Auskunft bereitwilligst

Abbildung 14-10: Anzeige Hoffmanns Hotel Falk, Norderneyer Jahrbuch 1928.

Abbildung 14-11: Anzeige Verein jüdischer Hotelbesitzer und Restaurateure e.V., Jüdische Rundschau, 13.09.1929.

Abbildung 14-12: Anzeige Hoffmanns Hotel Falk, Jüdische Rundschau, 05.01.1934.

Nicht nur Anzeigen in diversen Zeitungen, auch Ansichtskarten waren eine ausgezeichnete Werbung für das Hotel. Die untere Karte wurde 1898 an Frl. Emma Simon in Mülheim, die obere 1897 an Herrn Raakowsky in Brünn geschrieben.[1]

Abbildung 14-13: Postkarten aus den Jahren 1897 und 1898

---

1 Privatbesitz Heinz Bubacz, Emden, Norderney.

Julius Hoffmann, noch ledig, ist in den Jahren 1899/1900 ein vielbereister Mann. In der Saison lebt er auf Norderney. In den Wintermonaten führt sein Weg nach Hannover, Elberfeld, Triest, Herzig, Hanau, Viersen und Berntrupp. Dieses weisen auch die Melderegister aus: 1899 war er vom 20.03. bis zum 26.09. auf der Insel gemeldet,[1] 1900 vom 15.03. bis zum 27.09.[2]

Julius Hoffmann heiratete Klara geb. Richter, die am 25.01.1883 in Leipzig geboren wurde. Das Paar lebte zu Beginn der Ehe in Schreiberhau, einem Kurort im Riesengebirge. Hier wurden auch die beiden Kinder Heinz (06.11.1916) und Anni (10.10.1918) geboren.

Am 19.05.1921 meldete sich Julius Hoffmann, mittlerweile Logierhausbesitzer, mit seiner Ehefrau Klara und den Kindern Anni und Heinz auf Norderney an.

Die Familie wohnte in der Gartenstraße 22a.

Lfd Nr.	Name, Vorname	Stand und Gewerbe	Geburtsdaten	Geburtsort Kreis	Staatsangehörigkeit	Religion		Angemeldet	Wohnort	Letzter Wohnort	Abgemeldet	wohin
64	Hoffmann, Julius	Hotelbesitzer	11.5.1885	Elberfeld	Pr.	jüd	verh	19.5.1921	Garten 22	Schreiberhau	21.01.27	Breslau
65	Hoffmann, Klara	Ehefrau	25.1.1883	Leipzig	"	"	verh	19.5.1921	"	"	21.01.27	Breslau
66	Hoffmann, Heinz	Sohn	6.11.1916	Schreiberhau	"	"	-	19.5.1921	"	"	28.04.33	Emden
67	Hoffmann, Anni	Tochter	10.10.1918	"	"	"	-	19.5.1921	"	"	13.10.33	Leipzig

Tabelle 14-1: Auszug aus dem Melderegister 1921[3]

Als Eigentümer des Hotels wiesen die Gebäudesteuerrollen-Bücher unter Nr. 564 Heinrich Hoffmann und ab 1921 Julius Hoffmann sowie ab 1923 dessen Schwester Johanne, die als Fräulein in Schreiberhau lebte, als Miteigentümerin aus.

---

1 STAN Melderegister 1899, Lfd. Nr. H 8, H 178.
2 Ebd., Melderegister 1900, Lfd. Nr. H 195.
3 Ebd., Melderegister 1921, Lfd. Nr. H 64.

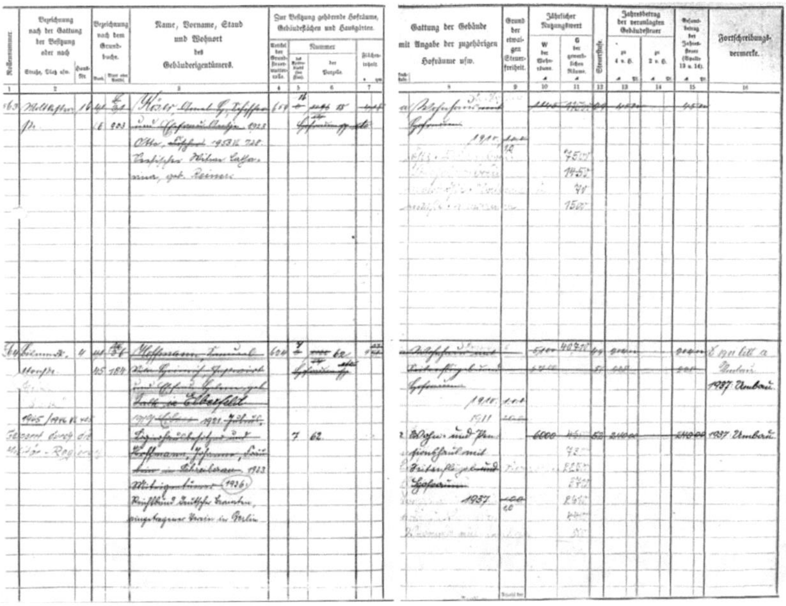

Abbildung 14-14: Auszug Geäudesteuerrollen (vgl. Anhang III)

1922 ist das „Hoffmanns Hotel Falk" unter der Leitung von Julius und Fritz Hoffmann und deren Schwester Johanna Hergershausen geb. Hoffmann. Unter dieser Leitung wird der Gewerbebetrieb am 25. Oktober 1922 angemeldet. Eröffnet wurde das Hotel erst ein knappes halbes Jahr später, am 1. April 1923.
Im Handelsregister A findet sich folgender Eintrag:

Handelsgerichtlich eingetragene Firmen. Handelsregister A		
Firma	Inhaber	Straße
Hoffmanns Hotel Falk,	Hotelbesitzer Julius Hoffmann, Hotelbesitzer Fritz Hoffmann, Ehefrau des Kfms. Gustav Hergershausen Johanne, geb. Hoffmann	Bismarckstr. 4

Abbildung 14-15: Handelsregister A, Adressbuch, 1927 (vgl. Quellenverzeichnis).

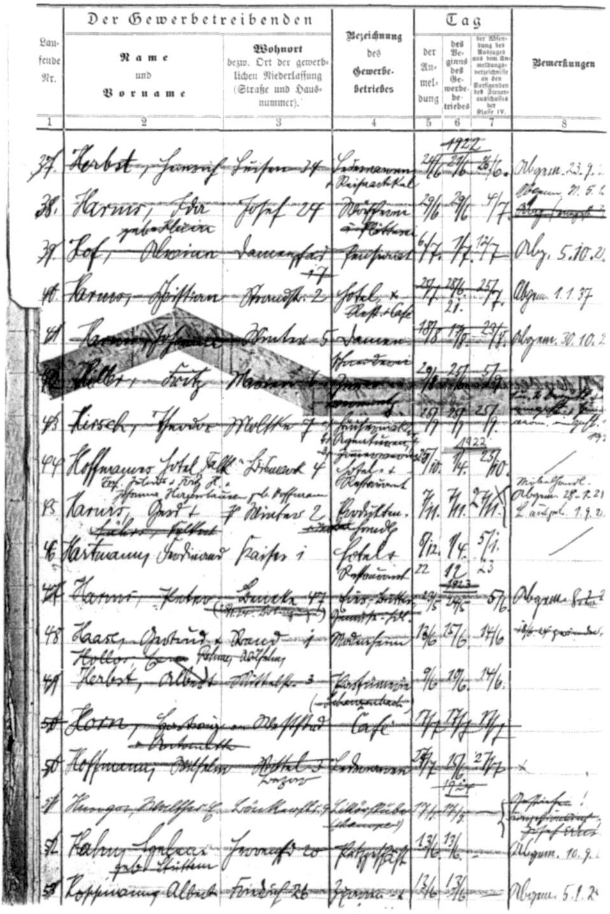

Abbildung 14-16: Auszug aus der Liste der Gewerbetreibenden, 1922.

1923 erwarb Julius Hoffmann das Wohnhaus mit Hofraum und Hausgarten in der Gartenstraße 22a (später 25).

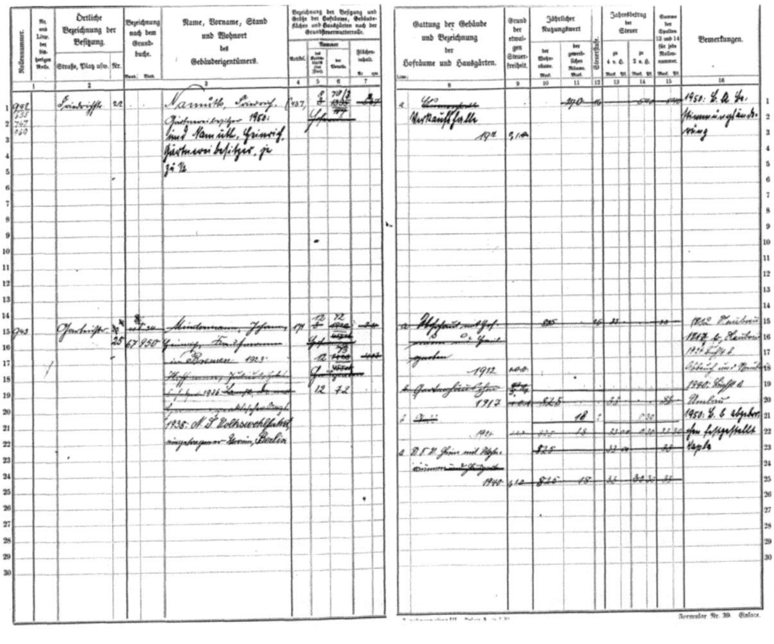

Abbildung 14-17: Gebäudesteuerrollen, Rollennummer 943 (vgl. Anhang III)

Julius Hoffmann war auf und für Norderney in verschiedenen Gremien tätig. Als Ausschussmitglieder für den Verkehrsverband „Ostfriesland" wurden „folgende Hotelbesitzer namhaft gemacht: (...), Hoffmann - Norderney."[1] Am 5. April 1930 wurde er als Aufsichtsratsmitglied der Badebetriebsgesellschaft vorgeschlagen. Die am 06.11. 1930 und 12.11.1930 abgehaltenen Ergänzungswahlen zur Industrie- und Handelskammer führten zur Wiederwahl des Julius Hoffmann."[2]
Zum 60jährigen Bestehen der „Badezeitung und Anzeigen" übermittelte Julius Hoffmann als 1. Vorsitzender vom „Verein Norderneyer Gastwirte e.V.", Nordseebad Norderney, „Verband der Hotels, Restaurationen und verwandter Betriebe Niedersachsen e.V.", Ortsgruppe Norderney, die Gratulation. Er führte aus: „Das Fremdengewerbe, wenn ich es in seiner Gesamtheit so nennen darf, ist der ausschlaggebende Faktor im Leben unserer Insel, ja, noch mehr: es ist ‚das Leben' auf unserem Eiland. Handel und Gewerbe, Handwerk und Arbeit - alles und jeder auf unserer Insel leben ausschließlich vom Fremdenverkehr, mit dem wir stehen oder fallen (...). Sowohl aus alten vergilbten Akten wie auch aus eigener Erfahrung kann ich feststellen, daß mein Lokalblatt jederzeit nicht nur die Belange unseres Gewerbes verständnisvoll gewürdigt, sondern diese auch mit aller Deutlichkeit und sachlichem Nachdruck vertreten hat."[3] Abschließend wünschte Julius Hoffmann eine freiere, glückliche Zusammenarbeit zu „unserem Wohle, zum Wohle der Insel, zum Wohle des Vaterlandes."[4]

1 NBZ, 01.04.1930.
2 NBZ, 20.12.1930.
3 NBZ, 01.01.1932.
4 Ebd.

Die Weltwirtschaftskrise, der Rückgang des Fremdenverkehrs und insbesondere der jüdischen Gäste brachten Julius Hoffmann hohe finanzielle Einbußen. 1932 wies die Gewerbekapitalsteuerliste für die Geschwister Hoffmann, Bismarckstr. 4, Schulden in Höhe von 75.210 Reichsmark aus. Als Hitler am 30.01.1933 an die Macht kam, wurde durch die Boykottmaßnahmen gegen Juden die Situation auch für Julius Hoffmann immer bedrohlicher. Am 10. April 1933 erklärte der Gemeindeausschuss, dass Julius Hoffmann sein Amt im Aufsichtsrat der Badebetriebsgesellschaft niederlegen werde. In der gleichen Sitzung stellte die Nationalsozialistische Deutsche Arbeiterpartei (NSDAP) den Antrag, Reichspräsident von Hindenburg, Reichskanzler Adolf Hitler und Kultusminister Rust zu Ehrenbürgern der Insel zu ernennen.

Nach dieser Erklärung schied Julius Hoffmann als 1. Vorsitzender aus dem „Verein Norderneyer Gastwirte" und der Ortsgruppe Norderney des „Hotelbetreiberbundes Niedersachsen" aus. Die NBZ schrieb dazu lakonisch: „Die tatkräftige in der letzten Zeit vom Deutschen Reich durchgeführte nationale Konzentration fordert eine grundlegende Umstellung in der Leitung der Vereine."[1]

Aufgrund der immer schlechteren wirtschaftlichen Lage der Geschwister Hoffmann wurde nach und nach das gesamte Eigentum zur Zwangsversteigerung angesetzt. Mit einem Schreiben vom 9. Mai 1935 des Nordseebades Norderney an die Zivilkammer des Landgerichts in Aurich wurde darum gebeten, die Erteilung des Armenrechts, das die Familie Hoffmann beantragt hatte, zu verweigern. In der Begründung wurde auf das Gesetz über den Ausgleich bürgerlich-rechtlicher Ansprüche vom 13.12.1934 verwiesen, das in dieser Sache keine Anwendung finden sollte, da es die Notwendigkeit eines Ausgleichs zur Beseitigung unbilliger Härten voraussetzt. Das sei in dieser Sache unbedingt zu verneinen."[2] „Im Auftrage der Gemeindekasse hierselbst werden (...) anfangend auf dem Hofe von Hoffmanns Hotel Falk ca. 500 Flaschen Wein öffentlich meistbietend gegen sofortige Zahlung verkauft."[3] Die Villa des Herrn Julius Hoffmann in der Gartenstraße wurde verpachtet. „Außerdem werden Verhandlungen zur Verpachtung des Hoffmanns Hotel Falk geführt."[4]

Im April 1935 setzte das Amtsgericht Norden die Zwangsversteigerung des Hotel Hoffmann fest. (...) „wurde ein genügendes Gebot nicht abgegeben, sodaß also ein Verkauf nicht zustande kam."[5]

Drei Monate später, am 27. Juli 1935, sollten die Villa in der Gartenstraße 22a und ein Hausgarten an der Gartenstraße versteigert werden. „Als Eigentümer war damals der Hotelbesitzer Julius Hoffmann in Norderney eingetragen."[6] Der Zuschlagbeschluss wurde jedoch erst am 10.08.1935 erlassen (siehe Anhang III). Das Hotel sollte am 21. September 1935 versteigert werden. „Als Eigentümer waren damals 1. der Logierhausbesitzer Julius Hoffmann in Norderney zu 1/3, 2. Frl. Johanne Hoffmann in Norderney zu 1/3, 3. der Hotelbesitzer Fritz Hoffmann in Norderney zu 1/3, eingetragen."[7] Der Zuschlagbeschluss wurde am 21.09.1935 erlassen (siehe Anhang III). In dem Versteigerungstermin wurde dem Meistbietenden der Zuschlag erteilt. Aufgrund des Zuschlagsbeschlusses wurde das Grundbuchamt ersucht, den Ersteher als Eigentümer in das Grundbuch einzutragen.

---

1 NBZ, 15.04.1933.
2 STAN 3.5 Seebadeanstalt Norderney, Maßnahmen gegen den Aufenthalt von jüdischen Kurgästen 1934-1935, Bestand Kurverwaltung Norderney. Schreiben Nordseebad Norderney, Preußisches Staatsbad vom 9. Mai 1935 an das Landgericht – Zivilkammer, Aurich.
3 NBZ, 24.08.1933.
4 Ebd., 26.08.1933.
5 Ebd., 18.04.1935.
6 Ebd., 20.07.1935, 64. Jg. Nr. 87.
7 Ebd., 12.09.1935, 64. Jg. Nr.116.

Julius Hoffmann verließ mit seiner Ehefrau Klara und den Kindern Heinz und Anni 1933 zwangsläufig die Insel. Die Familie flüchtete nach Leipzig, dem Geburtsort von Klara Hoffmann.

Julius Hoffmann, einst ein angesehener Mann auf Norderney, engagiert und akzeptiert in leitenden Positionen verschiedener Institutionen und Verbände, Miteigentümer eines der größten Hotels, das einzige israelitische Hotel auf den Nordseeinseln, wurde durch die nationalsozialistische Politik seiner Existenz beraubt. Durch das unmenschliche Regime wurden Julius Hoffmann und seine Familie zur Flucht gezwungen. Heinz Hoffmann, der heute als Chaim Bar-Tikva in Haifa lebt, schreibt: „Nach kurzem Aufenthalt in Leipzig als Lehrling in der Pelzbranche wanderte ich im Jahre 1936 nach Dänemark aus zur landwirtschaftlichen Vorbereitung für das damalige Palästina. Im Rahmen dieser Vorbereitungen führte mich mein Lebensweg nach Holland und Italien, bis ich im Jahre 1939 illegal nach Palästina einwanderte. Hier war die Frage des Aufbaus einer Existenz äußerst schwierig, da es die Zeit des Kriegsausbruchs war und Palästina als englisches Mandatsland sozusagen an der Front stand."[1]

Julius Hoffmann und seine Frau Klara wanderten erst 1944 nach Israel ein. Klara Hoffmann verstarb kurz danach. Julius Hoffmann starb 1972 in Haifa, beide sind dort beerdigt. Tochter Anni wanderte in die USA aus und ist dort verheiratet.

Das ehemals renommierte jüdische Hotel Falk, ein Hotel ersten Ranges, macht heute einen verwahrlosten Eindruck. Nicht nur der stilvolle Fassadenstuck fiel der Zeit zum Opfer. Das Haus steht leer. Zerbrochene Scheiben, vertrocknete Blumen, hochgestellte Möbel sprechen ihre eigene Sprache. Als Mahnmal gegen die nationalsozialistische Vergangenheit steht die „Ruine" nahe der Strandpromenade.

Abbildung 14-18:   Kalenderbild Hoffmanns Hotel Falk heute

Hoffmanns Hotel Falk heute: Leerstehend ist es dem Verfall preisgegeben.

---

1 Brief des Herrn Bar-Tikva vom 04.04.2000 an Ingeborg Pauluhn. Privatbesitz.

14.2 Dr. Ferdinand Steingießer
„Juden unerwünscht"

Jahrzehntelang war Norderney der Badeort wohlhabender Juden. Zu Beginn der Saison 1933 veränderte sich aufgrund der politischen Situation das Bild. Die reichsweiten antijüdischen Maßnahmen ab Februar 1933, der Boykott (wenn auch zunächst vorübergehend) am 1. April 1933 gegen jüdische Geschäftsleute vergifteten die Atmosphäre, auch auf Norderney. Jüdische Gäste logierten in Badeorten, wo sie noch gern gesehen und nicht wie auf Norderney unerwünscht waren. So standen die jüdischen Hotels und Pensionen entweder leer oder hatten hohe finanzielle Einbußen hinzunehmen.

Ein Beispiel für den Niedergang jüdischer Hoteliers auf Norderney ist Dr. Ferdinand Steingießer. Die von der Badeverwaltung Ende Juni 1933 aufgestellten Schilder mit der Aufschrift „Juden unerwünscht" wirkten sich auf seine wirtschaftliche Situation dramatisch aus. Dr. Steingießer wollte sich nicht widerspruchslos mit der Situation abfinden: Im Auftrage seines Mandanten Dr. Steingießer teilte der Rechtsanwalt Walter Poppinga der Badebetriebsgesellschaft Norderney mit, dass Dr. Steingießer durch die im Juni aufgestellten Schilder „Juden unerwünscht" sowie Veröffentlichungen in verschiedenen Zeitungen große finanzielle Einbußen hinnehmen musste. Er verwies darauf, dass diese Maßnahmen der früheren Haltung der Badeverwaltung und Aussagen des früheren Bürgermeisters Lührs widersprächen, der auf Anfrage Steingießers ausdrücklich betont hatte, „dass die Einstellung der Badeverwaltung gegenüber jüdischen Kurgästen sich nicht ändern würde."[1] Dies sei Lührs und dem früheren Ortsgruppenleiter Biester noch im Mai 1933 im Ministerium des Innern zugesagt worden.

Dr. Steingießer lebte von dem Betrieb des Hauses, das er, wie Poppinga schrieb, nach vierjähriger Militärdienstzeit im Krieg - damit sollte die vaterländische Gesinnung Steingießers betont werden - erworben hatte. Durch die im Juni 1933 aufgestellten Schilder „Juden unerwünscht" reisten angemeldete Gäste seiner Pension erst gar nicht an - oder zügig wieder ab, so dass Dr. Steingießer ca. 7.000 RM Umsatz verloren gegangen seien. Bereits 1928 - 1932 hatte Dr. Steingießer durch die nachlassende Konjunktur finanzielle Nachteile erfahren. Poppinga berief sich nun auf das Gesetz über den Ausgleich bürgerlich rechtlicher Ansprüche vom 13.12.1934 und machte die Badeverwaltung schadenersatzpflichtig.

Der Geschäftsführer des „Staatlichen Nordseebades Norderney Betriebsgesellschaft m.b.H." legte mit einem Schreiben vom 25. Januar 1935 dem Regierungspräsidenten in Aurich einen Entwurf des Antwortschreibens an den Rechtsanwalt Poppinga vor und bat um „Genehmigung"[2] des Schriftstücks. In dem vorgelegten Entwurf verwies der Geschäftsführer Staatliches Nordseebad Norderney Betriebsgesellschaft auf die Rede des Ministers Rust, nach der Norderney sich in der „Judenfrage" zu entscheiden habe. In seiner Antwort ließ der Regierungspräsident mitteilen, dass aus seiner Sicht keine Bedenken gegen das Schriftstück bestünden. „Ich halte aber die Hereinziehung der Persönlichkeit des Ministers Rust für unerwünscht. Soweit Steingießer überhaupt einen Schaden erlitten hat, handelt es sich dabei um Auswirkungen der nationalsozialistischen Revolution, nicht aber um zum Schadenersatz

---

[1] STAN 3.1 Maßnahmen gegen Juden 1933-1937. Schreiben des Rechtsanwaltes und Notars Walter Poppinga vom 15. Januar 1935 an die Badebetriebsgesellschaft Norderney.
[2] Ebd., Schreiben Staatliches Nordseebad Norderney Betriebsgesellschaft vom 25. Januar 1935 an den Herrn Regierungspräsidenten in Aurich.

verpflichtende unerlaubte Handlungen im Sinne des § 823 BGB. Es ist jedoch zweckmäßig (...), auf die Rechtslage überhaupt nicht einzugehen."[1]
Am 12. Februar 1935 wurden Bürgermeister Lührs in Norderney sowie der Ortsgruppenleiter der NSDAP-Norderney, Pleines, über die Schadenersatzforderung Dr. Steingießers durch die Badebetriebsgesellschaft informiert: „Er will dadurch einen großen Schaden erlitten haben, daß angeblich wir im Jahr 1933 die nichtarischen Gäste ersucht haben, sich von unserer Insel fernzuhalten."[2]
Nachdem die Betriebsgesellschaft sich so der Rückendeckung versichert hatte, schrieb sie am 26. Februar 1935 an Poppinga und lehnte die gegen sie geltend gemachten Forderungen ab: „Soweit wir in der erfolgreichen Saison 1934 haben feststellen können, hat die Bevölkerung allgemein die erfolgte Umstellung begrüßt (...) und ist nicht gewillt, von diesem nunmehr beschrittenen Weg zu einer guten wirtschaftlichen Gestaltung der Saison wieder abzugehen."[3]
Steingießer ließ sich jedoch nicht entmutigen. Am 11. März 1935 reichte Poppinga für seinen Mandanten beim Landgericht in Aurich ein Gesuch um Bewilligung des Armenrechts ein, um einen Prozess mit Schadenersatzforderungen von „5.000,--RM nebst 6% Zinsen" führen zu können. Poppinga beschrieb erneut die durch die antisemitische Propaganda verursachten ökonomischen Schäden, die Steingießer als Eigentümer eines großen, elegant eingerichteten Pensionshauses, in dem besonders zahlungskräftige Juden mit ihren Familien logierten, erlitten habe.
Der Antragsteller habe sich bei der Norderneyer Bank für den Ausbau seiner Pension 40.000 Reichsmark geliehen, da er mit einem guten Geschäftsergebnis für die Saison 1933 habe rechnen können.
Beunruhigt durch die Hartnäckigkeit Steingießers und Poppingas informierte die Betriebsgesellschaft erneut den Regierungspräsidenten in Aurich, der in seinem Antwortschreiben konstatierte, „dass der Schadenersatzanspruch des Steingießer unbegründet ist und deshalb abgelehnt wird. Das Gesetz über den Ausgleich bürgerlich-rechtlicher Ansprüche vom 13.12.1934 kann hier keine Anwendung finden, da es nach der Einleitung voraussetzt, daß ein Ausgleich nach gesundem Volksempfinden (Hervorhebung im Original, Anm.d.A.) zur Beseitigung unbilliger Härten erforderlich ist. Das ist aber unbedingt zu verneinen (...). Es handelt sich, soweit St. überhaupt Schaden erlitten hat, hierbei um Auswirkungen des politischen Umschwungs (...)."[4]
Im Beschluss des Landgerichts Aurich vom 29. April 1935 „wird das Verfahren wegen Bewilligung des Armenrechts gemäß § 3 des Gesetzes über den Ausgleich bürgerlich rechtlicher Ansprüche vom 13.12.1934 einstweilen ausgesetzt."[5]
Am 3. Juni 1935 erschien der Bürgermeister Norderneys, de Haan, beim Landrat Norden und gab zu Protokoll: „Ich halte den Anspruch des Dr. Steingießer in keiner Weise für begründet."[6] Er verwies auf das Gesetz über den Ausgleich bürgerlich rechtlicher Ansprüche vom 13.12.1934 und sah darin keinen Rechtsgrund für die

---

1 STAN 3.5 Seebadeanstalt Norderney. Maßnahmen gegen den Aufenthalt von jüdischen Kurgästen 1934-1935. Bestand: Kurverwaltung Norderney. Schreiben des Regierungspräsidenten in Aurich vom 15. Februar 1935 an das Staatliches Nordseebad Norderney Betriebsgesellschaft m.b.H., Norderney.
2 Ebd., Schreiben der Staatliches Nordseebad Norderney Betriebsgesellschaft mbH vom 12.Februar 1935 an den Herrn Bürgermeister sowie an den Ortsgruppenleiter der NSDAP.
3 STAN 3.1 Maßnahmen gegen Juden 1933-1937. Schreiben der Staatliches Nordseebad Norderney Betriebsgesellschaft m.b.H. vom 26. Februar 1935 an den Herrn Rechtsanwalt und Notar Walter Poppinga, Norden.
4 STAN 3.5 Seebadeanstalt Norderney, Maßnahmen gegen den Aufenthalt von jüdischen Kurgästen 1934-1935. Schreiben des Regierungspräsidenten vom 21. März 1935 an Staatliches Nordseebad Norderney Betriebsgesellschaft.
5 STAN 3.1 Maßnahmen gegen Juden 1933-1937, Schreiben des Landgerichts Aurich vom 29. April 1935 an die Badebetriebsgesellschaft Norderney.
6 Ebd., Schreiben des Gerichtsassessors Esch, gez. Dr. Haan de, vom 03.06.1935.

Schadenersatzforderung Steingießers. Er verwies darauf, dass alle jüdischen Hotels betroffen seien und nicht nur Dr. Steingießer und führte weiter aus: „daß diese Nachteile den Hotelbesitzern von Norderney nicht durch besondere politische Vorgänge der nationalsozialistischen Erhebung zugefügt worden sind. Vielmehr war es eine in ganz Deutschland feststellbare erfreuliche Tatsache, daß die Juden sich aus dem öffentlichen Leben und insbesondere dem Bäderbetrieb, in dem sie mehr oder weniger überall dominiert hatten, nunmehr zurückzogen. Weil die Juden merkten, daß sich die deutschen Volksgenossen die freche Vorherrschaft der Juden auch in Norderney nicht mehr gefallen ließen, zogen sie es vor, bereits zu Beginn des Monats Juli 1933 Norderney zu meiden. Das war der eigentliche Grund für das Fernbleiben der Juden von Norderney."[1]

Nicht die antisemitischen Schilder waren nach de Haan also die Ursache für das Ausbleiben jüdischer Badegäste, sondern deren „taktvolle" Anerkennung, dass sie die „deutschen Volksgenossen" durch ihre Anwesenheit stören könnten.

In der Begründung wurde verwiesen auf das Schreiben des Regierungspräsidenten in Aurich vom 20. Juni 1935 bezogen auf die Entscheidung des Preußischen Ministers des Inneren, „daß das Gesetz über den Ausgleich bürgerlich-rechtlicher Ansprüche vom 13. Dezember 1934 auf den vorliegenden Fall keine Anwendung finden kann."[2]

Eine zum „Schadenersatz verpflichtende Handlung nach § 823 Abs. I BGB liegt ebenfalls nicht vor."[3]

Bezogen auf die Äußerungen des früheren Bürgermeisters Lührs heißt es: „(...) so kann in der späteren antisemitischen Propaganda der Antragsgegner (...), die am 23. Juli 1933 in Norderney einsetzt, rechtswidriges Verhalten im Hinblick auf die nationalsozialistische Erhebung gerade in Bezug auf die Rassenfrage neu gewonnenen Weltanschauung nicht erblickt werden."[4]

Dr. med. Ferdinand Steingießer, einst eine angesehene Person, praktizierender Arzt in der Moltkestraße 11 auf Norderney und Besitzer eines elegant eingerichteten Pensionshauses auf der Insel, ist 1935 wirtschaftlich ruiniert. Die antisemitischen Maßnahmen auf Norderney ab Ende Juni 1933 führten dazu, dass seine Pension in der Saison 1933 leer stand. Fällige Zinsen für seine Hypothek und sonstige Abgaben konnte er nicht mehr bezahlen. Die Klage auf Schadenersatz für seine finanziellen Einbußen wurde abgelehnt. Dr. Ferdinand Steingießer, einer der sechs niedergelassenen Ärzte, wie die Ärztetafel der Insel 1935 ausweist (außer Zahnärzten), war seiner Existenz beraubt. Steingießer, einst akzeptiert, war am Ende ausgegrenzt und mittellos.

14.3 Margot Levy

Margot Levy wurde am 29.10.1917 als Kind jüdischer Eltern geboren. 1920 bereiste die Familie Norderney, und sie wohnten als Badegäste bei Familie Harms in der Benekestraße 47.

---

[1] STAN 3.1 Maßnahmen gegen Juden 1933-1937, Schreiben des Gerichtsassessors Esch, gez. Dr. Haan, de, vom 03.06.1935.
[2] Ebd., Beschluss des Landgerichts Aurich, Zivilkammer, 02.07.1935., Schreiben Preuß. Landgericht Aurich an die Gemeinde Norderney.
[3] Ebd.
[4] Ebd.

Abbildung 14-19: Haus der Familie Harms, Benekestraße 47 (ohne Zeitangabe).

Margot bekam die Nordseeluft so gut, dass der Arzt empfahl, sie Sommer und Winter auf der Insel zu belassen. So wurde sie, als die Eltern zurück nach Berlin fuhren, Pflegekind im Hause der Familie Harms. Margot fühlte sich in der Familie Harms sehr wohl. „Ich lebte bei meinen Pflegeeltern, Familie Peter Harms, Norderney, Benekestr. 47, die mir in großer Liebe zugetan waren."[1]

Abbildung 14-20: Foto Frau Gerhardine Harms, Pflegemutter, (ohne Zeitangabe)

Margot hatte als Spielgefährtin die Enkelin der Familie Harms. Margot war nach den Erzählungen ihres Stiefneffen lebhaft, wusste, was sie wollte und verstand es, sich in den Mittelpunkt zu stellen.

---

[1] Auszug aus „Mein Lebenslauf" von Margot Levy (ohne Datum), Privatbesitz Familie Eggen, Norderney.

Abbildung 14-21: Margots 12. Geburtstag,1929. Links Margot, rechts Gerda mit ihrer Mutter Hinnerike

Auf Norderney besuchte Margot vier Jahre lang die Volksschule und anschließend sechs Jahre lang die Mittelschule. Als die reichsweiten Maßnahmen gegen Juden auf der Insel einsetzten, geriet mit Margot auch die Familie Harms in große Schwierigkeiten. „Mit dem Erscheinen des Hitlerregimes begann auch für mich auf Norderney eine Zeit der Schikane und Verfolgung. Die Mitschüler machten mir das Leben oft sehr schwer. Da ich durch Geburt körperbehindert bin, litt ich besonders darunter. Auch wurden meine Pflegeeltern und ich sehr oft zum Bürgermeister Söhlmann geladen, wann ich nun endlich als Jüdin die Insel verlasse. Da meine Pflegeeltern mich nicht freiwillig hergeben wollten, drohte man meinem Pflegevater, daß er seiner Stelle verlustig ginge, außerdem würde man ihnen sein eigenes Haus kaputt schlagen und man verbot ihnen, in Zukunft Sommergäste aufzunehmen, was einen Teil ihres Erwerbes ausmachte. Trotzdem schützten meine Pflegeeltern mich, so lange es irgend möglich war, bis dann der 9. November 1938 kam."[1]

9. November 1938 auf Norderney
Wie Margot Levy die „Reichskristallnacht" erlebte, beschrieb sie in ihrem Lebenslauf: „Morgens um 6 Uhr holten mich 2 höhere SA-Männer aus dem Bett, denen ich privat sehr gut bekannt war, da sie früher für ihre Kinder gern meine abgelegten Kleider nahmen. Da dem einen bekannt war, daß ich auf der Sparkasse Geld hatte (er war Angestellter dieser Sparkasse), nahm er mir sofort mein Sparkassenbuch und mein Portemonnaie ab. Man brachte mich nach meiner Verhaftung mit anderen Juden von Norderney in einen öffentlichen Garten. Dort wurden wir von SA-Leuten mit aufgepflanztem Seitengewehr bewacht. Man sagte uns dort, daß wir alle auf den Schlachthof kämen und dort erschossen würden. In dem Garten mußten wir uns trotz großer Kälte bis abends um 8 Uhr aufhalten. Essen durften wir nicht empfangen, auch das Austreten wurde uns nicht gestattet. Wenn wir vor Übermüdung und Kälte uns ein wenig hinsetzen wollten, wurden wir mit dem Seitengewehr gestoßen, um weiter zu laufen. Wir waren den ganzen Tag über dem Gaudium der Kinder und der Nazis ausgesetzt. Abends um 8 Uhr mussten wir zur Polizei marschieren und von dort wurde ich nach Hause entlassen."[2]

---

[1] Auszug aus „Mein Lebenslauf" von Margot Levy (ohne Datum), Privatbesitz Familie Eggen, Norderney.
[2] Ebd.

In einem Schreiben vom 11. November 1938 teilte Bürgermeister Söhlmann Herrn Peter Harms mit, dass der Wunsch der Bevölkerung der Insel „dahingeht, daß sämtliche Semiten von der Insel fortgebracht werden sollen."[1] Er schrieb Herrn Harms, dass seine Arbeitsstelle gefährdet sei, falls er nicht seine Konsequenzen ziehe, und dass seine Kollegen Anstoß daran nähmen, dass er ein jüdisches Kind aufziehe. Er forderte Harms auf, Margot Levy bis zum 18. November 1938 zu ihren in Berlin wohnenden Großeltern zu bringen.

Eine Abschrift des Schreibens übersandte Bürgermeister Söhlmann an den Ortsgruppenleiter der NSDAP Norderney.

In einer Aktennotiz vom 21.11.1938 vermerkte der Bürgermeister, dass Margot Levy am 17. des Monats zu ihren Großeltern in Berlin gebracht wurde und der Ortsgruppenleiter davon in Kenntnis gesetzt ist.

Am 22.11.1938 schrieb Margot Levy aus Berlin an den Führer des Deutschen Reiches, Reichskanzlei Berlin, und bat darum, ihr Gesuch genau zu überprüfen. „Ich bin 21 Jahre alt, soweit gesund, aber seit meiner Geburt verkrüppelt durch mangelnde Funktion der Zirbeldrüse und doppelte englische Krankheit und nur 1,15 m groß. Ich kann daher keinen Beruf ausüben, doch wurde mein Lebensunterhalt von meinen Eltern sichergestellt, so daß ich in der Beziehung niemandem zur Last fallen werde."[2]

Abbildung 14-22:
Foto Margot Levy

Weiter schrieb sie, dass sie als Kind jüdischer Eltern geboren wurde, deren Elternliebe sie nie erfahren habe, seit dem 3. Lebensjahr auf Norderney lebte, evangelisch erzogen worden sei und bei ihren Pflegeeltern „der glücklichste Mensch" war. Auf Anordnung der Gemeinde von Norderney habe sie ihre Pflegeeltern innerhalb von acht Tagen verlassen müssen. Sie berichtete von ihren Eltern, die ohne Abschied von ihr nach Amerika gereist seien, sie mit ihrer Pflegemutter in Berlin sei und nicht wisse, was aus ihr werden solle, wenn sie nicht wieder mit ihr nach Norderney zurückdürfe.

---

1 StAA Rep. 16/1 50: Schreiben des Bürgermeisters Söhlmann vom 11.11.1938 an Herrn Peter Harms.

Sie schloss ihren Brief mit der Bitte, sie wieder nach Norderney zu ihren Pflegeeltern zu lassen und legte ein Bild und einen Freiumschlag bei.[1]

Mit einem Schreiben vom 16.12.1938 erklärte Bürgermeister Söhlmann, dass er für Margot Levy nichts unternehmen könne und die Bevölkerung empört wäre, wenn Familie Harms das Judenkind wieder aufnehmen würde. „Nach der Judenaktion Anfang November ds. Jrs. ist es nicht mehr tragbar, daß ein von der Gemeinde Beschäftigter ein Judenkind in den Haushalt aufnimmt. Unter der früheren Einstellung zu den Juden war es möglich, daß ein Arier ein Judenkind bis zum 21. Lebensjahr erziehen konnte, heute jedoch sei Norderney judenfrei und „Judengünstlinge" als Gemeindebedienstete könne er nicht zulassen."[2]

Am 31. Dezember 1938 schrieb der Regierungspräsident in Aurich an den Reichsminister des Inneren in Berlin: „Die Pflegeeltern der Jüdin Levy sind die deutschblütigen Eheleute Harms in Norderney."[3] Er beschrieb Herrn Harms als Gefolgschaftsmitglied des Wasserwerks der Gemeinde Norderney und das in dieser Position untragbare Pflegeverhältnis mit einer Jüdin, das zum 18.11.1938 aufgelöst wurde. Abschließend bitte er darum, „die Levy auf ihre Eingabe vom 22. November 1938 abschlägig zu bescheiden."[4]

In einem rührenden Brief bat Frau Harms am 12.01.1939 darum, Margot wieder zu sich nehmen zu dürfen. Sie schrieb, dass Margot 78 cm groß war, als sie zu ihnen gekommen sei, 19 Jahre in ihrer Familie lebte und sie Heimweh nach dem Kind habe. Die Eltern lebten jetzt in Amerika und sie habe Margot zu den Großeltern nach Berlin gebracht. „Ich bitte herzlich, mir die freudige Antwort zu senden."[5]

Am 21.01.1939 sandte die Kanzlei des Führers der NSDAP das Schreiben von Frau Harms „vom 12.01.1939 zuständigkeitshalber mit der Bitte um weitere Behandlung"[6] an das Reichs- und Preußische Ministerium des Innern, Berlin.

Mit Schreiben aus Aurich vom 6. Februar 1939 an den Landrat in Norden wurde mitgeteilt: „Ihre Eingaben vom 21.11.1938 an den Führer und Reichskanzler vom 22.11.1938 an den Reichsminister des Inneren in Berlin wegen Lösung ihrer Pflegeverhältnisse bei den Eheleuten Harms auf Norderney, die mir zur Bearbeitung übersandt sind, gaben zu einer Änderung der Entscheidung des Herrn Bürgermeister auf Norderney keinen Anlaß."[7]

Am 15. April schrieb der Bürgermeister von Norderney an den Herrn Landrat in Norden, „daß Begründungen in der Judenfrage überflüssig erscheinen. Leider ist es ja so, daß es immer noch Menschen gibt, die sich mit den reichsgesetzlichen Maßnahmen in der Judenfrage, die ja tatsächlich gar nicht kraß genug sein können, nicht abfinden wollen. Die Familie Harms scheint sich auch grundsätzlich mit der Rassenfrage nicht auseinandergesetzt zu haben." Weiter schrieb er, dass Härten nicht zu vermeiden seien, Gefühle nicht angebracht, da Norderney ansonsten immer noch ein Judenbad wäre. Eine Rückkehr von Margot Levy würde „ein Schlag ins Gesicht der Volksgenossen sein, die diese Judenaktion durchgeführt haben." Im übrigen

---

[1] StAA Rep. 16/1 50: Schreiben von Margot Levy, Berlin, vom 21.11.1938 an den Führer des Deutschen Reiches, Reichskanzlei Berlin.
[2] Ebd., Schreiben des Bürgermeisters Herrn Söhlmann vom 16.12.1938 an die landrätliche Außenstelle Norderney.
[3] Ebd., Schreiben des Regierungspräsidenten vom 31.12.1938, Geschäftszeichen: P 63-2, an den Herrn Reichsminister des Innern in Berlin.
[4] Ebd.
[5] Ebd., Schreiben von Frau Harms, Norderney vom 12.01.1939 an die Kanzlei des Führers, Berlin.
[6] Schreiben der Kanzlei des Führers der NSDAP vom 21.01.1939 an das Reichs- und Preuss. Ministerium des Innern, Berlin.
[7] StAA Rep. 16/1 50: Schreiben des Regierungspräsidenten Aurich vom 6. 02.1939 an den Herrn Landrat in Norden.

verwies er darauf, dass auch der Ortsgruppenleiter der Meinung sei, „daß die Levy auf keinen Fall nach Norderney zurückkehren dürfe."[1]
„Der Landrat sandte diesen Brief urschriftlich mit Anlage dem Regierungspräsiden in Aurich zu."[2]
Mit Schreiben vom 9. Juni 1939 teilte der Reichsminister des Inneren Frau Harms in Norderney mit: „Der Bescheid (...) ist nach dem Gesetz endgültig."[3]

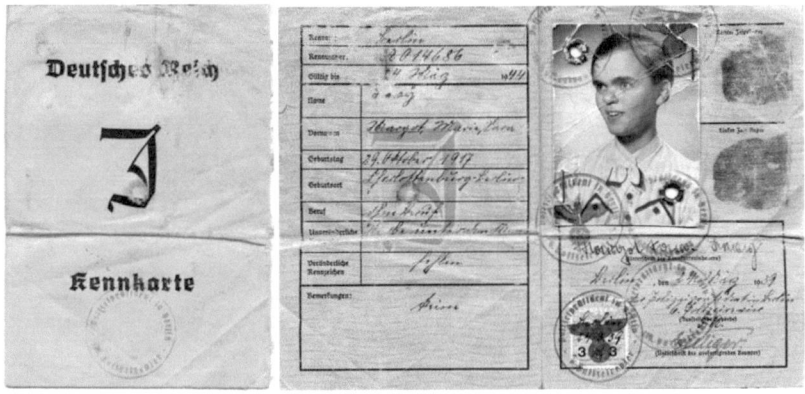

Abbildung 14-23: Kennkarte Margot Levy, 24.03.1939.[4]

Margot blieb in Berlin bei ihren Verwandten, da ihre Eltern inzwischen nach Amerika ausgewandert waren. „(...) bis Kriegsschluß mußte ich hier in Berlin illegal leben, da ich Volljüdin bin, Sternträgerin[5] war und sämtliche Juden aus unserem Hause abgeholt wurden. Ich konnte noch rechtzeitig flüchten. In dieser Zeit hatte ich es sehr schwer und mußte viel hungern."[6]

---

[1] StAA Rep. 16/1 50: Schreiben des Bürgermeisters von Norderney vom 15.04.1939. Urschriftlich mit 6 Anlagen an den Landrat in Norden.
[2] Ebd., Brief des Landrates in Norden vom 17.04.1939. Urschriftlich mit Anlagen an den Regierungspräsidenten in Aurich.
[3] Ebd., Schreiben des Reichsministers des Inneren, Berlin, vom 09.06.1939 an Frau Harms in Norderney.
[4] Privatbesitz Eggen, Norderney.
[5] Ebd.
[6] Auszug aus „Mein Lebenslauf" von Margot Levy (ohne Datum), Privatbesitz Eggen, Norderney.

Abbildung 14-24: Judenstern von Margot Levy

Bis November 1942 wohnte Margot Levy bei ihrem Onkel Julius Levy und dessen Ehefrau Lucia, geb. Tabbert, in Berlin-Charlottenburg. Sie war dort polizeilich gemeldet und bezog Lebensmittelkarten. „Bei der Abholung der Karten für den Monat Oktober 1942 wurde Frau Lucia Levy auf der Kartenstelle, auf der mehrere Beamte der Gestapo standen, als sie meine Lebensmittelkarten in Empfang nehmen wollte, gesagt, ich solle meine Karten selbst abholen. Frau Levy teilte mir mit, daß vor der Tür ein Wagen stände, in dem sich Juden befänden, die von der Kartenstelle aus verladen wurden."[1]

Nach dem Untergang des Dritten Reichs konnte Margot Levy nach Norderney zurückkehren. Am 3.12.1945 stellte die Inselgemeinde Norderney Margot Levy folgende Bescheinigung aus:

---

[1] Auszug aus „Mein Lebenslauf" von Margot Levy (ohne Datum), Privatbesitz Eggen, Norderney.

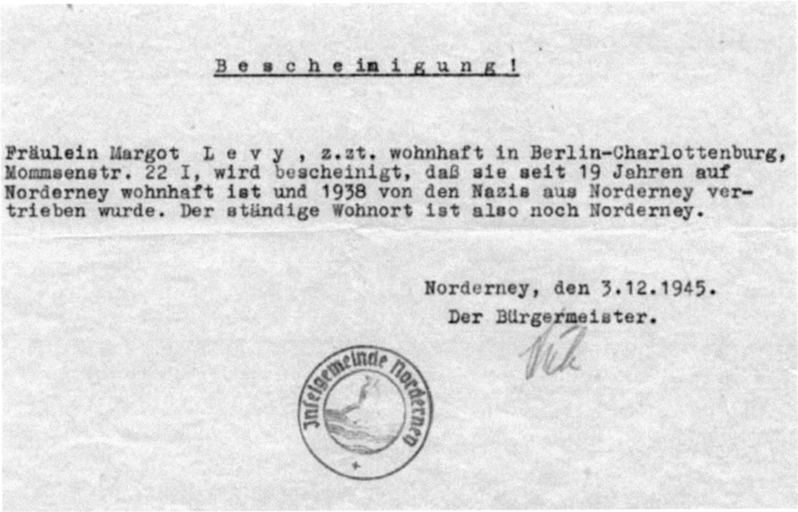

Bescheinigung!

Fräulein Margot L e v y , z.zt. wohnhaft in Berlin-Charlottenburg, Mommsenstr. 22 I, wird bescheinigt, daß sie seit 19 Jahren auf Norderney wohnhaft ist und 1938 von den Nazis aus Norderney vertrieben wurde. Der ständige Wohnort ist also noch Norderney.

Norderney, den 3.12.1945.
Der Bürgermeister.

Inselgemeinde Norderney

Abbildung 14-25: Bescheinigung ständiger Wohnort Norderney, 03.12.1945[1]

Am 18. Januar 1946 wurde Margot Levy als „Opfer des Faschismus“ anerkannt.[2]

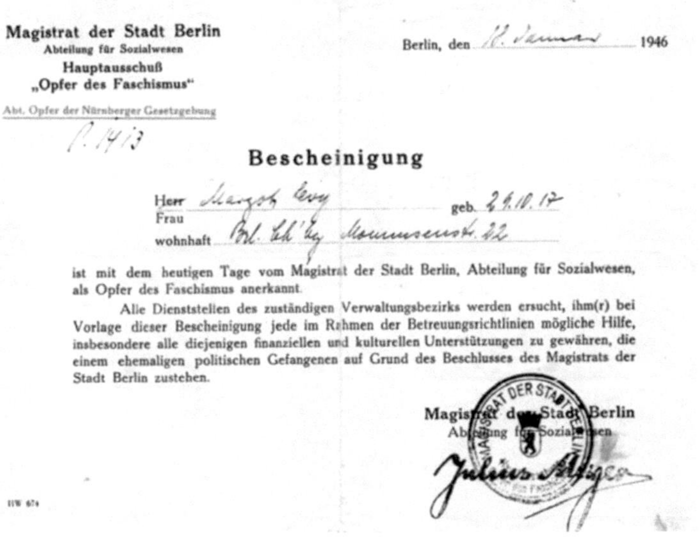

Magistrat der Stadt Berlin
Abteilung für Sozialwesen
Hauptausschuß
„Opfer des Faschismus“
Abt. Opfer der Nürnberger Gesetzgebung

Berlin, den 18. Januar 1946

P. 1413

Bescheinigung

Herr / Frau Margot Levy geb. 29.10.17
wohnhaft Bln. Ch'bg. Mommsenstr. 22

ist mit dem heutigen Tage vom Magistrat der Stadt Berlin, Abteilung für Sozialwesen, als Opfer des Faschismus anerkannt.

Alle Dienststellen des zuständigen Verwaltungsbezirks werden ersucht, ihm(r) bei Vorlage dieser Bescheinigung jede im Rahmen der Betreuungsrichtlinien mögliche Hilfe, insbesondere alle diejenigen finanziellen und kulturellen Unterstützungen zu gewähren, die einem ehemaligen politischen Gefangenen auf Grund des Beschlusses des Magistrats der Stadt Berlin zustehen.

Magistrat der Stadt Berlin
Abteilung für Sozialwesen

Abbildung 14-26: Bescheinigung „Opfer des Faschismus“

---

1 Privatbesitz Eggen, Norderney.
2 Ebd.

Am 31. August 1946 erhielt Margot Levy von der KZ-Betreuungsstelle Norden, Ostfriesland, folgenden Ausweis:[1]

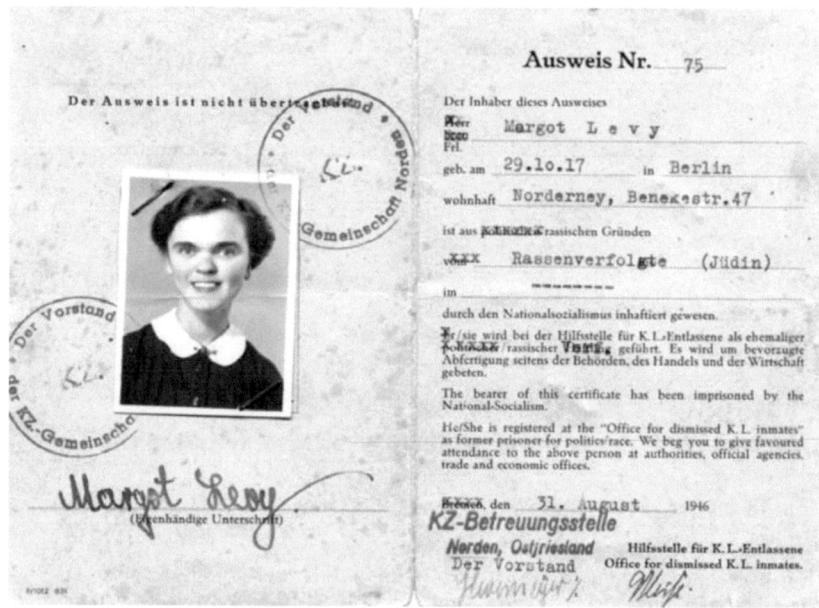

Abbildung 14-27: Ausweis „Rassenverfolgte"

Nach dem Haftentschädigungsgesetz vom 31.07.1949 wurde Margot Levy eine Haftentschädigung von DM 4.500,-- gezahlt.[2]

---

[1] Privatbesitz Eggen, Norderney.
[2] StAA Rep. 16/1 50. Haftentschädigungs-Bescheid des Landkreises Norden, Kreissonderhilfsausschuss Az. 4/K.Z.26, Norden, 30.10.1951. Privatbesitz Eggen, Norderney.

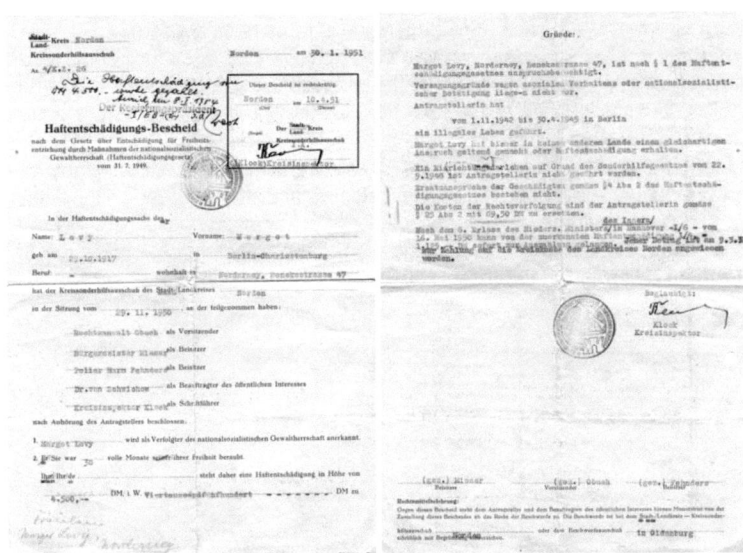

Abbildung 14-28: Haftentschädigung

In einem Schreiben des Entschädigungsamtes Berlin vom 30. November 1954 wurden Margot Levy die „Ansprüche auf Entschädigung wegen Schadens an Körper und Gesundheit und am Vermögen"[1] übersandt.

Am 6. September 1955 heiratete Margot Levy auf dem Standesamt Norderney den am 9. März 1906 in Auerhammer, Kreis Aue, geborenen Musiker Heinrich Bokemeyer, der ebenso wie Margot Levy kleinwüchsig war.

Abbildung 14-29: Hochzeitsfoto von Margot Levy und Heinrich Bokemeyer[1]

---

1 Privatbesitz Eggen, Norderney.

Margot zog zu ihrem Mann nach Augsburg, reiste aber oft nach Norderney.
Auf Norderney, wo Margot aufgewachsen war, schloss sich auch ihr Lebenskreis. Nach einem Aufenthalt im Altenwohnheim „Inselfrieden" ab Juli 1986 verstarb sie am 26.04.1993 und wurde am 29.04.1993 auf der Familiengrabstätte ihrer Pflegefamilie Harms auf Norderney beigesetzt.
Margot Levy (Bokemeyer) war und ist auf Norderney als „Lüttje Lotti" bekannt, beliebt und anerkannt. Als Verfolgte des Naziregimes musste sie 1938 zwangsläufig die ihr zur Heimat gewordene Insel und die Familie Harms verlassen, wo sie sich wohlfühlte. Sie gehörte zu den wenigen, die die Shoa überlebten, obwohl sie als Jüdin und zudem kleinwüchsig unter dem Naziregime doppelt stigmatisiert war.

---

1 Privatbesitz Eggen, Norderney.

15. Fazit

15.1 Ergebnisse

Meine Untersuchungen zu Juden auf Norderney unter dem besonderen Aspekt von der „Akzeptanz zur Desintegration" führten zu folgenden Ergebnissen:
Juden prägten über einen langen Zeitraum das Bild der Insel. Jüdische Badegäste, 1816 das erste Mal namentlich ausgewiesen, bereiteten den Weg für jüdisches Leben auf der Insel. Sie zogen Juden nach sich, die sich auf Norderney niederließen. Es entwickelte sich eine bunte Geschäftswelt. Jüdische Geschäftsleute brachten Kapital auf die Insel und trugen in sehr erheblichem Maße zum wirtschaftlichen Aufstieg der Insel bei. Ihr hoher Bildungsgrad, ihre Kenntnisse von Waren, Märkten, im Geldverleih, ihre Erfahrungen im Handel, ihre rege wirtschaftliche Tätigkeit und ihre Sprachgewandtheit belebten die Wirtschaft und führten Norderney mit zur Blüte.
Juden bauten auf der Insel eine Synagoge und lebten ihren Glauben innerhalb ihrer Gemeinschaft, gleichwohl pflegten sie Kontakte zur nichtjüdischen Bevölkerung. Juden wurden als Minorität innerhalb der nichtjüdischen Majorität akzeptiert oder zumindest geduldet. Die Beziehungen zwischen Juden und Nichtjuden waren bestimmt durch religiöse Eigentümlichkeit und die besonderen Ess- und Sabbatgesetze der Juden. Jüdische Wohltätigkeit wurde praktiziert im Kinder-Erholungsheim der Zion-Loge, das 1910 von Juden erbaut wurde. Juden erwarben große Besitztümer auf Norderney, wie im Anhang I der Arbeit ausgewiesen. Noch heute zeugen großartige Bauten vom ehemaligen jüdischen Reichtum.
Das blühende jüdische Leben auf Norderney zerbrach mit dem Machtantritt der Nationalsozialisten. Der staatlich gelenkte Antisemitismus und die reichsweiten Aktionen gegen Juden überfluteten auch Norderney. Juden zu beherrschen, sie ihrer Menschenwürde zu berauben, sie auszumerzen war ihr Ziel. Jüdische Gäste, einst Wegbereiter für dauerhaftes jüdisches Leben auf der Insel, waren nunmehr „unerwünscht". Die Maßnahmen gegen den Aufenthalt jüdischer Gäste führten zum wirtschaftlichen Ruin jüdischer Hotels und Pensionen. Die Juden von Norderney wurden vertrieben, mussten zwangsläufig die Insel verlassen, flüchteten wie Julius Hoffmann und seine Familie, emigrierten oder hielten sich versteckt wie Margot Levy in Berlin. Nur wenige überlebten die Shoa. Heinz Hoffmann, Sohn des Hoteliers Julius Hoffmann und seiner Ehefrau, lebt heute als Chaim Bar-Tikva in Haifa.
Herrn Bar-Tikva sowie der Stadt Norderney ist diese Arbeit gewidmet.
Nach meinen Recherchen bin ich in einigen Punkten zu anderen aus der Literatur bekannten Ergebnissen gekommen.
Die Angaben im Gemeindelexikon für den Freistaat Preußen, Provinz Hannover, nach der Volkszählung von 1925, weichen erheblich ab von der jüdischen Statistik im Handbuch der jüdischen Gemeindeverwaltung und Wohlfahrtspflege. Im Gemeindelexikon für den Freistaat Preußen werden für Norderney 88 Juden genannt, das Handbuch der jüdischen Gemeindeverwaltung und Wohlfahrtspflege weist für das Jahr 1924/25 für Norderney 20 jüdische Seelen aus.
Wie die Gebäudesteuerrollen ausweisen, erbaute der Restaurateur Moses von der Wall 1888/89 in der Bismarckstr. 12a (später 4) das im Steuerjahr 1893/94 von dem Hotelier Heinrich Hoffmann erworbene unter dem Namen Hoffmanns Hotel Falk geführte renommierte Hotel. Moses von der Wall war somit erster Besitzer des Hotels.
Die Leiterin des jüdischen Kinderheimes der Zion-Loge Gertrud Feiertag wurde nicht wie in der Literatur angegeben „wahrscheinlich" sondern nachweislich der Melderegister im STAN am 04.09.1890 geboren.

15.2 Zukunftsskizzen: Vorschläge für den Umgang mit der jüdischen Geschichte Norderneys

- Errichtung einer Gedenktafel mit den Namen ehemaliger jüdischer Einwohner der Insel um die ehemaligen jüdischen Mitbürger aus der Anonymität herauszuholen
- Restaurierung des ehemalig renommierten jüdischen Hoffmann's Hotel Falk als Bereicherung des Inselbildes und Aufarbeitung gelebter Geschichte
- Bereitstellung finanzieller Mittel zur Erforschung jüdischen Lebens auf Norderney
- Initiierung von Projekten in Schulen, um das Interesse für die insulare Geschichte zu wecken und Geschichtsbewusstsein zu entwickeln.

Jüdisches Leben auf Norderney ist zerstört, die Erinnerung zu bewahren, die materiellen Zeugnisse zu erhalten, sie zu pflegen und zu bewahren, ist Aufgabe der Verantwortlichen der Insel, im Sinne der Gedenktafel im Haus der Insel:

> Zum Gedenken
>
> an die jüdischen Mitbürger
>
> der Stadt Norderney
>
> die durch nationalsozialistischen Terror eines gewaltsamen Todes sterben mußten oder vertrieben wurden
>
> Den Lebenden zur Mahnung
>
> 9. 11. 1988
>
> Der Rat der Stadt Norderney

Das Wissen um die historischen Geschehnisse, die Auseinandersetzung mit der insularen Geschichte, das Erinnern bietet heute und für die Zukunft die Chance eines menschenwürdigen Umgangs der Akzeptanz von Mitmenschen bei aller Unterschiedlichkeit in Religion und Kultur.

Ein Dank zum Schluss

Mein besonderer Dank gilt Manfred Bätje. Ohne sein Wissen, sein Interesse und Engagement, über einen langen Zeitraum weit über das Maß hinausgehend, wäre meine Arbeit in dieser Form nicht entstanden. Danken möchte ich auch der Stadtverwaltung Norderney, die mir ihre Räumlichkeiten zur Verfügung stellte und so meine Studien ermöglichte. Diese Arbeit erhebt nicht den Anspruch auf Vollständigkeit, weitere Forschungsergebnisse sind einer neuen Arbeit vorbehalten.

Quellen

BADEVERWALTUNG NORDERNEY (Hg.): Staatliches Nordseebad Norderney
Führer für 1922.
Führer für 1925.
Führer für 1929.
Führer für 1930.
Führer für 1932.
BRAAMS, H.(Hg.): Adressbuch für die Inselgemeinde Norderney, Königliches Nordseebad. Norderney 1911.
BUREAU FÜR STATISTIK DER JUDEN (Hg.): Statistisches Jahrbuch deutscher Juden. Berlin 1905.
DEUTSCH-ISRAELITISCHER GEMEINDEBUND (Hg.): Handbuch der jüdischen Gemeindeverwaltung und Wohlfahrtspflege.
Statistisches Jahrbuch. Berlin 1907.
Statistisches Jahrbuch. Berlin 1909.
Statistisches Jahrbuch. Berlin 1911.
Statistisches Jahrbuch. Berlin 1913.
Statistisches Jahrbuch. Berlin 1924/25.
DEUTSCH-ISRAELITISCHER GEMEINDEBUND (Hg.): Statistisches Jahrbuch des Deutsch-Israelitischen Gemeindebundes.
Berlin 1896.
Berlin 1897.
DUNKEL,C.A. (Hg.): Adreßbuch für die Inselgemeinde Norderney. Königliches Nordseebad. Norderney 1905.
FRANCKE, G.B. (Hg.): Hand- und Adreßbuch für das Königliche Nordseebad Norderney. Leipzig 1896.
FREUND, O. (Hg.): Adreßbuch für die Inselgemeinde Norderney. Staatliches Nordseebad. Norderney 1935.
GEMEINDE NORDERNEY (Hg.): Führer des Königlichen Nordseebades Norderney. Verzeichnis der Hotels, Pensionate und Privatwohnungen. Norderney 1912.
GEMEINDE NORDERNEY (Hg.): Hebungslisten über die von der Gemeinde Norderney aufzubringenden Communallasten Jüdischer Einwohner.
Norderney 1873.
Norderney 1874.
Norderney 1875.
GERDES, C.: Adreßbuch des Nordsee-Bades Norderney vom 1. Juni 1879 bis 1. Juni 1880. Norden 1879.
GERDES, C.: Adreßbuch des Nordsee-Bades Norderney. Norderney 1882.
GÜSCHING, A.: Frankfurter Zeitung, 78.Jg., Nr. 587. Frankfurt am Main 1933.
KÖNGLICHE BADEVERWALTUNG NORDERNEY (Hg.): Das Königliche Nordseebad Norderney. Norderney 1910.
Norderney 1911.
LANDESVERKEHRSVERBAND OSTFRIESLAND (Hg.): Norderney das führende Nordseebad. Norderney 1935.
LEENDERTZ, W.J. (Hg.): Adreßbuch für Ostfriesland (Landdrostei Aurich) 1880-1881. Leer 1880.
ORDEN BNE BRISS (Hg.): Der Orden Bne Briss. Mitteilungen der Großloge für Deutschland VIII U.O.B.B., Berlin 1915, 1917, 1920-1927.

REDACTION DES OSTFRIESISCHEN AMTSBLATTS (Hg.): Statistische Übersicht Ostfrieslands. Nach amtlichen Quellen bearbeitet im Büreau der Königlichen Landdrostei zu Aurich. Aurich 1871.

SOLTAU, D.: (Hg.): Adreßbuch des Nordsee - Bades Norderney für 1893. Norden und Norderney 1893.

SOLTAU, D.: (Hg.): Adressbuch für die Inselgemeinde Norderney. Staatliches Nordseebad. Norderney 1927.

SOLTAU, D.: (Hg.): Illustrierter Führer für das Königliche Nordseebad Norderney. Norden und Norderney 1892.

SOLTAU, D.: (Hg.): Norderneyer Badezeitung. Norden und Norderney. (1868-1870, 1872-1916, 1919-1943).

STAN: Ausländer-Nachweis, Nachweisung der in der Bürgermeistern - Kreis - sich aufhaltenden Ausländer mit Bezug auf die Verfügung vom 23.6.1922 vorzulegen (enthält Nachweisung sich aufhaltender Ausländer bis 1924).

STAN: Führer des Königlichen Nordseebades Norderney 1912.

STAN: 3.1 3.21 0005 Gebäudesteuerrolle 1880 / 1881 fortgeschrieben bis 1885 / 1886 (Nr. 1 - 513).

STAN: 3.1 3.21 0006 / 1 Gebäudesteuerrolle 1880 / 1881 fortgeschrieben bis 1895 / 1896 (Nr. 1 - 598).

STAN: 3.1 3.21 0006 / 2 Gebäudesteuerrolle 1880 / 1881 fortgeschrieben bis 1895 / 1896 (ab 599 -).

STAN: 3.1 3.21 0007 / 1 Gebäudesteuerrolle 1880 / 1881 fortgeschrieben bis 1952 (Nr. 1 - 699).

STAN: 3.1 3.21 0007 / 2 Gebäudesteuerrolle 1880 / 1881 fortgeschrieben bis 1952 (ab 700).

STAN: Illustrierter Führer für das Königliche Nordseebad Norderney. Norden und Norderney 1892.

STAN: Melderegister pro 1893-1895.

STAN: Melderegister pro 1904.

STAN: Melderegister 1913.

STAN: Melderegister 1923.

STAN: An- und Abmelderegister der Gemeinde Norderney beginnend am 1.1.1932.

STAN: An- und Abmelderegister der Gemeinde Norderney 1933.

STAN: Verzeichnis der Ausländer 1906-1911, Angef. 1.10.1903, Nachweisung der in der Gemeinde Norderney sich aufhaltenden Ausländer.

STAN: Verzeichnis der Ausländer, Angef. 1. Januar 1912, angelegt 1. Januar 1912, Nachweisung der in der Gemeinde Norderney Kreis Norden sich aufhaltender Ausländer 1912-1921.

STAN: Verzeichnis der Gewerbe-Anmeldungen 1893/94, Provinz Hannover Regierungsbezirk Aurich Kreis Norden Gemeindebezirk Norderney.

STAN: Verzeichnis der Gewerbe-Anmeldungen angefangen 1. April 1897/98.

STAN: Verzeichnis der Gewerbe-Anmeldungen angefangen 1902.

STAN: Verzeichnis der Gewerbeanmeldungen angelegt: 1.4.1922, Regierungsbezirk Aurich Kreis Norden Gemeindebezirk Norderney.

STAN: Volkszählung vor 1945. Endgültiges Hauptergebnis. Landgemeinde Norderney 1890.

TAPPER, H. (Hg.): Gemeinnützige Nachrichten für die Provinz Ostfriesland. Aurich 1805-1808.

VEREIN DEUTSCHER STAATSBÜRGER JÜDISCHEN GLAUBENS e.V. (Hg.): C.V.-Zeitung. Blätter für Deutschtum und Judentum. Berlin 1922-1932.

VERLAG DES KÖNIGLICHEN STATISTISCHEN BUREAUS (Hg.): Die Gemeinden und Gutsbezirke der Provinz Hannover und ihre Bevölkerung. Berlin 1873.
Gemeindelexikon für das Königreich Preußen. IX. Provinz Hannover. Berlin 1887.
Gemeindelexikon für die Provinz Hannover. Berlin 1897.
VERLAG DES KÖNIGLICHEN STATISCHEN LANDESAMTES: Gemeindelexikon für die Provinz Hannover. Berlin 1908.
VERLAG DES PREUßISCHEN STATISTISCHEN LANDESAMTS (Hg.): Gemeindelexikon für den Freistaat Preußen. Band X Provinz Hannover. Berlin 1930.
VERLAG JÜDISCHE RUNDSCHAU (Hg.): Jüdische Rundschau. Organ der Zionistischen Vereinigung für Deutschland. Berlin 1934.
ZENTRALWOHLFAHRTSSTELLE DER DEUTSCHEN JUDEN (Hg.): Führer durch die Jüdische Wohlfahrtspflege in Deutschland. Berlin-Charlottenburg 1928/29.
Führer durch die Jüdische Gemeindeverwaltung und Wohlfahrtspflege in Deutschland. Berlin 1932/33.
UNGEKLÄRTE HERAUSGEBER (jeweilige Regierung):
Wöchentliche Ostfriesische Anzeigen und Nachrichten, Aurich (1747-1880).
Politisches Journal für die Provinz Ostfriesland (ab 08.12.1813).
Amtsblatt für die Provinz Ostfriesland (ab 1817).

Literatur
BÄTJE, M.: Norderney - ein Seebad nach dem Vorbild von Heiligendamm-Doberan? In: Bad Doberaner Jahrbuch. Dülmen 1997.
BAKKER, H. S.: Norderney. Vom Fischerdorf zum Nordseeheilbad. Norden 1980.
BANKIER, D.: Die öffentliche Meinung im Hitler-Staat. Die „Endlösung" und die Deutschen. Eine Berichtigung. Berlin 1995.
BERNSDORF, W. (Hg.): Wörterbuch der Soziologie. Stuttgart 1969.
BERTRAM, M./STREICH, B. (Hg.): Juden in Celle. Celle 1996.
BRUSS, R. (Hg.): Die Bremer Juden unter dem Nationalsozialismus. Bremen1983.
BUNDESARCHIV KOBLENZ: Gedenkbuch - Opfer der Verfolgung der Juden. Arolsen 1986.
BUURMANN H. (Hg.): Als Norderney Seebad wurde: Die wohltuende Seebadeanstalt 1797-1827. Norden 1985.
ENDERLE, A./MEYERHÖFER, D./UNVERFEHRT, G. (Hg.): Kleine Menschen - Große Kunst. Kleinwuchs aus künstlerischer und medizinischer Sicht. Hamm 1992.
ENDRUWEIT, G./TROMMSDORFF, G. (Hg.): Wörterbuch der Soziologie. Stuttgart 1989.
FEIDEL-MERTZ, H. / PAETZ, A.: Ein verlorenes Paradies. Frankfurt a.M. 1994.
FLEISCHER, M. (Hg.): Fontane auf Norderney. Norderney 1995.
FUCHS-HEINRITZ, W. (Hg.): Lexikon zur Soziologie. Opladen 1994.
GALBAS, E. (Hg.): Sonne über Norderney. Geschichte einer kleinen Residenz. Quakenbrück 1947.
GELDBACH, E. (Hg.): Vom Vorurteil zur Vernichtung? „Erinnern" für morgen. Münster 1995.
GÖDEKEN, L. (Hg.): Rund um die Synagoge in Norden. Aurich 2000.
HEITMEYER, W. (Hg.): Was hält die Gesellschaft zusammen? Frankfurt am Main 1997.

HEITMEYER, W. (Hg.): Was treibt die Gesellschaft auseinander? Frankfurt am Main 1997.
HEITMEYER, W./ANHUT, R. (Hg.): Bedrohte Stadtgesellschaft. Soziale Desintegrationsprozesse und ethnisch-kulturelle Konfliktkonstellation. Weinheim und München 2000.
HERBERT, U.: Geschichte der Ausländerpolitik in Deutschland. Saisonarbeiter, Zwangsarbeiter, Gastarbeiter, Flüchtlinge. München 2001.
HERLITZ, G./KIRSCHNER, B. (Hg.): Jüdisches Lexikon. Band IV Königstein/Ts 1982.
HYAMS, H.-U./KLATTENHOFF, K./RITTER, K./WIßMANN, F. (Hg.): Jüdisches Kinderleben im Spiegel jüdischer Kinderbücher. Oldenburg 1998.
KÖNIG, J.-G.: Norderney: Portrait einer Insel. Fischerhude 1977.
LOKERS, J.: Die Juden in Emden. 1530-1806. Aurich 1990.
LUCKE, D.: Akzeptanz - Legitimität in der „Abstimmungsgesellschaft". Opladen 1995.
LUCKE, D./ Hasse, M. (Hg.): Annahme verweigert - Beiträge zur soziologischen Akzeptanzforschung. Opladen 1998.
LÜTKEMEIER, H.: Hilfen für jüdische Kinder in Not. Freiburg im Breisgau 1992
MACH, F.: Neues Wiener Abendblatt. Wien 1933.
MEYER, M. A.: Deutsch-Jüdische Geschichte in der Neuzeit. Band II „Emanzipation und Akkulturation" 1780-1871. München 1996.
MÖHLMANN, G.: Geschichte der Insel und des Seebades Norderney. Aurich 1964.
MÜNCH, I. von (Hg.): Gesetze des NS-Staates. Dokumente eines Unrechtssystems. Paderborn, München, Wien, Zürich 1994.
OPPENHEIMER, J.F. (Hg.): Lexikon des Judentums. Gütersloh 1971.
REICHWEIN, H.: Die Juden in der ostfriesischen Herrlichkeit Dornum (1662-1940). Dornum 1995.
REINHOLD, G.: Soziologie-Lexikon, München 1991.
REMMERS, G.: Norderney - Chronik einer Insel. Norderney 1997.
REYER, H./TIELKE, M. (Hg.): Frisia Judaica. Beiträge zur Geschichte der Juden in Ostfriesland. Aurich 1988.
RYKENA, St. A.: Beiträge zur Geschichte von Norderney bis zum Jahre 1866. Norderney 1912.
SCHELLER, B.: Die Zentralwohlfahrtsstelle. Der jüdische Wohlfahrtsverband in Deutschland 1917-1987. Frankfurt am Main 1987.
THALMANN, R.: Menschenverachtende Gesellschaften und die Intellektuellen. In: Erich Geldbach (Hg.): Vom Vorurteil zur Vernichtung? „Erinnern" für morgen. Münster 1995.
TIELKE, M.: Judeninsel Norderney. In: Frisia Judaica. Beiträge zur Geschichte der Juden in Ostfriesland. Aurich 1988.
VERKEHRSVEREIN FÜR NORDERNEY: Norderneyer Jahrbuch 1928, Norderney 1928.
WALK, J. (Hg.): Das Sonderrecht für die Juden im NS-Staat. Heidelberg 1996.
ZICK, A.: Vorurteile und Rassismus. Münster 1997.

Anhang I –
Tabellen

SaisonarbeiterInnen

1893 -1895

Lfd. Nr.	Name, Vorname	Beruf	Geburts- datum T	M	J	Geburtsort	Rel.	Fam.- stand	Tag des Zuzugs T	M	J	Kommt von	Wohnung Straße Nr.	Verzogen wohin	am T	M	J
A 66	Abraham, Adolf	Schlachtergeselle	20	01	72	Rhede	jüd.	led.	01	07	94	Vörden	Herrenpfad 1	Rhede	20	09	94
98	Abraham, Adolf/Abrams	Schlachter	20	01	72	Rhede	jüd.	led.	09	05	95	Rhede	Osterstraße 1	Rhede	30	09	95
B 110	Bayer, Hermann	Schlachtergeselle	23	02	74	Papenburg	mos.	led.	03	07	93	Emden	Osterstraße 1	Papenburg	28	09	93
112	Blumenthal, Theodor	Kellner	27	01	59	Danzig	mos.	verh.	02	07	93	Altona	Conversationshaus	Hamburg	21	09	93
420	Bergheim, Auguste	Geschäftsinh.	18	09	67	Lissa	mos.	led.	12	06	95	Leipzig	Strandstraße 8	Leipzig	10	10	95
421	Bergheim, Jenny	Gehilfin	04	11	69	Lissa	mos.	led.	12	06	95	Leipzig	Strandstraße 8	Leipzig	10	10	95
C 17	Cremer, Martin	Schlachtergeselle	02	04	74	Jever	mos.	led.	02	10	93	Jever	Osterstraße 1	Jever	08	03	95
33	Cremer, Paul	Gehilfe	25	03	76	Jever	isr.	led.	12	06	94	Varel	Damenpfad 31	Jever	05	09	94
34	Cleef, Johanne v.	Dienstmagd	02	09	68	Dornum	isr.	led.	28	06	94	Dorum	Louisenstraße 18	Dornum	29	09	94
50	Cremer, Paul	Kommis	25	03	76	Jever	mos.	led.	23	04	95	Aurich	Damenpfad 31	Jever	27	07	95
E 19	Enzländer, Carl	Buchhalter	02	11	71	Aurich	mos.	led.	11	06	93	Hamburg	Osterstraße 1	Hamburg	10	10	93
F 63	Frensdorf, Eduard nebst Ehefrau und Tochter	Kaufmann	30	05	46	Hamburg	mos.	verh.				Hamburg	Strandstraße 4				
H 19	Hoffmann, Helene mit 3 Kindern	Hotelbesitzerfrau	13	11	55		luth.	verh.				Elberfeld	Bismarckstraße 12	Elberfeld	17	09	93
40	Hoffmann, Heinrich	Hotelier	01	04	53	Triest	mos.	verh.	13	06	93	Elberfeld	Bismarckstraße 4	Elberfeld	13	09	93
43	Hirsch, Heinrich	Schächter	31	08	68	Martersdorf (Ung.)	mos.	led.	11	06	93		Osterstraße 1				
174	Hoffmann, Heinrich mit Frau und 5 Kindern	Gastwirt	01	04	53	Triest	jüd.	verh.	24	04	94	Elberfeld	Bismarckstraße 4		01	10	94
J 52	Jacoby, Paula		25	09	69	Jessnitz b. Leipzig	mos.	led.	16	08	93	Leipzig	Strandstraße 14	Leipzig	02	10	93
K 30	Klompus, Moritz	Drechsler	01	11	56	Polangen	mos.	verh.	08	06	93	Leipzig	Strandstraße 14	Leipzig	02	10	93
99	Klompus, Rosa	Ehefrau	15	08	63	Jessnitz	mos.	verh.	07	07	93	Leipzig	Strandstraße 14	Leipzig	02	10	93
100	Klompus, Gertrud	Tochter	02	11	92		mos.		07	07	93	Leipzig	Strandstraße 14	Leipzig	02	10	93

Saisonarbeiter/innen

1893 -1895

Lfd. Nr.	Name, Vorname	Beruf	Geburtsdatum T	M	J	Geburtsort	Rel.	Fam.-stand	Tag des Zuzugs T	M	J	Kommt von	Wohnung Straße Nr.	Verzogen wohin	am T	M	J
K 169	Klompus, Moritz mit Frau	Drechsler	01	11	56	Polangen	mos.	verh.	09	06	94	Leipzig	Strandstraße 14	Leipzig	16	10	94
388	Klompus, Moritz	Drechsler	01	11	56	Polangen	mos.	verh.	13	06	95	Leipzig Gohle	Strandstraße 14	Leipzig	16	10	95
M 28	Müller, Simon	Händler	09	02	70	Leer	mos.	led.	07	06	93	Leer	Schulstraße 11				
71	Moatti, Isaac	Kaufmann	04	04	56	Mostaganem	mos.	verh.	07	07	93	Cöln	Strandstraße 8	Cöln	13	10	93
188	Milchner, Georg	Zahnarzt	05	06	66	Hirschberg	jüd.	led.	13	07	94	Berlin	Kirchstraße 4	Berlin	29	09	94
202	Moatti, Isaac mit Frau und Kind	Kaufmann	04	04	56	Mostaga	mos.	verh.	01	08	94	Aachen	Strandstraße 8	Aachen	15	11	94
316	Moatty, Isaak	Kaufmann	04 06	04	56	Algier	isr.	verh.	05	07	95	Aachen	Strandstraße 8	Bremen	16	10	95
221	Müller, Wilhelm	Schlachtergeselle	15	08	75	Leer	mos.	led.	08	03	95	Leer	Osterstraße 3	Leer	30	09	95
S 65	Sanders, Benjamin	Schlachtergeselle	13	05	76	Veedam	isr.	led.	21	05	94	Emden	Karlstraße 4 bei Lemmersmann	Emden	15	09	94
103	Simon, Emma	Dienstmädchen	10	08	72	Ritterhude	isr.	led.	17	08	94	Ritterhude	Strandstraße 14	Leipzig	16	10	94
V 31	Ven ,L... van der mit Frau	Fotograph			34		isr.	verh.	8	07	94	Winschoten	Strandstraße 9				
W 2	Wall, Julius v.d.	Schlachterlehrling				Norden	mos.	led.	01	10	92	Norden	Osterstraße 1	Norden	04	04	93
66	Weinthal, Moritz	Schlachtergeselle	27	02	75	Esens	mos.	led.	03	07	93	Hamburg	Osterstraße 1		10	09	93
73	Wall, Julius v.d.	Schlachterlehrling	27	12	76	Norden	mos.	led.	06	07	93	Norden	Osterstraße 1				
92	Wien, J. v.	Schlachtergeselle	30	03	76	Varel	mos.	led.	09	08	93	Leer	Osterstraße 1				
106	Wall, Julius v.d.	Student	22	09	72	Norderney	mos.	led.	17	02	94	Norden	Osterstraße 1	Straßburg	22	05	94
199	Wolf, Max	Kellner	04	09	72	Aachen	isr.	led.	10	07	94	Eschweiler	Bismarckstraße 4	Eschweiler	24	09	94
244	Wolf, Marianne	Dienstmädchen	05	05	78	Aurich	isr.	led.	16	03	95	Aurich	Damenpfad 31	Aurich	17	09	95
335	Wall, Julius v.d.	Student	22	09	72	Norderney	mos.	led.	01	08	95	Berlin	Osterstraße 1	Berlin	19	10	95

Saisonarbeiterlnnen

1904

Lfd. Nr.	Name, Vorname	Beruf	Geburts-datum T	M	J	Geburtsort	Rel.	Fam.-stand	Kommt von	Tag des Zuzugs T	M	J	Wohnung Straße Nr.	Verzogen wohin	am T	M	J
A																	
44	Abraham, Otto	Handelslehrling	14	03	86	Bremen	isr.	led.	Bremen	30	07	04	Waschanstalt	Bremen	27	09	04
B																	
61	Baum, Hugo	Kaufmann	08	06	80	Metteich	isr.	led.	Frankfurt a.M.	26	05	04	Langestraße 16	Frankfurt a.M.	18	07	04
122	Bergheim, Auguste	Händlerin	18	09	67	Lissa	mos.	led.	Leipzig	22	06	04	Bismarckstraße 9	Leipzig	13	10	04
123	Bergheim, Jenny	Händlerin	04	11	69	Lissa	mos	led.	Leipzig	22	06	04	Bismarckstraße 9	Leipzig	13	10	04
228	Bronstein, Elies	Musiker	26	09	83	Odessa, Russl.	isr.	led.	Leipzig	25	07	04	Herrenpfad 18				
C																	
14	Cohn, Helene	Mamsell	24	03	62	Hamburg	mos.	led.	Hamburg	20	06	04	Friedrichstraße 37	Hamburg	12	09	04
29	Cohn, Sarah	Arbeiterin	08	10	43	Norden	isr.	led.	Norden	15	08	04	Kaiserstraße 16	Norden	26	08	04
F																	
68	Fellner, Bernhard	Schächter	06	03	71	Mattersdorf	mos.	verh.	Wien	29	06	04	Osterstraße 1				
119	Fornoff, Ludwig	Kellner	08	03	88	Ober-Mossau	mos.	led.	Neustadt	05	07	04	Strandstraße 4	Reisen	16	09	04
G																	
42	Graetzer, Heinrich	Kaufmann	14	02	77	Breslau	mos.	led.	Berlin	06	06	04	Wilhelmstraße 1	Berlin	05	08	04
104	Grabkowiez, David	Kellner	03	07	58	Budapest	isr.	led.	Berlin	05	08	04	Strandhallen	Berlin	12	09	04
106	Gebhardt, Gertrud	Kassiererin	19	01	81	Berlin	mos.	led.	Berlin	22	07	04	Bazar	Berlin	15	09	04
H																	
96	Heymann, Isaak	Handlungsgeh.	21	10	85	Hage	isr.	led.	Norden	25	06	04	Luisenstraße 7	Norden	08	10	04
125	Hartberg, Robert	Schauspieler	26	11	74	Skalitz	mos.	led.	Berlin	21	07	04	Seilerstraße 6	Berlin	15	09	04
J																	
37	Jacobs, Sara	Magd	03	02	80	Lathen	isr.	led.	Lathen	05	06	04	Karlstraße 6	Lathen	15	09	04
K																	
8	Kohn, Erwin	Commis	21	08	76	Teplitz	isr.	led.	Borken i./W.	06	04	04	Damenpfad 9	Bielefeld	01	10	04
91	Katzenstein, Leopold	Dr. med.	23	01	77	Vacha	mos.	led.	Eisenach	17	06	04	Kaiserstraße 11				
L																	
1	Loewenthal, Otto	Kommis	14	01	85	Elberfeld	isr.	led.	Hagen i/W.	01	03	04	Poststraße 9	Elberfeld	01	07	04
45	Löwy, Max	Friseur	26	09	79	Mährisch-Ostrau	isr.	led.	Frankfurt	23	06	04	Kirchstraße 12				
68	Leitner, Oskar	Schauspieler	16	07	83	Baden	mos.	led.	Berlin	08	07	04	Langestraße 22	Berlin	16	09	04

Saisonarbeiter/innen

1904

Lfd. Nr.	Name, Vorname	Beruf	Geburtsdatum T	M	J	Geburtsort	Rel.	Fam.-stand	Kommt von	Tag des Zuzugs T	M	J	Wohnung Straße Nr.	Verzogen wohin	am T	M	J
L 70	Löwenstein, Frieda	Ladenfräulein	17	05	85	Soest	mos.	led.	Iserlohn	10	07	04	Poststraße 9	Soest i./W.	07	09	04
94	Lutterkordt, Julius	Kommis	25	02	84	Gerdunen	mos.	led.	Dortmund	03	10	04	Damenpfad. 9, seit 17.10. Tollestraße 1a	Bremen	02	08	06
O 25	Oppenheimer, Willy	Bäcker	30	03	82	Iserlohn	isr.	led.	Münster	01	07	04	Kirchstraße 11	Wanderschaft	22	07	04
P 36	Pfeffer, Gersch	Handlungsgehilfe	01	02	80	Solotwina	mos.	led.	Gelsenkirchen	19	06	04	Schulzenstraße 6	Gelsenkirchen	13	06	04
S 13	Silberberg, Martha	Magd	10	04	82	Wilhelmshaven	jüd.	led.	Wilhelmshaven	19	05	04	Strandstraße 9	Wilhelmshaven	16	10	04
60	Sinasohn, Paul	Kaufmann	23	01	72	Aschersleben	mos.	led.	Berlin	02	08	04	Wilhelmstraße 1	Berlin	08	09	04
T 36	Tasse, Meta	Haustochter	18	10	81	Calvörde	mos.	led.	Wilhelmshaven	15	06	04	Herrenpfad 23	Wilhelmshaven	04	10	04
W 102	Wolff, Benjamin	Schlachter	05	02	83	Aurich	mos.	led.	Aurich	01	07	04	Osterstraße 1	Aurich	10	09	04
145	Wall, Selig v.d.	Schlachter	09	12	77	Norden	isr.	led.	Norden	15	07	04	Osterstraße 1	Norden	17	11	05
147	Wolff, Julius	Metzger	09	08	86	Rendsburg	isr.	led.	Kassel	12	07	04	Bismarckstraße 4	Celle	06	09	04

SaisonarbeiterInnen

1913

Laufende Nr.	Name, Vorname	Beruf	Geburtsdatum T	M	J	Geburtsort	Staatsangehörigkeit	Rel.	Fam.-stand	Angemeldet am T	M	J	Wohnort Straße	letzter Wohnort	Abgemeldet T	M	J	Wohin
A																		
37	Abt, Louis	Viehhändler	20	10	74	Eldagsen	Pr.	mos.	verh.	28	06	13	Friedrichstraße 9	Eldagsen	09	09	13	Geburtsort
38	Abt, geb. Frank, Alma	Ehefrau	20	05	74	Berne i./Old.	Pr.	mos.	verh.	28	06	13	Friedrichstraße 9	Geburtsort	09	09	13	Geburtsort
39	Abt, Grete	Tochter	12	04	02	Eldagsen	Pr.	mos.	led.	28	06	13	Friedrichstraße 9	Geburtsort	09	09	13	Geburtsort
40	Abt, Frida	Tochter	01	06	05	Eldagsen	Pr.	mos.	led.	28	06	13	Friedrichstraße 9	Geburtsort	09	09	13	Geburtsort
41	Abt, Helene	ohne	02	12	78	Eldagsen	Pr.	mos.	led.	28	06	13	Friedrichstraße 9	Geburtsort	09	09	13	Geburtsort
55	Aretz, Max	Metzger	04	10	84	Bedburg-dyck, Grevenbroich	Pr.	mos.	led.	07	07	13	Bismarckstraße 4	Geburtsort	26	08	13	Geburtsort
B																		
61	Beer, Simon de	Kaufmann	20	08	68	Emden	Pr.	isr.	verh.	02	05	13	Chausseestraße 15	Oldenburg	12	10	15	Oldenburg
62	Beer, Minna de geb. Adler	Ehefrau	21	10	68	Kellerbach	Pr.	isr.	verh.	02	05	13	Chausseestraße 15	Oldenburg	28	09	15	gestorben
63	Beer, Hanne de	Kind	25	06	00	Emden	Pr.	isr.	led.	02	05	13	Chausseestraße 15	Oldenburg	12	10	15	Oldenburg
64	Beer, Fanny de	Kind	25	06	00	Emden	Pr.	isr.	led.	02	05	13	Chausseestraße 15	Oldenburg	12	10	15	Oldenburg
65	Beer, Siegfried de	Kind	18	03	03	Emden	Pr.	isr.	led.	02	05	13	Chausseestraße 15	Oldenburg	12	10	15	Oldenburg
66	Beer, Otto de	Kind	13	03	04	Emden	Pr.	isr.	led.	02	05	13	Chausseestraße 15	Oldenburg	12	10	15	Oldenburg
67	Beer, Recha de	Kind	13	09	05	Emden	Pr.	isr.	led.	02	05	13	Chausseestraße 15	Oldenburg	12	10	15	Oldenburg
68	Beer, Walter de	Kind	04	07	09	Emden	Pr.	isr.	led.	02	05	13	Chausseestraße 15	Oldenburg	12	10	15	Oldenburg
121	Berlin, Helene		10	01	84	Köln	Pr.	mos.	led.	28	05	13	Friedrichstraße 37	Köln	06	09	13	Geburtsort
122	Berlin, Benno		03	05	88	Köln	Pr.	mos.	led.	28	05	13	Friedrichstraße 37	Köln	06	09	13	Geburtsort

Saisonarbeiterlnnen

1913

Laufende Nr.	Name, Vorname	Beruf	Geburtsdatum T	M	J	Geburtsort	Staatsangehörigkeit	Rel.	Fam.-stand	Angemeldet am T	M	J	Wohnort Straße	letzter Wohnort	Abgemeldet T	M	J	Wohin
B 123	Berlin, Henny		29	10	91	Köln	Pr.	mos.	led.	28	05	13	Friedrichstraße 37	Köln	06	09	13	Geburtsort
262	Bulwik, Estera	Stütze	18	03	91	Jaslozale	Russl.	mos.	led.	03	07	13	Schulstraße 17	Geburtsort	7	10	13	Geburtsort
263	Bilryczky, Sofia	Hausmädchen			83	Oswiecim,	Österr.	mos.	led.	04	07	13	Schulstraße 17	Geburtsort	27	09	13	Geburtsort
277	Blank, Gertrud	Kindergärtnerin	15	02	92	Hannover	Pr.	mos.	led.	07	07	13	Benekestraße 44	Berlin	12	09	13	Hannover
D 90	Dalberg, Selma	Kindergärtnerin	11	09	93	Brake Höxter	Pr.	mos.	led.	05	07	13	Benekestraße 44	Geburtsort	12	09	13	Geburtsort
F 78	Feiertag, Gertrud	Kindergärtnerin	04	07	90	Berlin	Pr.	mos.	led.	06	06	13	Benekestraße 44	Charlottenbg.	03	10	13	Charlottenbg.
97	Fellner, Bernhard	Schächter	06	03	71	Nagy-Marton	Ung.	mos.	verh.	20	06	13	Osterstraße 1	Wien	12	09	13	Wien
G 2	Gunst, Ella	Verkäuferin	28	01	79	Bleckede	Pr.	jüd.	led.	30	01	13	Winterstraße 23	Bottrop	06	02	13	auf Reisen
65	Gunst, Ella	Verkäuferin	28	01	79	Bleckede	Pr.	mos.	led.	02	07	13	Winterstraße 5	Berlin	06	09	13	Düren (Rhdl.)
78	Gutter, Jetty	Stütze	02	10	93	Chrzanow	Österr.	mos.	led.	04	07	13	Schulstraße 17	Geburtsort	27	09	13	Geburtsort
H 55	Hoffmann, Fritz	Koch	18	01	89	Elberfeld	Pr.	mos.	led.	19	05	13	Bismarckstraße 4	Fulda	29	11	13	Frankreich
J 61	Jülich, Henriette	Hausmädchen	12	11	92	Ruhrort	Pr.	mos.	led.	02	07	13	Friedrichstraße 37	Düsseldorf	01	09	13	Mülheim/Ruhr
K 72	Klompus, Gertrud	Haustochter	02	11	92	Leipzig	Pr.	mos.	led.	20	05	13	Strandstrasse 9	Bielefeld	30	10	13	Bielefeld
99	Kornblum, Minna geb. Magnus	Haushälterin	27	07	58	Hamburg	H	mos.	verh.	05	06	13	Bismarckstraße 4	Rüstringen				
190	Krebs, Ulrike	Fotografin	22	09	89	Bucarest/Rumänien	Pr.	mos.	led.	03	07	13	Seilerstraße 1b	Friedenau/Berlin	22	09	13	Friedenau/Berlin
211	Krakauer, Chaim	Schächter			95	Bendsin (Petrokow)	Russl.	mos.	verh.	04	07	13	Schulstraße 17	Geburtsort	07	10	13	Geburtsort
284	Klompus, Georg	Lehrling	30	10	96	Leipzig	Pr.	mos.	led.				Strandstraße 9	ansässig	30	10	13	Bielefeld

Saisonarbeiter-Innen

1913

Laufende Nr.	Name, Vorname	Beruf	Geburtsdatum T	M	J	Geburtsort	Staatsangehörigkeit	Rel.	Fam.-stand	Angemeldet am T	M	J	Wohnort Straße	letzter Wohnort	Abgemeldet T	M	J	Wohin
L 30	Landau, Emma	Köchin	17	01	76	Kloppenheim/Wiesbaden	Pr.	mos.	led.	28	05	13	Benekestraße 44	Posen	01	10	13	Wiesbaden
98	Löb, gen. Gernsheimer	Kultusbeamter	12	06	48	Viernheim	Hess.	mos.	verh.	03	07	13	Halemstraße 18	Pfungstadt	08	09	13	Pfungstadt./Darmstadt
M 55	Mayer, Henriette	Leiterin	02	07	85	Berlin	Pr.	mos.	led.	26	05	13	Benekestraße 44	Geburtsort	03	10	13	Geburtsort
75	Markus, Charlotte	Kindergärtnerin	19	03	94	Budapest	Ung.	mos.	led.	05	06	13	Benekestraße 44	Geburtsort	01	10	13	Leipzig
105	Mindus, Berta	Stütze	18	10	86	Papenburg	Pr.	mos.	led.	18	06	13	Karlstraße 6	Geburtsort	18	09	13	Geburtsort
P 99	Philippi, Eugen	Pianist	14	10	58	Lübeck		mos.	verh.	15	07	13	Ellernstraße 10	Charlottenburg				
R 11	Rady geb. Eikeles verw. Ledermann, Jenny	Ehefrau	25	09	57	Posen	Pr.	isr.	verh.	08	03	13	Luciusstraße 13	Frankfurt	02	10	13	Frankfurt
133	Rosenzweig geb. Schönberg, Beile	Pensionsinhaberin	05	02	57	Charnow	Österr.	mos.	verh.	04	07	13	Schulstraße 17	Oswiecim	27	09	13	Oswiecim
134	Rosenzweig, Regina	Tochter	20	05	90	Oswiecim	Österr.	mos.	led.	04	07	13	Schulstraße 17	Oswiecim	27	09	13	Oswiecim
135	Rosenzweig, Samuel	Sohn	12	08	99	Oswiecim	Österr.	mos.	led.	04	07	13	Schulstraße 17	Oswiecim	27	09	13	Oswiecim
171	Remak, Lotte	Kindergärtnerin	25	10	90	Berlin	Pr.	mos.	led.	26	08	13	Benekestraße 44	Geburtsort	03	10	13	Geburtsort
172	Rosenzweig, Regina		07	09	90	Oswiecim/Charnow	Österr.	mos.	led.	26	08	13	Schulstraße 17		27	09	13	Berlin
R 193	Rothstein, Louise	Fräulein	25	05	71	Einbeck	Pr.	mos.	led.	06	11	13	Osterstraße 1	Northeim	27	02	14	Stedtemhof/Bayern

Saisonarbeiterlnnen

1913 Laufende Nr.		Name, Vorname	Beruf	Geburtsdatum			Geburtsort	Staatsangehörigkeit	Rel.	Fam.-stand	Angemeldet am			Wohnort Straße	letzter Wohnort	Abgemeldet			Wohin
				T	M	J					T	M	J			T	M	J	
S	36	Soesmann, Oskar	Kommis	22	10	88	Meussen Holland	H.	mos.	led.	03	06	13	Maybachstraße 11	Stolberg/Rh.	30	09	13	Oldenburg
	65	Silberstein, Hugo	Wirt	01	04	84	Köln	Pr.	mos.	led.	21	06	13	Seilerstraße 16	Krefeld	23	09	13	Krefeld
	74	Spiero, Bruno	Pianist	31	08	91	Königsberg	Pr.	mos.	led.	30	06	13	Ellernstraße 7	Charlottenburg	10	07	13	Helgoland
Sch	64	Schloss, Martha	Wirtschaftsleiterin	08	11	89	Börry	Pr.	mos.	led.	26	05	13	Benekestraße 44	Hannover	01	09	13	Hannover
	126	Schmitz, Sally	Schlachter	21	05	91	Langenfeld/Solingen	Pr.	mos.	led.	19	06	13	Karlstraße 6	Hettenhausen	30	08	13	Hettenhausen
St	72	Steyermann geb. Loeb, Eugenie	Kindergärtnerin	28	10	87	Neustadt a./S.	Pr.	mos.	verh.	08	09	13	Benekestraße 44	Darmstadt	23	09	13	Darmstadt
T	41	Tennenbaum, Kalmann	Kellner	01	02	85	Leva/Ungarn	Österr.	mos.	led.	30	06	13	Schulzenstraße 10	Bremerhaven	11	09	13	Reisen
W	72	Weinberg, Paula	Fräulein	14	05	85	Herne	Pr.	mos.	led.	09	06	13	Kampstraße 10	Geburtsort	19	09	13	Reisen
	137	Weinberg geb. Kronglück, Lina	Küchenfrau	10	07	51	Warschau	Russl.	mos.	verw.	02	07	13	Friedrichstraße 7	Köln	24	07	13	Berlin
	192	Wall, Abraham von der	Kaufmann	18	04	82	Norderney	Pr.	mos.	led.	seit Geburt			Osterstraße 1	Norderney	06	09	13	Berlin
Z	21	Zlotnicka, Meta	Sängerin	05	04	89	Breslau	Pr.	mos.	led.	12	07	13	Osterstraße 14	Berlin-Wilmersdorf	22	09	13	Berlin

Saisonarbeiterinnen

1923													
Lau-fende Nr.	Name, Vorname	Beruf	Geburts-datum			Geburtsort	Staats-ange-hörig-keit	Reli-gion	Fam.-stand	Ange-meldet			Wohnort, Haus-Nr.	letzter Wohnort	Abgemeldet			wohin abgemeldet?
			T	M	J					T	M	J			T	M	J	
B 148	Bergheim, Jenny	Geschäftsinh.	04	11	69	Lissa i./Posen	Pr.	mos.	led.	25	06	23	Herrenpfad 9	Leipzig	29	08	23	Leipzig
198	Bauer, Erwin	Artist	14	12	98	Wien	Österr.	mos	led.	19	07	23	Wilhelmstraße 2	Wien	16	08	23	Wien
D 47	Dworjetz, Gregor	Kaufmann	28	07	93	Ufa	Russl.	mos.	verh.	06	07	23	Wilhelmstraße 7	Berlin	01	09	23	Berlin
F 18	Feiertag, Gertrud	Jugendleiterin	04	07	90	Berlin	Pr.	jüd.	led.	25	04	23	Benekestraße 44	Charlotten-burg	09	10	23	Charlotten-burg
19	Frankenberg, Grete	Kindergärtnerin	17	06	99	Hameln	Pr.	jüd.	led.	25	04	23	Benekestraße 44	Hannover	08	09	23	Hannover
22	Fuchs, Mathilde	Kindergärtnerin	17	10	01	Berlin-Friedenau	Pr.	isr.	led.	08	05	23	Benekestraße 44	Geburtsort	03	10	23	Friedenau
26	Frank, Dora	Kindergärtnerin	10	11	03	Straßburg i./Elsass	Pr.	jüd.	led.	14	05	23	Benekestraße 44	Kassel	29	08	23	Cassel
27	Freudenthal, Anna	Kindergärtnerin	01	01	03	Eschwege	Pr.	jüd.	led.	14	05	23	Benekestraße 44	Eschwege	03	10	23	Eschwege
49	Fellner, Bernhard	Privatbeamter	06	03	71	Matterndorf (Burgenland)	Österr.	mos.	verh.	19	06	23	Maybachstraße 5	Wien	27	08	23	Wien
82	Felders verw. Kähn, Bianra	Kaufmann	24	03	86	Frankfurt a./M.	Pr.	isr.	verh.	11	07	23	Jann-Berghaus-Straße 18	Frankfurt	01	08	23	Frankfurt a./O.
83	Felders, Adolf		09	06	15	Frankfurt	Pr.	isr.		11	07	23	Jann-Berghaus-Straße 18	Frankfurt	01	08	23	Frankfurt
84	Felders, Hans-Heinz		12	07	22	Frankfurt	Pr.	isr.		11	07	23	Jann-Berghaus-Straße 18	Frankfurt a./O.	01	08	23	Frankfurt
103	Flatauer, Siegfried	Kaufmann	30	11	78	Schwetz	Pr.	mos.	verh.	01	08	23	Halemstraße 17	Osnabrück	13	10	23	Osnabrück
104	Flatauer geb. Moses, Sophie	Ehefrau	12	01	89	Oldenburg	Pr.	mos.	verh.	01	08	23	Halemstraße 17	Osnabrück	13	10	23	Osnabrück
105	Flatauer, Inge	Kind	09	10	10	Oldenburg	Pr.	mos.	led.	01	08	21	Halemstraße 17	Osnabrück	13	10	23	Osnabrück
108	Fellner, Theodor	Student	15	01	05	Wien	Österr.	mos.	led.	03	08	23	Maybachstraße 5	Wien	27	08	23	Wien
122	Frank, Clara	Stütze	19	04	02	Hassfurt	Pr.	jüd.	led.	01	07	23	Benekestraße 44	Hassfurt	03	10	23	Hassfurt

Saisonarbeiter!nnen

1923 Laufende Nr.	Name, Vorname	Beruf	Geburtsdatum T	M	J	Geburtsort	Staatsangehörigkeit	Religion	Fam.-stand	Angemeldet T	M	J	Wohnort, Haus-Nr.	letzter Wohnort	Abgemeldet T	M	J	wohin abgemeldet?
G																		
67	Grünbaum, Franz Friedrich	Artist	07	04	80	Brünn	Österr.	mos.	verh.	06	08	23	Damenpfad 38	Dresden	01	09	23	unbekannt
68	Grünbaum geb. Herzl, Elisabeth	Ehefrau	28	04	98	Wien	Österr.	mos.	verh.	06	08	23	Damenpfad 38	Dresden	01	09	23	unbekannt
H																		
40	Hodenberg, Anna	Kindergärtnerin	17	06	00	Ottenstein	Pr.	jüd.	led.	25	04	23	Benekestraße 44	Pyrmont	09	10	23	Pyrmont
112	Herbst, Heinrich	Kaufmann	26	08	68	Neusande	Old.	isr.	verh.	26	06	23	Friedrichstraße 12	Berlin	01	09	23	W'haven
114	Hubermann geb. Kochmann, Käthe		26	07	93	Breslau	Pr.	mos.	verh	28	06	23	Luisenstraße 39	Bremen	30	08	23	Bremen
K																		
40	Koch, Rosel	Hausbeamtin	07	10	02	Mainz	Pr.	jüd.	led.	08	05	23	Benekestraße 44	Frankfurt	29	08	23	Frankfurt a./M.
60	Kostar, Gottlieb	Hilfskraft	23	05	67	Kosecko (Kuttenberg)	Tsch. slow.	isr.	verw.	24	05	23	Hotel „Astoria"	Pilsen	01	09	20	unbekannt
88	Kahn, Ellen	Kochlehrling	22	02	02	Köln	Pr.	isr.	led.	13	06	23	Friedrichstraße 37	Göttingen	03	09	23	Göttingen
144	Kalobus, Sara	Geschäftsfrau	27	08	96	Wilna	Littauen	mos.	led.	06	07	23	Wilhelmstraße 7	Berlin	01	09	23	Berlin
146	Klompus, Moritz	Kaufmann	01	11	56	Polangen	Balte	mos.	verh.	06	07	23	Strandstraße 9	Hannover	12	09	23	Hannover
147	Klompus geb. Jacoby, Rosette	Ehefrau	15	08	63	Jessnitz	Balte	mos.	verh.	06	07	23	Strandstraße 9	Hannover	12	09	23	Hannover
148	Klompus, Gertrud		02	11	92	Leipzig	Balte	mos.	led.	06	07	23	Strandstraße 9	Hannover	12	09	23	Hannover
149	Klompus, Elfriede		03	07	04	Norderney	Balte	mos.	led.	06	07	23	Strandstraße 9	Hannover	12	09	23	Hannover
196	Kownat, Jakob	Kfm. Angest.	06	06	93	Rostow	Russe	mos.	led.	21	08	23	Poststraße 4	Berlin	01	09	23	Berlin
202	Kopinski, Helene	ohne	14	04	97	Mülhausen	Elsass	isr.	verh.	02	04	23	Knyphausenstraße 23	Mülhausen	27	11	23	Mannheim
210	Kulicke geb. Löwenstein, Edith		17	07	97	Leer	Pr.	mos.	verh.	29	11	23	Gartenstraße 17	Emden	08	03	24	Emden
L																		
21	Lennhoff, Herbert	Schüler	14	03	11	Berlin	Pr.	jüd.		25	05	23	Benekestraße 44	Charlottenburg	31	07	23	Charlottenburg

SaisonarbeiterInnen

1923

Laufende Nr.	Name, Vorname	Beruf	Geburtsdatum T	M	J	Geburtsort	Staatsangehörigkeit	Religion	Fam.-stand	Angemeldet T	M	J	Wohnort, Haus-Nr.	letzter Wohnort	Abgemeldet T	M	J	wohin abgemeldet?
L 37	Levi, Franziska	Stütze	20	05	02	Mannheim	Baden	mos.	led.	19	06	23	Bismarckstraße 4	Mannheim	11	08	23	Mannheim
M 50	Marx, Fanny	Kochlehrling	15	09	05	Deutz	Pr.	isr.	led.	13	06	23	Friedrichstraße 37	Köln	16	08	23	Köln
58	Maurer, Nathan	Musiker	06	01	87	Kolomea	Rum.	mos.	led.	18	06	23	Kirchstraße 8	Essen/Ruhr	29	08	23	Cernanti
68	Meyer, Else	Geschäftsinh.	25	02	83	Düsseldorf	Pr.	isr.	verh.	26	06	23	Luisenstraße 5	Dortmund	24	08	23	Dortmund
69	Meyer, Lotte		17	03	04	Kreuznach	Pr.	isr.		26	06	23	Luisenstraße 5	Dortmund	24	08	23	Dortmund
96	Meyer, Bruno Dr.	Zahnarzt	23	04	89	Bischofsstein (Rössel)	Pr.	mos.	verh.	06	07	23	Kirchstraße 12	Steglitz	08	08	23	Magdeburg
97	Meyer geb. Romer, Martha		08	06	92	Hannover	Pr.	mos.	verh.	06	07	23	Kirchstraße 12	Steglitz	08	08	23	Magdeburg
P 20	Peyser, Louise	Sekretärin	20	06	99	Eschwege	Pr.	jüd.	led.	08	05	23	Benekestraße 44	Eschwege	29	08	23	Eschwege
28	Popper, Eduard	Pächter	10	10	75	Wien	Tsch.sl.	isr.	verh.	17	05	23	„Astoria"	Hamm i.W.	17	09	23	Wien (o. A.)
29	Popper geb. Noizesko, Amalie	Ehefrau	11	12	78	Wien	Tsch.sl.	isr.	verh.	17	05	23	„Astoria"	Hamm i.W.	17	09	23	Wien
30	Popper, Else		03	09	04	Wien	Tsch.sl.	isr.		17	05	23	„Astoria"	Hamm i.W.	17	09	23	Wien
57	Popper, Elisabeth	Angestellte	14	02	03	Wien	Öster.	isr.	led.	04	07	23	„Astoria"	Wien II	01	09	23	unbek. (o. A.)
58	Pieks, Rudolf	Angestellter	20	05	67	Nimeritz	Öster.	isr.	verh.	04	07	23	„Astoria"	Wien IX	01	09	23	unbek. (o. A.)
65	Plaut, Joseph	Vortragskünstler	05	06	79	Detmold	Lippe	mos.	verh.	23	07	23	Luisenstraße 12	Charlottenburg	22	08	23	unbek. (o. A.)
R 65	Ring, Ernst	Juwelier	14	06	95	Georgenberg (Tarnowitz)	Pr.	mos.	verh.	16	06	23	Marktplatz 1	Berlin	28	08	23	Berlin
66	Ring, geb. Wolff, Margarete	Ehefrau	23	12	00	Charlottenburg	Pr.	mos.	verh.	16	06	23	Marktplatz 1	Berlin	28	08	23	Berlin
67	Ring, Julius	Sohn	26	07	22	Berlin	Pr.	mos.		16	06	23	Marktplatz 1	Berlin	28	08	23	Berlin
68	Ring, Clara		20	10	65	Rossberg	Pr.	mos.	verw.	16	06	23	Marktplatz 1	Berlin	28	08	23	Berlin
70	Ruhhalter, Arnold	Kaufmann	17	05	82	Czernowitz	Rum.	mos.	verh	18	06	23	Kirchstraße 8	Essen	15	09	23	Essen (o. A.)

Saisonarbeiter*innen

1923 Laufende Nr.	Name, Vorname	Beruf	Geburtsdatum			Geburtsort	Staatsangehörigkeit	Religion	Fam.-stand	Angemeldet			Wohnort, Haus-Nr.	letzter Wohnort	Abgemeldet			wohin abgemeldet?
			T	M	J					T	M	J			T	M	J	
71	Ruhhalter geb. Maurer, Dora	Ehefrau	19	03	85	Kolomea	Rum.	mos.	verh.	18	06	23	Kirchstraße 8	Essen	15	09	23	Essen (o. A.)
111	Rosenberg, Branislava	Kontoristin	22	12	01	Chrzanow	Pol.	mos.	led.	26	07	23	Mittelstraße 3	Bremen	01	08	23	Bremen
S 10	Salmang, Martha	Gewerbelehrerin	29	10	94	Aachen	Pr.	jüd.	led.	08	05	23	Benekestraße 44	Frankfurt a./M.	11	06	23	Frankfurt a./M.
21	Saul, Manfred	Kaufmann	04	05	02	Hamburg	Hbg.	mos.	led.	25	05	23	Benekestraße 17	Halberstadt	28	06	23	Halberstadt
30	Salomon, Hertha	Kochlehrling	26	04	05	Werne	Pr.	isr.	led.	13	06	23	Friedrichstraße 37	Werne	21	08	23	Werne a./L.
35	Spiller, Hilde	Geschäftsführerin	12	05	98	Makow	Tsch. Sl.	mos.	led.	25	06	23	Herrenpfad 2	Zehlendorf	14	08	23	Berlin
Sch 25	Schulz, Helene	Lehrerin	28	10	00	Liebstadt/ Ostpreußen	Pr.	jüd.	led.	08	05	23	Benekestraße 44	Dassel (Einbeck)	22	08	23	Liebstadt
124	Schüller, Adolf, Dr.	Zahnarzt	11	12	86	Hindenburg	Pr.	jüd.	led.	13	08	23	Kirchstraße 12	Berlin	03	09	23	Berlin (o. A.)
ST 39	Stern, Edmund	Koch	21	02	00	Niederhochstädt (Landau)	Pr.	isr.	led.	09	07	23	Friedrichstraße 37	Geburtsort	28	08	23	Geburtsort
T 20	Tennenbaum, Albert	Kaufmann	14	10	84	Brest -Litowsk	Pr.	isr.	verh.	07	06	23	Louisenstraße 7	Hannover	01	09	23	Hannover (o. A.)
28	Tobar, Hans-David	Vortragskünstler	28	04	88	Köln	Pr.	isr.	led.	26	06	23	Wilhelmstraße 7	Köln	08	09	23	Köln
W 39	Wall, Anna van der	Kindergärtnerin	03	09	99	Holzminden	Pr.	jüd.	led.	08	05	23	Benekestraße 44	Holzminden	29	8	23	Holzminden

SaisonarbeiterInnen

1932 Lau-fende Nr.	Name, Vorname	Beruf	Geburts-datum T M J	Geburtsort	Staats-ange-hörig-keit	Reli-gion	Fam.-stand	Ange-meldet am T M J	Wohnort Haus-Nr.	letzter Wohnort	Abge-meldet T M J	wohin abgemeldet
A 21	Aals, Fred van	Student	10 02 13	Amsterdam	Holl.	jüd.	led.	30 06 32	Friedrichstraße 24	Berlin-Schöneberg	06 10 32	Berlin
B 56	Blumenthal, Henni	Sekretärin	18 06 09	Berlin	Hess.	jüd.	led.	25 05 32	Benekestraße 44	Charlottenburg	13 09 32	Charlottenburg
63	Beermann, Lotte Kleiner gen. Beer-mann,siehe K 70	Hausangestell-te	30 05 10	Hannover	Pr.	isr.	led.	08 06 32	Benekestraße 44	Hannover		
64	Bernstein, Edith	Gymnastik-lehrerin	13 06 12	Berlin	Pr.	isr.	led.	08 06 32	Benekestraße 44	Berlin	28 06 32	Geburtsort
65	Bergmann, Elisabeth	Schwester	02 06 06	Wolfhagen/Kassel	Pr.	isr.	led.	08 06 32	Benekestraße 44	Hannover	17 09 32	Hannover
69	Bochner, Alexande siehe R. 46	Lehrer	26 02 05	Stuttgart	Pr.	isr.	led.	08 06 32	Benekestraße 44 ab 28.6.32 Gartenstraße 3	Frankfurt a/M.	02 08 32	Frankfurt
92	Bergheim, Jenny	Geschäfts-Inh.	04 11 69	Lissa	Pr.	mos	led.	22 06 32	Strandstraße 11a	Leipzig	14 10 32	Leipzig
129	Bruch, Eva	Gymnastik-lehrerin	28 09 06	Magdeburg	Pr.	jüd.	verh.	07 07 32	Benekestraße 44	Berlin-Charlottenburg	17 08 32	Charlottenburg
160	Ballo, Hilde	Kindergärtnerin	24 06 10	Berlin	Pr.	jüd.	led.	10 08 32	Benekestraße 44	Charlottenburg	06 09 32	Charlottenburg
C 21	Caro, geb. Moses verw. van Aals, Gertrud	Geschäfts-inhaberin	17 05 87	Walsrode	Pr.	jüd.	verw.	28 05 32	Friedrichstraße 24	Berlin	08 12 32	Berlin
23	Cohn, Erna	Kindergärtnerin	04 11 10	Hannover	Pr.	jüd.	led.	08 05 32	Benekestraße 44	Geburtsort	05 09 32	Geburtsort
D 27	David, Selma	Lehrerin	12 09 12	Breslau	Pr.	jüd.	led.	08 06 32	Benekestraße 44	Breslau	06 08 32	auf Reisen
E 19	Elias, Magda	Kindergärtnerin	17 11 11	Darmstadt	Hess.	jüd.	led.	08 05 32	Benekestraße 44	Darmstadt	29 08 32	Geburtsort
F 52	Fellner, Bernhard	Privatbeamter	06 03 71	Mattersburg	Österr.	mos.	verh.	30 06 32	Bismarckstraße 4	Wien	05 09 32	Wien

Saisonarbeiterinnen

1932

Laufende Nr.	Name, Vorname	Beruf	Geburtsdatum T	M	J	Geburtsort	Staatsangehörigkeit	Religion	Fam.-stand	Angemeldet am T	M	J	Wohnort Haus-Nr.	letzter Wohnort	Abgemeldet T	M	J	wohin abgemeldet
G 34	Goldstein, Hannah	Kindergärtnerin	16	05	12	Darmstadt	Hess.	isr.	led.	08	06	32	Benekestraße 44	Köln	05	09	32	Berlin
49	Goldschmidt, Minna	Stütze	27	06	87	Rosenthal	Pr.	mos.	led.	01	07	32	Bismarckstraße 4	Geburtsort	20	10	32	Geburtsort
H 45	Heimann, Ella	Kindergärtnerin	19	04	13	Plauen	Sa.	jüd.	led.	08	06	32	Benekestraße 44	Würzburg	29	08	32	
102	Hamburger, Herta	Praktikantin	04	07	06	Herzberg	Pr.	mos.	led.	04	07	32	Gartenstraße 3	Berlin	23	08	32	Berlin
J 13	Joachimczyk, Lotte	Haush. Lehrerin	28	05	08	Liegnitz	Pr.	isr.	led.	25	05	32	Benekestraße 44	Liegnitz	05	09	32	auf Reisen 28.09.32: Caputh, Potsdamer Str. 18
38	Joseph, Gertrud	Kochlehrling	16	12	12	Trier	Pr.	isr.	led.	09	08	32	Bismarckstraße 4	Geburtsort	23	09	32	Trier
K 49	Kirschenbaum, Marie	Hausang.	12	02	13	Offenbach	Pr.	jüd.	led.	08	06	32	Benekestraße 44	Hannover	05	09	32	Hannover
70	Kleiner gen. Beermann, Lotte siehe B 63	Hausang.	30	05	10	Hannover	Pol. B 63 Pr.	jüd.	led.	22	06	32	Benekestraße 44	Geburtsort	05	09	32	Geburtsort
L 24	Landsberger, Eva	Heimleiterin	06	01	05	Breslau	Pr.	jüd.	led.	25	05	32	Benekestraße 44	Charlottenburg	20	09	32	auf Reisen
M 20	Mannheimer, Fränze	Heimleiterin	03	11	04	Wolfenbüttel	Pr.	jüd.	led.	25	05	32	Benekestraße 44	Caputh	20	09	32	Caputh/ Potsdam
22	Moses, Martha	Stütze	28	01	02	Lüdenscheidt	Pr.	isr.	led.	01	06	32	Friedrichstraße 24	Geburtsort	08	12	32	Geburtsort
52	Marschik, Hans	Erzieher	02	12	09	Berlin	Pr.	jüd.	led.	28	06	32	Benekestraße 44	Geburtsort	01	08	32	Berlin
53	Manasse, Sigmund	Tanzlehrer	13	05	99	Wrescher	Pr.	jüd.	verh.	28	06	32	Poststraße 6	Breslau	27	08	32	Breslau
54	Manasse, geb. Altmann, Edith	Ehefrau	31	10	03	Breslau	Pr.	jüd.	verh.	28	06	32	Poststraße 6	Breslau	27	08	32	Breslau
N 9	Netheim, Lotte	Hausbeamtin	20	06	13	Norden	Pr.	jüd.	led.	25	05	32	Benekestraße 44	Geburtsort	17	09	32	Norden
14	Nussbaum, Gretel	Kindergärtnerin	02	07	12	Berlin	Pr.	jüd.	led.	08	06	32	Benekestraße 44	Berlin-Lankwitz	05	09	32	Berlin-Lankwitz

Saisonarbeiter/innen

1932

Laufende Nr.	Name, Vorname	Beruf	Geburtsdatum T M J	Geburtsort	Staatsangehörigkeit	Religion	Fam.-stand	Angemeldet am T M J	Wohnort Haus-Nr.	letzter Wohnort	Abgemeldet T M J	wohin abgemeldet
P												
55	Philip, Hilde	Hortnerin	20 12 08	Oberhausen	Pr.	jüd.	led.	19 07 32	Benekestraße 44	Berlin-Lichterfelde	17 08 32	Berlin-Lichterfelde
R												
46	Rochner, Alexander richtig: Bochner, siehe B 69	Lehrer	26 02 05	Stuttgart	Pr.	jüd.	led.					
93	Rauch geb. Sternberg, Margot	Pianistin	23 12 02	Berlin-Schöneberg	Pr.	mos.	gsch.	21 07 32	Damenpfad 11	Berlin-Wilmersdorf	27 07 32	Berlin-Wilmersdorf
S												
19	Samson, Betty	Hausang.	28 11 08	Aurich	Pr.	isr.	led.	25 05 32	Benekestraße 44	Geburtsort	17 09 32	Geburtsort
25	Sichel, Leni	Haustochter	09 06 12	Hannover	Bay.	jüd.	led.	08 06 32	Benekestraße 44	Geburtsort	13 09 32	Geburtsort
45	Simon geb. Cohn, Jenny	Arztwitwe	30 08 73	Wollstein	Pr.	mos.	led.	04 07 32	Gartenstraße 3	Berlin	22 09 32	Berlin
64	Samson, Resi	Küchenmdch.	29 08 06	Aurich	Pr.	isr.	led.	02 09 32	Moltkestraße 11	Geburtsort	02 09 32	Aurich
Sch 96	Schubert, Hildegard	Buchhalterin	02 08 09	Berlin-Neukölln	Pr.	mos.	led.	21 07 32	Damenpfad 11	Berlin-Charlottenburg	29 07 32	Berlin-Charlottenburg
T												
14	Tobar, Hans-David	Schriftsteller	28 04 88	Köln a/Rh	Pr.	isr.	verh.	17 03 32	Langestraße 11	Geburtsort	29 09 32	Köln
15	Tobar geb. Direktorowitz, Ursel	Ehefrau	26 06 00	Minsk-Rußl.	Pr.	isr.	verh.	17 5 32	Langestraße 11	Köln a./Rh.	29 09 32	Köln
16	Tobar, Theodor		14 05 24	Bremen	Pr.	isr.	led.	17 05 32	Langestraße 11	Köln a./Rh.	29 09 32	Köln
17	Tobar, Liselotte		10 03 26	Köln a./Rh.	Pr.	isr.	led.	17 05 32	Langestraße 11	Köln a./Rh.	29 09 32	Köln

Saisonarbeiterlnnen

1932

Laufende Nr.	Name, Vorname	Beruf	Geburtsdatum			Geburtsort	Staatsangehörigkeit	Religion	Fam.-stand	Angemeldet am			Wohnort Haus-Nr.	letzter Wohnort	Abgemeldet			wohin abgemeldet
			T	M	J					T	M	J			T	M	J	
W 6	Wollenstein, Pinkas	Kaufmann	11	03	75	Kolomea	Pr.	mos.	verh.	08	03	32	Luisenstraße 7	Alfeld /L.	06	07	38	Hannover-Linden
7	Wollenstein, Choja	Ehefrau	12	12	75	Brest-Litowski	Pr.	mos.	verh.	08	03	32	Luisenstraße 7	Alfeld /L.	06	07	38	Hannover-Linden
8	Wollenstein, Ella	Haustochter	01	03	09	Hannover	Pr.	mos.	led.	08	03	32	Luisenstraße 7	Alfeld /L.	27	12	35	Haaren Paderborn
45	Wassermann, Gertrud	Kindergärtnerin	27	04	14	Nürnberg	Bay.	jüd.	led.	08	06	32	Benekestraße 44	Geburtsort	05	09	32	Geburtsort
46	Wolf, Grete	Kindergärtnerin	23	04	10	Halle /S.	Pr.	jüd.	led.	08	06	32	Benekestraße 44	Hannover	20	09	32	Hannover
66	Weinberger, Sara	Kochlehrling	01	06	08	Tarnow	Österr.	isr.	led.	27	06	32	Friedrichstraße 37	Leipzig	31	08	32	Leipzig
67	Weil, Rachel	Kochlehrling	06	06	03	Carno	Tsch. Slov.	isr.	led.	27	06	32	Friedrichstraße 37	Berlin	13	09	32	Berlin
76	Wolff, Wolf	Schlachter	03	06	02	Aurich	Pr.	jüd.	led.	05	07	32	Friedrichstraße 36	Geburtsort				ohne Abmeldung verzogen 14.10.32

SaisonarbeiterInnen

1933 Laufende Nr.	Name, Vorname	Beruf	Geburtsdatum T	M	J	Geburtsort	Staatsangehörigkeit	Religion	Fam.-stand	Angemeldet am T	M	J	Wohnort, Haus-Nr.	letzter Wohnort	Abgemeldet T	M	J	wohin abgemeldet
A 33	Abt, Adele	Heimleiterin	02	01	81	Hannover	Pr.	jüd.	verh.	26	07	33	Luisenstraße 33	Hagen			33	ohne Abm.
36	Aals, Fred von	stud. med.	10	02	03	Amsterdam	Niederl.	jüd.	verh.	14	08	33	Friedrichstraße 24	Geburtsort	17	10	33	Geburtsort
C 17	Cohn, Erna	Kindergärtnerin	04	11	10	Hannover	Pr.	jüd.	led.	06	07	33	Benekestraße 44	Geburtsort	09	09	33	Geburtsort
H 53	Hirschheimer, Elisabeth	Kindergärtnerin	02	02	09	Straßburg	Pr.	jüd.	led.	03	06	33	Benekestraße 44	Heilbronn	26	06	33	Heilbronn
126	Heimann, Ella	Kindergärtnerin	19	04	13	Plauen	Pr.	jüd.	led.	14	07	33	Benekestraße 44	München	30	08	33	München
162	Horwitz geb. Samson, Ida		23	04	84	Herbern i./W.	Pr.	mos.	gsch.	23	10	33	Bismarckstraße 5 zugez. 15.04.22	Hannover				verz. ohne Abmeldung
163	Horwitz, Franz	Sohn	28	06	07	Hannover	Pr.	mos.	led.	23	10	33	Bismarckstraße 5 zugez. 15.04.22	Hannover				verz. ohne Abmeldung
164	Horwitz, Elisabeth	Tochter	16	10	08	Hannover	Pr.	mos.	led.	23	10	33	Bismarckstraße 5 zugez. 15.04.22	Hannover	23	10	33	Duisburg
K 127	Katz, Ilse	Kindergärtnerin	21	09	12	Kassel	Pr.	jüd.	led.	13	07	33	Benekestraße 44	Geburtsort	21	07	33	Geburtsort
L 23	Landsberger, Eva	Jugendleiterin	06	01	06	Breslau	Pr.	jüd.	led.	01	06	33	Benekestraße 44	Berlin-Charlottenbg.	30	08	33	auf Reisen
M 22	Mannheimer, Fränze	Hausbeamtin Heimleiterin	03	11	04	Wolfenbüttel	Pr.	jüd.	led.	26	05	33	Benekestraße 44	Caputh	13	09	33	auf Reisen
N 4	Netheim, Lotte	Hausbeamtin	20	06	13	Norden	Pr.	jüd.	led.	26	05	33	Benekestraße 44	Norden	13	09	33	Norden
P 24	Philip, Hilde	Hortnerin	20	12	08	Oberhausen	Pr.	mos	led.	01	06	33	Benekestraße 44	Berlin-Lichterfelde	30	08	33	Berlin-Lichterfelde
25	Paechter geb. Gotthilf, Emilie		12	04	57	Elbing	Pr.	jüd.	verw.	06	06	33	Gartenstraße 2	Berlin	12	08	33	Berlin
48	Pinkus, Gerda	Gymnast. Lehrerin	17	12	14	Dortmund	Pr.	jüd.	led.	08	07	33	Gartenstraße 3	Berlin-Charlottenbg.	30	07	33	Berlin-Charlottenbg.

SaisonarbeiterInnen

1933 Laufende Nr.	Name, Vorname	Beruf	Geburtsdatum T	M	J	Geburtsort	Staatsangehörigkeit	Religion	Fam.-stand	Angemeldet am T	M	J	Wohnort, Haus-Nr.	letzter Wohnort	Abgemeldet T	M	J	wohin abgemeldet
R 38	Rosam geb. Simonsohn, Charlotte	Hortnerin	25	11	03	Tiegenhof	Pr.	jüd.	ge-sch.	16	06	33	Gartenstraße 3	Berlin-Wilmersdorf		09	33	ohne Abmeldung verz.
S 13	Samson, Betty	Köchin	28	11	08	Aurich	Pr.	jüd.	led.	26	05	33	Benekestraße 44	Geburtsort	09	09	33	Geburtsort
21	Simonsohn, Kaete	Pens.-Inhaberin	23	04	76	Tiegenhof	Pr.	jüd.	verw.	06	06	33	Gartenstraße 3	Berlin	04	08	33	Berlin
45	Simon, Jenny	Heiminhaberin	30	08	73	Wollstein-Posen	Pr.	mos.	verw.	05	07	33	Gartenstraße 3	Berlin			33	ohne Abmeldung
50	Spicker, Max	Croupier	07	11	94	Königsberg i.Pr.	Pr.	mos.	verh.	13	07	33	Bogenstraße 6	Berlin	31	08	33	Berlin
51	Samson, Resi	Hausangestellte	29	08	06	Aurich	Pr.	mos.	led.	14	07	33	Benekestraße 44	Geburtsort	09	09	33	Geburtsort
55	Spicker, Alice	Ehefrau	20	03	95	Iletzk, Rußl.	Pr.	mos.	verh.	29	07	33	Bogenstraße 6	Berlin	14	08	33	Berlin
56	Spicker, Alfred	Sohn	09	05	22	Königsberg	Pr.	mos.	led.	29	07	33	Bogenstraße 6	Berlin	14	08	33	Berlin
57	Spicker, Margot	Tochter	03	07	30	Berlin	Pr.	mos.	led.	29	07	33	Bogenstraße 6	Berlin	14	08	33	Berlin
Sch 32	Schönfeld, Grete	Sekretärin	28	04	05	Nordstemmen	Pr.	mos.	led.	01	06	33	Benekestraße 44	Geburtsort	13	09	33	Geburtsort
T 14	Tobar, Hans-David	Vortragskünstler	28	04	88	Köln/Rh.	Pr.	isr.	verh.	27	05	33	Langestraße 11	Geburtsort	27	09	33	Geburtsort
15	Tobar geb. Direktorowitz, Ursel	Ehefrau	26	06	00	Minsk	Pr.	isr.	verh.	27	05	33	Langestraße 11	Köln	27	09	33	Köln
16	Tobar, Theodor	Sohn	14	05	24	Bremen	Pr.	isr.	led.	27	05	33	Langestraße 11	Köln	27	09	33	Köln
17	Tobar, Liselotte	Tochter	10	03	26	Köln	Pr.	isr.	led.	27	05	33	Langestraße 11	Köln	27	09	33	Köln
W 29	Weinthal, Lazarus	Kaufmann	29	03	71	Norden	Pr.	mos.	verh.	30	05	33	Kampstraße 10	Norden	30	10	33	Norden
30	Weinthal geb. Treidel, Julia	Ehefrau	06	01	80	Norden	Pr.	mos.	verh.	30	05	33	Kampstraße 10	Geburtsort	30	10	33	Norden
31	Weinthal, Erna	Haustochter	06	09	06	Norden	Pr.	mos.	led.	30	05	33	Kampstraße 10	Geburtsort	30	10	33	Norden
32	Weinthal, Ilse	Haustochter	18	11	09	Norden	Pr.	mos.	led.	30	05	33	Kampstraße 10	Geburtsort	30	10	33	Norden
34	Wolf, Margarete	Kindergärtnerin	23	4	10	Halle a./S.	Pr.	mos.	led.	30	05	33	Benekestraße 44	Hannover	19	08	33	Hannover

Ausländische Juden

Lau-fende Nr.	Name, Vorname	Beruf	Geburts-datum, Geburtsort	Staats-ange-hörigkeit	Reli-gion	Fam.-stand	Letzter Wohnort	Tag des Anzugs	Tag des Abzuges	Wohin Abzug erfolgt	Hiesige Wohnung, Straße, Nr.
1906-1911											
11	Lindemann, Sophie	Dienstmäd-chen	20.10.87 Tübbergen	Holland	mos.	led.	Lathen	06.07.06	12.09.06	Lathen	Friedrichstraße 37
18	Tennenbaum, Kalmann	Kellner	01.02.85 Leva	Ungarn	mos.	led.	Bremerhaven	25.06.07	31.08.07	Bremerhaven	Heinrichstraße 5
28	Goldberger, Deisa	Schneiderin	15.10.83 Ciezkourec Grylow	Österreich	mos.	led.	Wilhelmsha-ven	02.07.07	05.09.07	Wilhelmsha-ven	Langestraße 4
49	Klompus, Moses	Drechsler	01.11.56, Polangen	Rußland	mos.	verh.	Leipzig	01.03.88			Strandstraße 7
61	Tennenbaum, Kalmann	Kellner	01.02.85 Leva	Österreich	mos.	led.	Lehe	10.06.08	07.08.08	ohne Abmeldung	
79	Fellner, Bernhard	Schächter	06.03.71 Nagy Marten	Ungarn	mos.	verh.	Wien	25.06.08	19.09.08	Wien	Osterstraße 1
84	Wanat, Wikcia	Dienstmagd	10.07.89 Oswiecim	Österreich	isr.	led.	Oswiecim	29.06.08	21.09.08	Oswiecim	Schulstraße 17
85	Wanat, Anna	Dienstmagd	26.06.83 Oswiecim	Österreich	isr.	led.	Oswiecim	29.06.08	21.09.08	Oswiecim	Schulstraße 17
86	Rosenzweig, Berta	Köchin	05.02.57 Schoramor	Österreich	mos.	verh.	Oswiecim	24.06.08	21.09.08	Oswiecim	Schulstraße 17
88	Feldmann, Isaak	Diener	15.05.80 Soleinie	Rußland	isr.	led.	Soleinie	01.07.08	11.09.08	Warschau	Schulstraße 17
89	Feldmann, ?	Diener	10.05.40 Ostrowe	Rußland	isr.	verh.	Ostrowe	01.07.08	11.09.08	Warschau	Schulstraße 17
93	Aronowitz, Rachel	Stütze	26.01.80 Wilkomer	Rußland	isr.	led.	Amsterdam	22.07.08	15.09.08	Amsterdam	Friedrichstraße 37

Ausländische Juden

Laufende Nr.	Name, Vorname	Beruf	Geburtsdatum, Geburtsort	Staatsangehörigkeit	Religion	Fam.-stand	Letzter Wohnort	Tag des Anzugs	Tag des Abzuges	Wohin Abzug erfolgt	Hiesige Wohnung, Straße, Nr.
102	Spilmann, Jankel	Musiker	27.06.83 Meschiretschje	Rußland	isr.	led.	Kiel	06.07.08	31.08.08	Hamburg	Chausseestraße 7
112	Ritter, Ryfka	Stütze	02.09.89 Oswiecim	Österreich	isr.	led.	Berlin	18.07.08	21.09.08	Berlin	Schulstraße 17
117	Schönberg, Isaak	Damenschneider	13.11.79 Chrzanow	Österreich	isr.	led.	Heidelberg	06.08.08	19.09.08	Heidelberg	Schulstraße 17
139	Leuchter, Hermine	Stütze	20.04.88 Negerfalva	Ungarn	isr.	led.	Hannover	08.06.09	02.09.09	Hannover	Karlstraße 6
145	Alfandary, Raphael	Kaufmann	30.07.85 Constantinopel	Türkei	mos.	led.	Berlin	15.06.09	27.09.09	Berlin	Poststraße 2
160	Fellner, Bernhard	Schächter	06.03.71 Nagy Marten	Ungarn	mos.	verh.	Wien	18.06.09	15.09.09	Wien	Osterstraße 1
164	Hess, Alfred	Kaufmann	02.03.87 Weener	Holland	mos.	led.	Weener	12.08.07	19.06.09	Nürnberg	Tollestraße 1
165	Maliniak, Jacob	Musiker	03.12.83 Warschau	Rußland	mos.	verh.	Berlin	19.06.09	30.09.09	Berlin	Winterstraße 20
176	Moser, Mathilde	Aufsichtsfräulein	15.01.88 Bokanof Galizien	Österreich	isr.	led.	Mannheim	26.06.09	06.09.09	Mannheim	Friedrichstraße 37
177	Buchner, Sali	Dienstmädchen	23.08.84 Chrzanow	Österreich	isr.	led.	Chrzanow	28.06.09	21.09.09	Chrzanow	Schulstraße 17
178	Schönberg, Adolph		02.05.01 Chrzanow	Österreich	isr.	led.	Geburtsort	28.06.09	21.09.09	Oswiecim	Schulstraße 17
179	Schönberg, Isaak	Schneider	23.11.79 Chrzanow	Österreich	isr.	led.	Geburtsort	28.06.09	21.09.09	Oswiecim	Schulstraße 17

Ausländische Juden

Laufende Nr.	Name, Vorname	Beruf	Geburtsdatum, Geburtsort	Staatsangehörigkeit	Religion	Fam.-stand	Letzter Wohnort	Tag des Anzugs	Tag des Abzuges	Wohin Abzug erfolgt	Hiesige Wohnung, Straße, Nr.
180	Rosenzweig verw. Markus geb. Schönberg, Fallce	Pensionsinhaberin	16.08.75 Chrzanow	Österreich	isr.	verh.	Geburtsort	28.06.09	21.09.09	Oswiecim	Schulstraße 17
181	Rosenzweig, Toni		21.05.93 Oswiecim	Österreich	isr.	led.	Geburtsort	28.06.09	21.09.09	Oswiecim	Schulstraße 17
182	Garlus, Caroline	Dienstmädch.	15.08.85 Chrisaniav	Österreich	isr.	led.	Oswiciem	28.06.09	21.09.09	Chrzanow	Schulstraße 17
185	Friedemann, Marianne	Dienstmädch.	07.02.91 Oswiecim	Österreich	isr.	led.	Bremen	28.06.09	21.09.09	Oswiecim	Schulstraße 17
186	Feldmann, Schaul	Schuster	19.02.40 Siedlce	Rußland	isr.	verh.	Krakau	28.06.09	21.09.09	Warschau	Schulstraße 17
212	Alfandary, Salomon		20.05.80 Constantinopel	Türkei	isr.	verh.	Berlin	19.07.09	23.09.09	Berlin	Friedrichstraße 8
275	Schuster, Henriete	Kochhilfe	18.12.90 Lodz	Rußland	isr.		Halberstadt	20.06.10	07.09.10	Halberstadt	Knyphausenstraße 20
276	Wolf, ?	Arbeiter	18.12.64 ?	Holland	mos.	led.	Neu Geltow	20.06.10	01.10.10	Göttingen	Benekestraße 55
289	Fellner, Bernhard	Schächter	06.03.71 ?	Ungarn	mos.	verh.	Wien	20.06.10	16.09.10	Wien	Osterstraße 1
292	Caffé, Albert	Kaufm.-lehrl.	15.03.89 Constantinopel	Türkei	jüd.	led.	Constantinopel	27.06.10	29.09.10	Berlin	Poststraße 2
294	Alfandary, Raphael	Kaufmann	30.07.85 Constantinopel	Türkei	mos.	led.	Berlin	28.06.10	05.10.10	Berlin	Poststraße 2
309	Bulwyk, Estha	Köchin	23.07.85 Borei, Coron	Rußland	isr.	led.	Borei	05.07.10	23.09.10	Rußland	Schulstraße 17
310	Feldmann, Schaul	Diener	19.12.40 Siedlce	Rußland	isr.	verh.	Lüblin	05.07.10	23.09.10	Warschau	Schulstraße 17

Ausländische Juden

Laufende Nr.	Name, Vorname	Beruf	Geburtsdatum, Geburtsort	Staatsangehörigkeit	Religion	Fam.-stand	Letzter Wohnort	Tag des Anzugs	Tag des Abzuges	Wohin Abzug erfolgt	Hiesige Wohnung, Straße, Nr.
313	Ruter, Toni		05.08.93 Oswiecim	Österreich	isr.	led.	Oswiecim	05.07.10	23.09.10	Kaltowitz	Schulstraße 17
314	Rosenzweig geb. Schönberg, Beila		05.02.57 Chrzanow	Österreich	isr.	verh.	Oswiecim	05.07.10	23.09.10	Kaltowitz	Schulstraße 17
315	Schönberg, Isaak	Sohn	30.11.79 Chrzanow	Österreich	isr.	verh.	Oswiecim	05.07.10	23.09.10	Kaltowitz	Schulstraße 17
316	Schönberg, Samuel	Sohn	23.07.98, Chrzanow	Österreich	isr.	led.	Oswiecim	05.07.10	23.09.10	Kaltowitz	Schulstraße 17
341	Rosenblum, Charlotte	Aushilfe	01.05.94 Brzanow	Österreich	isr.	led.	Bremen	06.08.10	16.08.10	Bremen	Schulstraße 17
358	Wolf, Leopold	Heizer	18.12.64 Boxmer	Holland	mos.	led.	Göttingen	01.06.11	07.09.11	Berlin	Kaiserstraße 16
364	Eisenberg, Abraham	Schlachter	24.02.76 Kow...	Rußland	isr.	gesch.	Posen	05.06.11	22.08.11	unbekannt	Karlstraße 6
395	Caffè, Albert	Verkäufer	30.07.85 Constantinopel	Türkei	isr.	led.	Berlin	16.06.11	27.09.11	Berlin	Poststraße 2
409	Conegliano, Julius	Volontär	12.02.94 Triest	Italien	mos.	led.	Triest	26.06.11	30.08.11	unbekannt	Bismarckstraße 4
413	Bulwyk, Esther	Köchin	23.07.85 Borei, Choron	Rußland	isr.	led.	Geburtsort	26.06.11	19.09.11	Geburtsort	Schulstraße 17
414	Friedmann, Maria	Dienstmädch.	10.02.91 Oswiecim	Österreich	isr.	led.	Berlin	27.06.11	17.08.11	Oswiecim	Schulstraße 17
415	Feldmann, Spoel	Schächter	14.12.40 Siedlce	Rußland	isr.	verh.	Warschau	26.06.11	19.09.11	Warschau	Schulstraße 17
416	Schönberg, Isaak	Sohn	30.11.79 Chrzanow	Österreich	isr.	verh.	Oswiecim	26.06.11	19.09.11	Kaltowitz	Schulstraße 17

Ausländische Juden

Laufende Nr.	Name, Vorname	Beruf	Geburtsdatum, Geburtsort	Staatsangehörigkeit	Religion	Fam.-stand	Letzter Wohnort	Tag des Anzugs	Tag des Abzuges	Wohin Abzug erfolgt	Hiesige Wohnung, Straße, Nr.
417	Schönberg, Adolf	Sohn	13.08.01 Chrzanow	Österreich	isr.	led.	Oswiecim	26.06.11	19.09.11	Kaltowitz	Schulstraße 17
418	Rosenzaweig geb. Schönberg, Beila		05.02.57 Chrzanow	Österreich	isr.	verh.	Oswiecim	26.06.11	19.09.11	Kaltowitz	Schulstraße 17
420	Armin, Gottlieb	Graphologe	29.11.84 Temeswer	Ungarn	mos.	led.	Oldenburg	30.06.11	31.07.11	Reisen	Wilhelmstraße 7
445	Singer, Samuel	Kapellmeister	12.04.79 Mittelburg	Ungarn	mos.	verh.	Altona	07.07.11	07.09.11	Altona	Chausseestraße 7
446	Singer geb. Klein, Regina	Ehefrau	03.02.92 Altona	Ungarn	mos.	verh.	Altona	07.07.11	07.09.11	Altona	Chausseestraße 7
447	Singer, Franziska	Tochter	24.03.1911 Altona	Ungarn	mos.	led.	Altona	07.07.11	07.09.11	Altona	Chausseestraße 7
453	Alfandary, Salomon	Kaufmann	20.05.80 Constantinopel	Türkei	mos.	verh.	Berlin	12.07.11	26.09.11	Berlin	Poststraße 7
454	Alfandary geb. David, Lina	Ehefrau	12.02.75 Constantinopel	Türkei	mos.	verh.	Berlin	12.07.11	26.09.11	Berlin	Poststraße 7
455	Alfandary, Albert	Sohn	27.04.05 Berlin	Türkei	mos.	led.	Berlin	12.07.11	26.09.11	Berlin	Poststraße 7
463	Schaller, Fritz	Kellner	02.05.80 Stolomar Galizien	Österreich		led.	Glücksburg	17.07.11	31.07.11	Reisen	Wedelstraße 8
1912											
44	Caffeè, Albert	Kaufmann	15.03.89 Constantinopel	Türkei	mos.	led.	Berlin	18.06.12	27.09.12	Berlin	Kreuzstraße 2
45	Fellner, Bernhard	Schächter	06.03.71 Mattersdorf	Ungarn	mos.	verh.	Wien	18.06.12	06.09.12	Wien	Osterstraße 1

Ausländische Juden

Laufende Nr.	Name, Vorname	Beruf	Geburtsdatum, Geburtsort	Staatsangehörigkeit	Religion	Fam.-stand	Letzter Wohnort	Tag des Anzugs	Tag des Abzuges	Wohin Abzug erfolgt	Hiesige Wohnung, Straße, Nr.
56	Rosenritter, Anna	Dienstmädchen	22.05.94 Bendzin	Rußland	isr.	led.	Geburtsort	22.06.12	09.09.12	Berlin	Schulstraße 17
57	Rosenzweig geb. Schönberg, Beile	Pensionsinhaberin	05.02.57 Chrzanow	Oesterreich Ungarn	isr.	verh.	Oswiecim	22.06.12			Schulstraße 17
60	Krakauer, Chaim	Diener	? 95 Bendzin	Rußland	isr.	led.	Geburtsort	22.06.12	09.09.12	Kattowitz	Schulstraße 17
72	Tennenbaum, Kalman	Kellner	01.02.83 Zeora	Ungarn	mos.	led.	Göttigen	28.06.12	23.08.12	Bremerhaven	Heinrichstraße 5
130	Alfandary, Salomon	Kaufmann	04.09.77 Constantinopel	Türkei	mos.	verh.	Berlin	12.07.12			Poststraße 7
131	Alfandary geb. David, Luna	Ehefrau	12.02.75 Constantinopel	Türkei	mos.	verh.	Berlin	12.07.12			Poststraße 7
132	Alfandary, Albert	Sohn	27.04.1905 Constantinopel	Türkei	mos.	led.	Berlin	12.07.12			Poststraße 7
133	Alfandary geb. Mischon, Rifke	Witwe	20.05.54 Constantinopel	Türkei	mos.	verw.	Berlin	12.07.12			Poststraße 7

Ausländische Juden

Laufende Nr.	Name, Vorname	Beruf	Geburtsdatum, Geburtsort	Staatsangehörigkeit	Religion	Fam.-stand	Letzter Wohnort	Tag des Anzugs	Tag des Abzuges	Wohin Abzug erfolgt	Hiesige Wohnung, Straße, Nr.
1913											
24	Loesmann, Oskar	Kommis	22.10.88 Merssen	Holland	mos.	led.	Stolberg (Rh)	03.06.13	30.09.13	Oldenburg	Maybachstraße 11
50	Fellner, Bernhard	Schächter	06.03.71 Martern	Ungarn	mos.	verh.	Wien	20.06.13	15.09.13	Wien	Osterstraße 1
77	Weinberg, Lina	Küchenfrau	10.07.51 Warschau	Rußland	isr.	verw.	Köln	02.07.13	25.07.13	Köln	Friedrichstraße 7
81	Bulwick, Estera	Stütze	18.03.91 Faslrzale	Rußland	mos.	led.	Geburtsort	04.07.13	07.10.13	Geburtsort	Schulstraße 17
82	Bibryczky, Sofia	Hausmädchen	? 02.83 Oswiecim	Oesterreich	mos.	led.	Geburtsort	04.07.13	27.09.13	Oswiecim	Schulstraße 17
83	Gutter, Jetty	Stütze	02.10.93 Chrzanow	Oesterreich	mos.	led.	Geburtsort	04.07.13	17.09.13	Geburtsort	Schulstraße 17
85	Krakauer, Chaim	Schächter	02.95 Bendsin	Polen	mos.	led.	Geburtsort	04.07.13	07.10.13	Geburtsort	Schulstraße 17
87	Rosenzweig, Beile	Pensionsinhaberin	05.02.57 Chrzanow	Oesterreich	mos.	verh.	Geburtsort	04.07.13	27.09.13	Oswiecim	Schulstraße 17
88	Rosenzweig, Regina	Tochter	27.05.90 Oswiecim	Oesterreich	mos.	led.	Geburtsort	04.07.13	27.09.13	Geburtsort	Schulstraße 17
89	Rosenzweig, Samuel	Sohn	12.08.99 Oswiecim	Oesterreich	mos.	led.	Geburtsort	04.07.13	27.09.13	Oswiecim	Schulstraße 17
119	Rosenzweig, Regina		07.09.90 Oswiecim	Oesterreich	mos.	led.	Geburtsort	26.08.13	27.09.13	Berlin	Schulstraße 17
123	Markus, Charlotte	Kindergärtnerin	19.03.94 Budapest	Ungarn	mos.	led.	Leipzig	01.06.13	01.10.13	Leipzig	Benekestraße 44

Ausländische Juden

Laufende Nr.	Name, Vorname	Beruf	Geburtsdatum, Geburtsort	Staatsangehörigkeit	Religion	Fam.-stand	Letzter Wohnort	Tag des Anzugs	Tag des Abzuges	Wohin Abzug erfolgt	Hiesige Wohnung, Straße, Nr.
1914											
14	Kurpatra geb. Kirstein, Maria	Arbeiterin	10.10.80 Ostrowo	Rußland Polen	mos.	verh.	Linden	03.06.14	23.07.14	Hannover-Linden	Benekestraße 44
15	Markus, Charlotte	Kindergärtnerin	19.03.94 Budapest	Rumänien	mos.	led.	Leipzig	04.06.14	17.08.14	Leipzig	Benekestraße 44
20	Spielmann, Chaim	Kapellmeister	24.06.85 Meshire	Rußland	mos.	led.	Plauen i./S.	10.06.14	01.08.14	unbekannt	Luciusstraße 8b
32	Hauser, Julius	Kaufmann	25.06.79 Drohobycz	Österreich	mos.	verh.	Wilhelmshaven	15.06.14			Herrenpfad 7
37	Lever, Abraham	Musiker	16.02.90 Amsterdam	Holland	mos.	led.	Bremen	20.06.14	31.07.14	Holland	Osterstraße 14
47	Fellner, Bernhard	Schächter	06.03.71 NagyMarten	Ungarn	mos.	verh.	Wien	25.06.14	01.08.14	unbekannt	Osterstraße 1
50	Hoogstraat, Salomon	Schlachter	11.02.86 Uithuizen	Holland	isr.	led.	Hamburg	29.06.14	01.08.14	Geburtsort	Bismarckstraße 4
55	Krakauer, Chaim	Diener	08.09.95 Bendzin	Rußland	mos.	verh.	Geburtsort	01.07.14	31.07.14	Krakau	Schulstraße 17
58	Rosenzweig, Berta	Pensionsinhaberin	Chrzanow	Österreich	isr.	verh.	Kattowitz	01.07.14	31.07.14	unbekannt	Schulstraße 17
59	Rosenzweig, Samuel	Sohn	Oswiecim	Österreich	isr.	led.	Kattowitz	01.07.14	31.07.14	unbekannt	Schulstraße 17
90	Szinberger, Franz	Kaufmann	23.02.80 Egres	Ungarn	mos.	led.	Berlin	18.07.14	02.08.14	unbekannt	Seilerstraße 1b
91	Kraus, Fritz	Kaufmann	29.12.60 Szaszow	Ungarn	mos.	verh.	Berlin	18.07.14	02.08.14	unbekannt	Seilerstraße 1b

Ausländische Juden

Laufende Nr.	Name, Vorname	Beruf	Geburtsdatum, Geburtsort	Staatsangehörigkeit	Religion	Fam.-stand	Letzter Wohnort	Tag des Anzugs	Tag des Abzuges	Wohin Abzug erfolgt	Hiesige Wohnung, Straße, Nr.
1919											
19	Manne, Artur	Kaufmann	11.01.00 Hannover	Österreich	mos.	led.	Hannover	25.06.19	23.09.19	Hannover	Wilhelmstraße 2
31	Sellinger, Berta	Haushälterin	09.12.99 Konstantinopel	Ungarn	mos.	led.	Neukölln	05.07.19	15.08.19	Neukölln	Strandstraße 2
46	Löwy, Max	Friseur	Mähr.-Ostrau	Österreich	ev. konv.	verh.	Gardone	15.06.11			Wedelstraße
47	Löwy geb. Meyer, Berta	Ehefrau	15.03.76 Frankfurt a./M.	Österreich	ev. konv.	verh.	Gardone	15.06.11.			Wedelstraße
48	Löwy, Carola	Kind	25.02.09 Gardone	Österreich	ev. konv.		Gardone	15.06.11			Wedelstraße
1920											
4	Wollenstein, Pinkas	Kaufmann	11.03.75 Kolomea	Österreich	mos.	verh.	Hannover	04.03.20			Luisenstraße 7
5	Wollenstein geb. Tennenbaum, Chaia-Jiente	Ehefrau	12.12.75 Brest-Litowsk	Österreich	mos.	verh.	Hannover	04.03.20			Luisenstraße 7
6	Wollenstein, Ella	Tochter	01.03.08 Hannover	Österreich	mos.		Hannover	04.03.20			Luisenstraße 7
7	Sieradzki, Sewald	Kaufmann	07.06.94 Göttingen	Polen	mos.	led.	Dresden	02.04.20	03.06.20	Dresden	Luisenstraße 7
33	Steinkuf, Willi	Filialleiter	30.09.02 New York	Amerika	mos.	led.	Berlin	06.06.20	31.08.20	Berlin	Luisenstraße 10
34	Steinkuf, Lila		03.12.07 Philadelphia	Amerika	mos.	led.	Berlin	06.06.20	31.08.20	Berlin	Luisenstraße 7

Ausländische Juden

Laufende Nr.	Name, Vorname	Beruf	Geburtsdatum, Geburtsort	Staatsangehörigkeit	Religion	Fam.-stand	Letzter Wohnort	Tag des Anzugs	Tag des Abzuges	Wohin Abzug erfolgt	Hiesige Wohnung, Straße, Nr.
39	Kropfeld, Gretchen	Stütze	28.07.94 Rütenbrock (Meppen)	Holland	isr.	led.	Geburtsort	18.06.20	16.09.20	Geburtsort	Karlstraße 6
45	Sass, Joachim	Direktor	16.10.86 Stanislawczyk	Holland	jüd.	verh.	Mülheim (Ruhr)	28.06.20	15.09.20	Mülheim a./Ruhr	Damenpfad 38
55	Wischnitzer, Salomon	Kaufmann	30.03.69 Bileice	Österreich	mos.	verh.	Halle	03.07.20	28.08.20	Halle a./S.	Mittelstraße 3
56	Wischnitzer geb. Knoblauch, Salomea	Ehefrau	04.03.85 Facinirerl	Österreich	mos.	verh.	Halle	03.07.20	28.08.20	Halle a./S.	Mittelstraße 3
62	Marmorek, Lermann	Kaufmann	08.09.54 Tarnopol	Polen	mos.	verh.	Altona	05.07.20	11.09.20	Altona	Bismarckstraße 4
1921											
6	Strauber, Bertha	Dienstmädchen	26.12.00 Obertin Koloma	Ukraine	jüd.	led.	Hannover	18.04.21	14.10.21	Zutphen (Holland)	Benekestraße 44
20	Klompus, Moritz	Kaufmann	01.11.56 Polangen	Balte	jüd.	verh.	Hannover	07.06.21	20.10.21	Hannover	Strandstraße 9
21	Klompus, Gertrud		02.11.92 Leipzig	Balte	jüd.	led.	Hannover	07.06.21	20.10.21	Hannover	Strandstraße 9
22	Klompus, Grete		17.01.00 Norderney	Balte	jüd.	led.	Hannover	07.06.21	20.10.21	Hannover	Strandstraße 9
51	Sarlawsky, Gerson	Musiker	23.01.99 Poltawa	Ukraine	mos.	led.	Berlin	02.07.21	31.08.21	Berlin	Osterstraße 13
59	Skrzypce, Itzek	Musiker	12.03.88 Plonsk	Rußland	mos.	verh.	Berlin	02.07.21	07.09.21	Berlin	Josefstraße 29

Ausländische Juden

Laufende Nr.	Name, Vorname	Beruf	Geburtsdatum, Geburtsort	Staatsangehörigkeit	Religion	Fam.-stand	Letzter Wohnort	Tag des Anzugs	Tag des Abzuges	Wohin Abzug erfolgt	Hiesige Wohnung, Straße, Nr.
60	Skrzypce geb. Szezygial, Rachel	Ehefrau	27.07.88 Schumlin	Rußland	mos.	verh.	Berlin	02.07.21	07.09.21	Berlin	Josefstraße 29
61	Skrzypce, Thea	Kind	11.05.18 Berlin	Rußland	mos.		Berlin	02.07.21	07.09.21	Berlin	Josefstraße 29
73	Marmoreck, Bermann	Aufsichtsbeamter	08.09.54 Tarnopol	Österreich	mos.	verh.	Altona	12.07.21	22.09.21	Altona	Bismarckstraße 4
76	Gutkind, Ludwig	Musik-Student	24.09.95 Polotzk	Rußland	mos.	led.	Berlin	12.07.21	15.09.21	Berlin	Chausseestraße 30
86	Geczynski, Bella	Friseuse	13.06.99 Berlin	Polen	jüd.	led.	Berlin	01.08.21	09.09.21	Elberfeld	Kirchstraße 12
89	Rosenzweig, Abraham	Restaur.	10.02.54 Nororadomsk	Polen	isr.	verh.	Kattowitz	31.07.21	18.08.21	Kattowitz	Wiedaschstraße 13
90	Rosenzweig, Beila	Ehefrau	05.02.57 Chrzanow	Polen	isr.	verh.	Kattowitz	31.07.21	18.08.21	Kattowitz	Wiedaschstraße 13
1922-1924											
3	Löwy, Max	Friseur	27.09.80 Mähr.Ostrau	Österreich	ev. konv.	verh.	Gardone	15.06.11			Wedelstraße 3
4	Löwy geb. Meyer, Berta	Ehefrau	15.03.76 Frankfurt a./M.	Österreich	ev. konv.	verh.	Gardone	15.06.11			Wedelstraße 3
5	Löwy, Karola	Kind	25.02.09 Gardone	Österreich	ev. konv.		Gardone	15.06.11			Wedelstraße 3
9	Wollenstein, Pinkas	Kaufmann	11.03.75 Kolomea	Österreich	mos.	verh.	Hannover	04.03.20			Luisenstraße 7

Ausländische Juden

Laufende Nr.	Name, Vorname	Beruf	Geburtsdatum, Geburtsort	Staatsangehörigkeit	Religion	Fam.-stand	Letzter Wohnort	Tag des Anzugs	Tag des Abzuges	Wohin Abzug erfolgt	Hiesige Wohnung, Straße, Nr.
10	Wollenstein geb. Tennenbaum, Chaia-Jiente	Ehefrau	12.12.75 Brest-Litowsk	Österreich	mos.	verh.	Hannover	04.03.20			Luisenstraße 7
11	Wollenstein, Ella	Kind	01.03.08 Hannover	Österreich	mos.		Hannover	04.03.20			Luisenstraße 7
29	Holzer, Adolf	Kaufmann	14.04.00 Leipzig	Ukraine	mos.	led.	Berlin	01.06.22	30.08.22	Berlin	Herrenpfad 3
30	Tennenbaum, Bernhard	Kaufmann	10.11.62 Brest-Litowsk	Polen	mos.	verh.	Hannover	17.05.22	31.05.22	Hannover	Luisenstraße 7
34	Ruhhalter, Arnold	Kaufmann	17.05.82 Ozernowitz	Neu-Rumänien	mos.	verh.	Essen-Ruhr	05.06.22	16.09.22	Essen-Ruhr	Kamp 5
35	Ruhhalter geb. Maurer, Dora	Ehefrau	19.03.85 Kolomea	Neu-Rumänien	mos.	verh.	Essen-Ruhr	05.06.22	16.09.22	Essen-Ruhr	Kamp 5
36	Subat, Joachim	Musiker	15.08.74 Odessa	Ukraine	isr.	led.	Wiesbaden	05.06.22	11.09.22	Recklinghausen	Luisenstraße 12
39	Bindefeld geb. Kalker, Rosa	Mieterin	07.06.93 Sieniawa	Polen	jüd.	verh.	Berlin	08.06.22	21.07.22	unbekannt	Kaiser-Wilhelm-Platz 3
40	Maurer geb. Buchbinder, Lina	Ehefrau	03.01.83 Sniatyn	Rumänien	jüd.	verh.	Bremen	13.06.22	19.09.22	Bremen	Kamp 5
43	Bernstein, May	Pächter	28.01.90 Krakau	staatenlos	jüd.	verh.	Berlin	08.06.22	01.09.22	Berlin	Kaiser-Wilhelm-Platz 3
53	Stern, Helene	Photografin	01.05.93 Saaz	Tscheche	mos.	led.	Saaz	18.06.22	16.09.22	Saaz	Damenpfad 21
55	Fellner, Bernhard	Privatbeamter	06.03.71 Mattersdorf (Burgenland)	Österreich	mos.	verh.	Wien	23.06.22	08.09.22	Wien	Maybachstraße 5

Ausländische Juden

Laufende Nr.	Name, Vorname	Beruf	Geburtsdatum, Geburtsort	Staatsangehörigkeit	Religion	Fam.-stand	Letzter Wohnort	Tag des Anzugs	Tag des Abzuges	Wohin Abzug erfolgt	Hiesige Wohnung, Straße, Nr.
59	Bargeboer, Adolf	Viehhändler	09.08.68 Winschoten	Holland	mos.	verh.	Hannover	01.07.22	15.09.22	Hannover	Damenpfad 31
60	Bargeboer geb. Kirchheimer, Minna	Ehefrau	07.09.67 Nieheim	Holland	mos.	verh.	Hannover	01.07.22	15.09.22	Hannover	Damenpfad 31
62	Fellner geb. Glückselig, Bertha	Ehefrau	14.04.78 Wien	Österreich	mos.	verh.	Wien	06.07.22	28.07.22	Wien	Maybachstraße 5
63	Forscher, Salomon	Pianist	08.07.05 Brzesko	Österreich	mos.	led.	Berlin	07.07.22	30.08.22	Berlin	Josefstraße 22
66	Klompus, Moritz	Kaufmann	01.11.56 Polangen	Balte	mos.	verh.	Hannover	07.07.22	26.10.22	Hannover	Strandstraße 9
67	Klompus, Georg	Kaufmann	30.10.96 Leipzig	Balte	mos.	led.	Hannover	07.07.22	13.09.22	Hannover	Strandstraße 9
68	Klompus, Margarethe	Hausfrau	17.01.00 Norderney	Balte	mos.	led.	Hannover	07.07.22	26.10.22	Hannover	Strandstraße 9
74	Pardy, Armand	Opernsänger	14.03.83 Budapest	Ungarn	isr.	led.	Düsseldorf	03.07.22	30.08.22	Berlin	Strandstraße 3
80	Beresomsky, Abraham	Kapellmeister	28.07.89 Kiew	Ukraine	mos.	led.	Berlin	15.06.22	11.09.22	Wilmersdorf	Marienstraße 8
81	Grün, Beile	Verkäuferin	06.01.07 Sniatyn	Polen	mos.	led.	Bremen	11.07.22	29.08.22	Bremen	Kamp 5
87	Schäffer, Georg	Kapellmeister	10.05.98 Sofia	Ungarn	isr.	led.	Hagen i.W.	18.07.22	27.07.22	Charlottenburg	Langestraße 9a
89	Zelichowski, Chaim	Photograf	02.10.98 Lodz	Polen	mos.	led.	Wiesbaden	15.07.22	07.09.22	Wiesbaden	Chausseestraße 8
94	Fellner, Elfriede	Erzieherin	15.01.02 Wien	Österreich	mos.	led.	Wien	10.08.22	08.09.22	Wien	Maybachstraße 5

Ausländische Juden

Laufende Nr.	Name, Vorname	Beruf	Geburtsdatum, Geburtsort	Staatsangehörigkeit	Religion	Fam.-stand	Letzter Wohnort	Tag des Anzugs	Tag des Abzuges	Wohin Abzug erfolgt	Hiesige Wohnung, Straße, Nr.
95	Janowski geb. Rapsport, ?	Opernsängerin	21.01.91 Dunaburg	Polen	mos.	verh.	Breslau	02.08.22	01.09.22	Breslau	Marienstraße 7
98	Klompus, Gertrud		02.11.92 Leipzig	Kurland	mos.	led.	Hannover	08.08.22	28.08.22	Hannover	Strandstraße 9
104	Torf, Hermann	Opernsänger	12.12.89 Riga	Lettland	mos.	led.	Aachen	02.08.22	25.08.22	unbekannt	Marienstraße 7
109	Klompus geb. Jacoby, Rosette		15.08.63 Jessnitz	Balte	jüd.	verh.	Hannover	26.09.22	26.10.22	Hannover	Strandstraße 9
110	Kaminski, Peter	Musiker	03.05.77 Slatopol	Rußland	jüd.	verh.	Düsseldorf	01.7.22	11.09.22		Marienstraße 8
1923											
4	Kostar, Gottlieb	Hilfskraft	23.05.67 Kosecko / Kuttenberg	Tsch. Sl.	isr.	verw.	Pilsen	20.05.23	01.09.23	unbekannt	Astoria
5	Popper, Eduard	Pächter	10.10.75 Wien	Tsch. Sl.	isr.	verh	Hamm	07.05.23	17.09.23	Wien	Astoria
6	Popper geb. Moizesko, Amalia	Ehefrau	11.12.78 Wien	Tsch. Sl.	isr.		Hamm	07.05.23	17.09.23	Wien	Astoria
7	Popper, Else		03.09.04 Wien	Tsch. Sl.	isr.		Hamm	07.05.23	17.09.23	Wien	Astoria
16	Fellner, Bernhard	Privatbeamter	06.03.71 Mattrsdorf (Burgenland)	Österreich	mos.	verh.	Wien	18.06.23	27.08.23	Wien	Maybachstraße 5
17	Maurer, Nathan	Musiker	06.01.87 Kolomea	Rumänien	mos.	led.	Essen	16.06.23	29.08.23	Cernanti	Kirchstraße 8
18	Ruhalter, Arnold	Kaufmann	17.05.82. Czernowitz	Rumänien	mos.	led.	Essen	16.06.23	15.09.23	Essen	Kirchstraße 8

Ausländische Juden

Laufende Nr.	Name, Vorname	Beruf	Geburtsdatum, Geburtsort	Staatsangehörigkeit	Religion	Fam.-stand	Letzter Wohnort	Tag des Anzugs	Tag des Abzuges	Wohin Abzug erfolgt	Hiesige Wohnung, Straße, Nr.
19	Ruhalter geb. Maurer, Cora	Ehefrau	19.03.85 Kolomea	Rumänien	mos.	led.	Essen	16.06.23	15.09.23	Essen	Kirchstraße 8
21	Spiller, Gilde	Geschäftsf.	12.05.98 Makow	Tschech. Slov.	mos.	led.	Zehlendorf	23.06.23	14.08.23	Berlin	Herrenpfad 2
25	Popper, Elisabeth	Angestellte	14.02.03 Wien	Österreich	isr.	led.	Wien	03.07.23	01.09.23	unbekannt	Astoria
26	Piek, Rudolf	Angestellter	20.05.67 Niweritz	Österreich	isr.	verh.	Wien	03.07.23	01.09.23	unbekannt	Astoria
32	Dwoyetz, Gregor	Kaufmann	28.07.93 Ufa	Rußland	mos.	verh.	Berlin	03.07.23	01.09.23	Berlin	Wilhelmstraße 7
33	Dwoyetz, Olga	Ehefrau	05.03.99 Wilna	Rußland	mos.	verh.	Berlin	03.07.23	01.09.23	Berlin	Wilhelmstraße 7
34	Kalobus, Sara	Geschäftsf.	27.08.96 Wilna	Litauen	mos.	led.		03.07.23	01.09.23	Berlin	Wilhelmstraße 7
35	Klompus, Moritz	Kaufmann	01.11.56 Polangen	Balte	mos.	verh.	Hannover	04.07.23	12.09.23	Hannover	Strandstraße 9
36	Klompus geb. Jacoby, Rosette	Ehefrau	15.08.63 Jessnitz	Balte	mos.	verh.	Hannover	04.07.23	12.09.23	Hannover	Strandstraße 9
37	Klompus, Gertrud		02.11.92 Leipzig	Balte	mos.	led.	Hannover	04.07.23	12.09.23	Hannover	Strandstraße 9
38	Klompus, Elfriede		03.07.04 Norderney	Balte	mos.	led.	Hannover	04.07.23	12.09.23	Hannover	Strandstraße 9
40	Bauer, Erwin	Artist	14.12.98 Wien	Österreich	mos.	led.	Wien	07.07.23	16.08.23	Wien	Wilhelmstraße 2
43	Rosenberg, Broniskawa	Kontoristin	22.12.01 Chrzanow	Polen	mos.	led.	Bremen	24.07.23	01.08.23	Bremen	Mittelstraße 3
48	Fellner, Theodor	Student	15.01.05 Wien	Österreich	mos.	led.	Wien	03.08.23	27.08.23	Wien	Maybachstraße 5

Ausländische Juden

Laufende Nr.	Name, Vorname	Beruf	Geburtsdatum, Geburtsort	Staatsangehörigkeit	Religion	Fam.-stand	Letzter Wohnort	Tag des Anzugs	Tag des Abzuges	Wohin Abzug erfolgt	Hiesige Wohnung, Straße, Nr.
50	Grünbaum, Franz Friedrich	Artist	07.04.80 Brünn	Österreich	mos.	verh.	Dresden	01.08.23	01.09.23	unbekannt	Damenpfad 38
51	Grünbaum geb. Herzl, Elisabeth	Ehefrau	28.04.98 Wien	Österreich	mos.	verh.	Dresden	01.08.23	01.09.23	unbekannt	Damenpfad 38
53	Kownat, Jakob	Kfm. Angest.	06.06.93 Rostow	Rußland	mos.	led.	Berlin	12.08.23	01.09.23	Berlin	Poststraße 4
55	Kopinsky, Helene	ohne	14.04.97 Mülhausen	Elsaß	isr.	led.	Geburtsort	02.04.23	27.10.23	Mannheim	Knyphausenstraße 23
1924											
5	Beresowsky, Abraham	Musiker	28.07.89 Smila	Ukraine	mos.	led.	Düsseldorf	01.06.24	06.09.24	Düsseldorf	Marienstraße 8
7	Halferson, Salomon	Handlungsgehilfe	20.06.00 Kiew	Rußland	jüd.	led.	Oldenburg	13.06.24	26.09.24	Bremen	Gartenstraße 6
10	Kaminski, Peter	Musiker	03.05.77 Ilotopel	Ukraine	mos.	verh.	Düsseldorf	01.06.24	06.09.24	Düsseldorf	Marienstraße 8
13	Schwarz, Nikolai	Opernsänger	05.05.89 Riga	Balte	mos.	verh.	Berlin	25.05.24	27.08.24	Berlin	Langestraße 6
14	Schwarz geb. Optekmann, Maria	Sängerin	05.10.89 Rostow i.R.	Balte	mos.	verh.	Berlin	25.05.24	27.08.24	Berlin	Langestraße 6
15	Schwarz, Helene	Schülerin	12.02.12 Kattowitz	Balte	mos.		Berlin	25.05.24	27.08.24	Berlin	Langestraße 6
16	Schwarz, Georg		10.06.19 Kiel	Balte	mos.		Berlin	25.05.24	27.08.24	Berlin	Langestraße 6
18	Fellner, Bernhard	Privatbeamter	06.03.71 Mattersdorf	Österreich	mos.	verh.	Wien	24.06.24	08.09.24	Wien	Maybachstraße 5

Ausländische Juden

Lau-fende Nr.	Name, Vorname	Beruf	Geburts-datum, Geburtsort	Staats-ange-hörigkeit	Reli-gion	Fam.-stand	Letzter Wohnort	Tag des Anzugs	Tag des Abzuges	Wohin Abzug erfolgt	Hiesige Wohnung, Straße, Nr.
21	Klompus, Moritz und Ehefrau Rosette	Kaufmann	01.11.56 Polangen	Balte	jüd.	verh.	Hannover	01.07.24	28.10.24	Hannover	Strandstraße 9
22	Klompus, Gertrud		02.11.92 Leipzig	Balte	jüd.	led.	Hannover	01.07.24	28.10.24	Hannover	Strandstraße 9
23	Klompus, Bernhard	Sohn	05.04.01 Norderney	Balte	jüd.	led.	Hannover	01.07.24	28.10.24	Hannover	Strandstraße 9
29	Loemann, Eugen	Metzger	23.07.05 Meerssen	Holland	jüd.	led.	Herne	30.06.24	25.08.24	Duisburg	Bismarckstraße 4
30	Jelichowski, Chaim	Fotograf	07.10.98 Lodz	Polen	mos.	led.	Wiesbaden	11.07.24	01.09.24	unbekannt	Friedrichstraße 8
36	Grünberg, Sallo Paul	Kaufmann	28.09.99 Olkusch	Rußland	jüd.	led.	Oldenburg	18.07.24	13.11.24	Oldenburg	Wedelstraße 8
39	Lehrhaft, Alfred	Gastwirt	16.10.86 Dziwin	Polen	mos.	verh.	Stettin	15.07.24	02.09.24	Stettin	Poststraße 11

Aus dem Verzeichnis der Einwohner
mit Angabe über Stand oder Gewerbe
Auszug aus dem Adressbuch des Nordseebades Norderney
vom 1. Juni 1879 bis 1. Juni 1880

Doppelnennungen möglich, da einzelne Geschäftsführer mehrere Geschäfte vereinten:

Bankgeschäfte

Koppel, Joseph, Adolphsreihe 7 und Bazar 12

Fuhrgeschäfte

Lemmersmann, Abraham, Kamp 19

Gastwirte, jüdische Restauration

Anhalt, Moritz, Friedrichstraße 1
Cohn, Levi, Ehefrau, Friedrichstraße 6
Wall, Abraham van der, Osterstraße 1

Manufakturwarenhandlung

Koppel, Joseph, Adolphsreihe 7 und Bazar 12
Wall, Abraham van der, Bazar 14 und Gartenstraße 2
Weinberg, Moses, Damenpfad 9

Schlächter

Wall, Isaak van der, Herrenpfad 1 u. 2
Lemmersmann, Heimann, Kamp 17
Samson, Jacob, Winterstraße 5

Schuhwarenhandlung

Wall, Abraham van der, Bazar 14

Verzeichnis der Einwohner nach Gewerken

Auszug aus dem Verzeichnis der Einwohner und Gewerken 1880-1881

Bankgeschäft
Koppel, Joseph, Bazar 12

Fuhrmann
Lemmersmann, Abraham, Im Kamp 19

Manufakturwaren
Koppel, Joseph, Bazar 12
Wall, Moses van der, Bazar 14 und Gartenstraße 2
Weinberg, Moses, Damenpfad 9 und Luisenstraße 1

Optiker
Aron, Hirsch, Strandstraße 1

Restauration
Cohen, Levy, Ehefrau, Friedrichstraße 6

Schlachter / Schlächter
Lemmersmann, Heymann, Im Kamp 17
Samson, Jacob, Winterstraße 5
Wall, Isaak van der, Herrenpfad 1 u. 2

Schuhwarenhandlung
Wall, Moses van der, Bazar 14 und Gartenstraße 2

Adressbuch 1882, Gewerbeangaben

Verzeichnis der jüdischen Einwohner mit Angabe über Stand oder Gewerbe.

Antiquitäten

Weinberg, Moses, Damenpfad 9

Gemüse-und Obsthändler

Weinthal, Julius, Kamp ?

Manufakturwaren

Koppel, Joseph, Bäckerstraße 3 und Bazar 12
Koppel, Jacob, Bäckerstraße 3
Löwe, Gottfried de, Schulstraße 2
Löwe, Petrus de, Schulstraße 2
Wall, Abraham van der, Herrenpfad 1

Optiker

Hirsch, Aron, Kirchstraße 3

Putzwaren

Koppel, Joseph, Bazar 12

Jüdische Restauration

Cohn, Levi, Ehefrau, Friedrichstraße 6
Weinberg, Salomon, Langestraße 13
Wall, Abraham van der, Osterstraße 1

Schlachter

Wall, Isaak van der, Herrenpfad 2
Lemmersmann, Heimann, Kamp 17
Vries, Siegfried de, Langestraße 13

Gewerbezweige der Juden auf Norderney im Jahre 1896

Amtliche Verkaufsstelle für Postwertzeichen

Rosenstamm, E., Bismarckstr. 8

Antiquitäten-Handlung

*Cleef, van, Strandstraße 8 (Emden)
*Philipson, Julius, Strandstraße 12 (Emden)

Bernsteinwarenhandlung

*Klompus, Moses, Strandstraße 14 (Leipzig)

Colonialwarenhandlung

*Weinthal, Lazarus, Halemstraße 6 (Norden)

Confektionsgeschäfte

*Koppel, Joseph, Louisenstraße 7 (Norden)

Eisen-, Stahl. und Kurzwarenhandlungen

*Weinberg, Heymann, Damenpfad 31

Galanterie- und Kurzwarenhandlungen

*Weinberg, Heymann, Damenpfad 31

Gast- und Hotel-Wirthe

*Cohn, Auguste geb. Juchenheim, Friedrichstraße 37
*Hoffmann, Heinrich (Hotel Falk), Bismarckstraße 4

Hut- und Mützenhandlungen

*Koppel, Joseph, Louisenstraße 7 (Norden)
*Weinberg, Heymann, Damenpfad 31
Weinberg, Bertha, Wwe., Kampstraße 2

Kurz-, Weiß- und Wollwarenhandlungen

*Koppel, Joseph, Louisenstraße 7 (Norden)
*Weinberg, Heymann, Damenpfad 31
*Weinberg, Bertha, Wwe., Kampstraße 2

Manufacturwarenhandlungen

*Koppell, Joseph, Louisenstraße 7 (Norden)
*Weinberg, Heymann, Damenpfad 31
Weinberg, Bertha, Witwe, Kampstraße 2

Möbelhandlungen

*Koppel, Joseph, Louisenstraße 7 (Norden)
*Wall, Moses van der, Schulstraße 12a
Weinberg, Heymann, Damenpfad 31

Muschelhändler

*Rosenstamm, E. und S., Bismarckstraße 8
*Weinberg, Heymann, Damenpfad 31
Weinberg, Bertha, Witwe, Kampstraße 2

Obst- und Gemüsehändler

*Weinthal, Julius, Halemstraße 6

Optiker

*Hirsch, Aron, Strandstraße 8 (Aurich)

Schlachter

*Lemmersmann, Moses, Karlstr. 6, früher Kamp 17
*Samson, H., Osterstraße 1 (Norden)
*Wall, Isaak von der, Osterstraße 1

Die mit * bezeichneten Einwohner sind nur zur Saison auf der Insel.

Jüdische Geschäftsleute auf Norderney 1905

Antiquitätenhändler
*Cleef, M. v., Strandstraße 8a (Emden)
*Philipson, Julius, Strandstraße 12 (Emden)

Ärzte
*Katzenstein, Dr., Kaiserstraße 11 (Berlin)

Drechsler (Bernstein)
Klompus, Moritz, Strandstaße 9

Fleisch-, Gemüse- und Geflügelhändler
*Weinthal, L., Kampstraße 9 (Norden)

Herren- und Damenmodeartikel
Sinasohn, H., Wilhelmstraße 1 (Berlin)

Hotelier
*Hoffmann, Heinrich, Bismarckstraße 4 (Essen a.R.)

Möbelhändler
Wall, Moses von der, Schulstraße 12a

Muschelwarenhändlerin
Rosenstamm, Sofie (Sophie), Bismarckstraße 8

Optiker
*Hirsch, Aron, Mittelstraße 3 (Aurich)

Pensionen
Bretschneider, Rosa, Wwe., Damenpfad 38
Cohn, Auguste, Frau, Tollestraße 1a
Heimann, Karoline, Fräulein, Marienstraße 7
Rosenstamm, Sofie (Sophie), Fräulein, Bismarckstraße 8

Putz-, Weißwaren- und Badeartikel
*Münster, August, Luisenstraße 7 (Hannover)

Restaurateur
*Hirsch, Iwan, Friedrichstraße 37

Schlachter
Lemmersmann, Moses, Karlstraße 6
Müller, Karl, Bismarckstraße 8
Wall, Isaak von der, Osterstraße 1

Spielwarenhändler
*Bergheim, Auguste, Fräulein, Bismarckstraße 9 (Leipzig)
Rosenstamm, Sofie (Sophie), Bismarckstraße 8

Vereinigte Warenhäuser
Koppel und Weinberg, Poststraße 9
*Koppel, Hermann, Teilhaber des Warenhauses Koppel & Weinberg, Poststraße 9 (Norden)
Weinberg, Heimann, Kaufmann

Zigarrengeschäft
*Bendix, Eduard, Langestraße 4 (Hamburg)

Gewerbe der Juden im Jahre 1911

Die mit einem * bezeichneten Einwohner sind nur während der Badesaison (Juni bis Oktober) anwesend.
Die Einklammerung bedeutet den auswärtigen Wohnsitz.

Antiquitätenhandlungen

*Cleef, J., v., Strandstraße 8a/b (Emden)
*Philipson, J., Strandstraße 12 (Emden)

Delikatessen, koscher Aufschnitt

*Abt, Leo, Friedrichstraße 9 (Bremen)
Lemmersmann, Moses, Karlstraße 6

Drechsler (Bernstein)

Klompus, Moritz, Strandstraße 9

Fisch-Handlung

*Weinthal, Julius, Kampstraße 10 (Norden)

Fräulein und Witwen, Pensionen

Bretschneider, Rosa, Wwe., Damenpfad 38
Cohn, L., Frau, Ww., Tollestraße 1a
Heimann, Caroline, Frl., Marienstraße 7
Wall, C. von der, Frl., Schulstraße 12a

Friseur

*Löwy, Max , Strandstraße 12a und Friedrichstraße 39 (Gardone)

Hotelbesitzer

*Hoffmann, Heinrich (Falk), Bismarckstraße 4 (Essen)

Korbwaren

Klompus, Moritz, Strandstraße 9

Mamufaktur- und Modewaren

Wall, Moses, von der, Schulstraße 12a
*Münster, A., Luisenstraße 7 (Hannover)
Schulenklopper, Gebr., Bismarckstraße 9 (Norden)
Vereinigte Warenhäuser Koppel und Weinberg, Poststraße 9

Möbelhandlungen

Wall, Moses von der, Schulstraße 12a
Vereinigte Warenhäuser Koppel und Weinberg, Poststraße 9

Muschel-Waren

Rosenstamm, E. und S. Bismarckstraße 8
Klompus, Moritz, Strandstraße 9

Obst- und Südfrüchte

*Weinthal, Julius, Kampstraße 10 (Norden)

Optiker

*Hirsch, Aron, Mittelstraße 4 (Aurich)

Restaurants

*Hirsch, Iwan (Warim), Friedrichstraße 37

Schlachter

Lemmersmann, Moses, Karlstraße 6
Müller, Karl, Bismarckstraße 8
Wall, Isaak von der, Osterstraße 1

Spielwaren

*Bergheim, Auguste, Fräulein, Kaiser-Wilhelm-Platz 2 (Leipzig)
Klompus, Moritz, Strandstraße 9

Teppichhandlungen

*Alfandary, S. R., Poststraße 2 (Berlin)

Wild- Geflügel

*Weinthal, J., Kampstraße 10 (Norden)

Zigarrengeschäft

Bendix, Eduard, Damenpfad 32

Gewerbe der Juden auf Norderney 1927 aus dem Verzeichnis der Einwohner 1927

Die mit * bezeichneten Einwohner sind nur zur Saison auf der Insel anwesend.

Drechsler
*Klompus, Moritz, Strandstraße 9

Fischhandlung
Weinthal, Julius, Kampstraße 10

Friseur
*Löwy, Max, Wedelstraße 3

Hotelier / Gästehäuser
Hoffmanns Hotel Falk, Bismarckstraße 4
Hoffmann, Fritz, Hotelbesitzer, Bismarckstraße 4
Hoffmann, Julius, Hotelbesitzer, Gartenstraße 25

Kaufmann
*Klompus, Moritz, Strandstraße 9
*Weinthal, Lazarus, Kampstraße 10
Wollenstein, Pinkas, Luisenstraße 7

Kinderheim
Kinderheim der Zion-Loge, Benekestraße 44

Modewaren
*Tobar, Ursel, Poststraße ?

Parfümerie
Löwy, Max, Poststraße 12

Pension
Heimann, Caroline, Marienstraße 7
Horwitz, Ida, Bismarckstraße 5
Steingießer, Ferdinand Dr., Moltkestraße 11

Privatiere
Rosenstamm, Auguste, Bismarckstraße 8
Rosenstamm, Engeline, Bismarckstraße 8
Rosenstamm, Sophie, Bismarckstraße 8

Restaurant
*Berlin, Frl., Friedrichstraße 37

Schlachter
Lemmersmann, Moses, Karlstraße 6
Müller, Karl, Herrenpfad 2

Gewerbezweige der Juden im Jahre 1935

Die mit einem * bezeichneten Einwohner sind nur während der Saison auf der Insel anwesend.

Hotel
Hoffmann´s Hotel Falk, Bismarckstraße 4

Kaufmann
*Klompus, Moritz, Strandstraße 8
Wollenstein, Pinkas, Luisenstraße 7

Logierhausbesitzer
Steingießer, Ferdinand, Dr. med., Arzt, Moltkestraße 11

Privatiere
*Rosenstamm, Engeline, Bismarckstraße 8

Restaurant
*Horwitz, Ida, Bismarckstraße 5

Schlachter
Müller, Karl, Bismarckstraße 8

Israelitische Restaurationen 1892

Wwe Cohen, Friedrichstraße – Wall v.d., Bismarckstraße. Die Preise der Mittagstafel betragen hier M 2,50 – M 4,00 in einigen noch billiger.

Jüdische Hotels und Restaurants 1906

Name des Hotels bzw. Restaurants, Straße und Nummer	Zahl der		Zimmerpreis für Tag	Preis für		Volle Pension mit Wohnung	Bemerkungen
	Zimmer	Betten		erstes Frühstück	Mittagessen		
Cohns Restaurant, Friedrichstraße 37, Inhaber: Iwan Hirsch	3	4	M 2,-	M 1,-	M 3,50	ohne Wohnung M 38,50 pro Woche	Dieses Grundstück ist zu verkaufen
Hoffmanns Hotel Falk, Bismarckstraße 4 Fernsprecher 384, Inhaber: H. Hoffmann	60	90	M 3,- bis 6,-		Diners M 9,-		

Jüdische Hotels und Restaurants 1910

Name des Hotels bzw. Restaurants, Straße und Nummer	Zahl der		Zimmerpreis für Tag	Preis für		Volle Pension mit Wohnung	Bemerkungen
	Zimmer	Betten		erstes Frühstück	Mittagessen		
Cohns Restaurant, Friedrichstraße 37, Inhaber: Iwan Hirsch	3	4	M 2,-	M 1,-	M 3,50, Abonnement M 3,-	ohne Wohnung M 38,50 pro Woche	Dieses Grundstück ist zu verkaufen Iwan Hirsch, Mannheim
Hoffmanns Hotel Falk, Bismarckstraße 4 Fernsprecher 384, Inhaber: H. Hoffmann	60	90	M 2,- bis 6,- je nach Lage und Jahreszeit	M 1,-	Diners à part im Saal M 2,- Diners an der table d'hote Abonnement M 2,50 Diners à part 2,80 Veranda	von September bis Juni M 42,- Juli und August M 49,- bis 63,- pro Woche	Strandaussicht

Name des Hotels bzw. Restaurants, Straße und Nummer	Zahl der		Zimmerpreis für Tag	Preis für		Volle Pension mit Wohnung	Bemerkungen
	Zimmer	Betten		erstes Frühstück	Mittagessen		
Haus Anhalt, Damenpfad 38, Rosa Brettschneider		27	nach Vereinbarung	M 0,80 - 1,-			1 Glas-Veranda, Seeaussicht. Dieses Haus ist zu verkaufen

Jüdische Hotels und Restaurants 1911

Name des Hotels bzw. Restaurants, Straße und Nummer	Zahl der		Zimmerpreis für Tag	Preis für		Volle Pension mit Wohnung	Bemerkungen
	Zimmer	Betten		erstes Frühstück	Mittagessen		
Cohns Restaurant Friedrichstraße 37 Inhaber: Iwan Hirsch	3	4	M 2,-	M 1,-	M 3,50, Abonnement M 3,-	ohne Wohnung M 38,50 pro Woche	Dieses Grundstück ist zu verkaufen. Iwan Hirsch, Mannheim
Bismarckstraße 8 E. Rosenstamm & Co.		6	M 15,- bis 20,- Saison 60 M für Zimmer und Woche im Juli und August	M 0,60 - 0,75			1 offene Veranda
Hoffmanns Hotel Falk Bismarckstraße 4 Fernsprecher 384 Inhaber: H. Hoffmann	60	90	M 2,- bis 6,- je nach Lage und Jahreszeit	M 1,-	Diners á part im Saal M 2,- Diners an der table d'hote im Abonnement M 2,50 Diners à part auf der Veranda M 2,80	von September bis Juni M 42,- bis 49,- Juli und August M 49,- bis 63,- pro Woche	Strandaussicht

Jüdische Hotels und Restaurants **1912**

Name des Hotels bzw. Restaurants, Straße und Nummer	Zahl der		Zimmerpreis für Tag	Preis für		Volle Pension mit Wohnung	Bemerkungen
	Zimmer	Betten		erstes Frühstück	Mittagessen		
Cohns Restaurant Friedrichstraße 37 Inhaber: Iwan Hirsch	3	4	M 2,-	M 1,-	M 3,50, Abonnement M 3,-	ohne Wohnung M 38,50 pro Woche	Dieses Grundstück ist zu verkaufen
Bismarckstraße 8 E. Rosenstamm & Co.		6	M 15,- bis 20,- Saison M 60,- für Zimmer und Woche im Juli und August	M 0,60 - 0,75			1 offene Veranda
Hoffmanns Hotel Falk Bismarckstraße 4 Fernsprecher 384 Inhaber: H. Hoffmann	60	90	M 2,- bis 6,- je nach Lage und Jahreszeit	M 1,-	Diners à part im Saal M 2,20 Diners àpart auf der Veranda M 2,80	von September bis Juni M 6,- bis 7,50, Juli und August M 7,- bis 11,- pro Tag	Strandaussicht Einziges israelitisches Hotel auf den Nordseeinseln
Tollestraße 1a Frau L. Cohn		12	nach Vereinbarung	M 0,75			1 Glas-Veranda, Mittagessen kann gegen Vergütung in Höhe von M 0,50 geholt werden

| Damenpfad 38, Rosa Brettschneider, Haus Anhalt | 27 | Nach Vereinbarung | M 0,80 - 1,- | | 1 Glas-Veranda, Seeaussicht. Mittagessen kann gegen Vergütung in Höhe von M 0,50 geholt werden |

Jüdische Hotels und Restaurants 1927

Name des Hotels bzw. Restaurants, Straße und Nummer	Zahl der		Preis für			Bemerkungen
	Zimmer	Betten	Zimmerpreis mit Verpflegung RM.	erstes Frühstück	Mittagessen	Abendbrot	
Hoffmann´s Hotel Falk, Geschw. Hoffmann		80	HS ab 8,- NS ab 7,- incl. Verpfl.	RM 1,50	RM 2,75	RM 2,50	Ofenheizung geöffnet 1.05.-31.10.
Restaurant Berlin, Geschw. Berlin	Auch Vollpension ohne Zimmer			geöffnet Juni bis September			Streng rituell
Haus Sonnenschein, Frau I. Horwitz, Bismarckstraße 5			HS ab 7,50 NS ab 6,00				Ofenheizung geöffnet April bis Oktober

Jüdische Hotels und Restaurants 1929

Name des Hotels bzw. Restaurants, Straße und Nummer	Zahl der		Preis für			Bemerkungen
	Zimmer	Betten	Zimmerpreis mit Verpflegung RM.	erstes Frühstück	Mittagessen	Abendbrot	

Name des Hotels bzw. Restaurants, Straße und Nummer	Zahl der Betten				Bemerkungen
Restaurant Berlin (Streng rituell) Geschwister Berlin, Friedrichstraße 37					geöffnet 15.06.-15.09.
Hoffmanns Hotel Falk (Streng rituell), Geschw. Hoffmann, Bismarckstaße 4	72	HS ab 8,50, NS ab 7,50	RM 1,50	ab RM 2,75	ab RM 2,50	Mai bis Oktober
Haus Sonnenschein Frau Ida Horwitz, Bismarckstraße 5		Zimmerpreis mit Verpflegung HS ab 7,- NS ab 6.-				Ofenheizung geöffnet Mai bis Oktober
Pension Müller, rituell Frau J. Müller, Herrenpfad 2	15					ritueller Mittag-Abendtisch geöffnet Mai bis Oktober
Pension Dr. med Steingießer Arzt, Moltkestraße 11	60					Bäder im Hause Zentralheizung Fließendes Wassser Zimmer mit Bad geöffnet ganzjährig

Jüdische Hotels und Restaurants 1930

Name des Hotels bzw. Restaurants, Straße und Nummer	Zahl der		Zimmerpreis mit Verpflegung RM.	Preis für			Bemerkungen
	Zimmer	Betten		erstes Frühstück	Mittagessen	Abendbrot	
Hoffmanns Hotel Falk (Streng rituell), Geschw. Hoffmann, Bismarckstraße 4		72	HS ab 8,50 NS ab 7,50.	RM 1,50	ab RM 2,75	ab RM 2,50	geöffnet Mai bis Oktober
Haus Sonnenschein Frau Ida Horwitz, Bismarckstraße 5			HS ab 7,00 NS ab 6,00				Ofenheizung geöffnet Mai bis Oktober

Jüdische Hotels und Restaurants 1932

Name des Hotels bzw. Restaurants, Straße und Nummer	Zahl der		Zimmerpreis mit Verpflegung RM	Preis für			Bemerkungen
	Zimmer	Betten		erstes Frühstück	Mittagessen	Abendbrot	
Hoffmanns Hotel Falk (Streng rituell), Geschw. Hoffmann, Bismarckstraße 4		72	HS ab 7,00 NB ab 6,00	Ausführliche Auskunft und Preise auf Anfrage			
Restaurant-Pension Geschwister Berlin Friedrichstraße 37				M 1,25	ab M 2,-	ab M 1,50	15. Juni bis 15. September
Haus Sonnenschein Frau Ida Horwitz, Bismarckstraße 5			Preis auf Anfrage, den Zeitverhältnissen entsprechend				Bäder im Hause Ofenheizung Fließend Wasser geöffnet ganzjährig

Gewerbeanmeldungen der Gewerbetreibenden jüdischer Herkunft 1893 – 1932

Laufende Nummer	Des Gewerbetreibenden Name und Vorname	Wohnort bzw. Ort der gewerblichen Niederlassung	Bezeichnung des Gewerbebetriebes	Tag der Anmeldung	Tag des Beginns des Gewerbebetriebes	Bemerkungen
29	Klompus, Moritz, Leipzig	Norderney, Strandstraße 14	Handel mit Bernsteinwaren	29/06	15/06/1893	
60	Cohn Gebrüder, Firma, Düsseldorf	Fiskalisches Etablissement Nr. 23	Einrichtung v. Gemäldeausstellungen, Abhalten von Kunstausstellungen	21/07	21/07/1894	
13	Bergheim, Auguste	Strandstraße 8	Handel mit Kurz- u. Weißwaren u. Badeartikel	13/06	12/06/1895	
28	Klompus, Moses	Strandstraße 15	Handel mit Drechslerwaren Filiale	29/06	25/06/1895	
10	Rosenstamm, Engeline Rosenstamm, Sophie	Bismarckstaße. 8	Handel mit Muscheln, Galanterie, Spielwaren und Zimmervermietung	21/05	21/05/1898	Abgemeldet 03/02/1925
15	Spiegel, Julius, Hannover	Kirchstraße 12	Wurst- u. Aufschnittwaren	17/06	15/06/1898	
7	Hirsch, Iwan	Friedrichstraße 37	Restaurationsbetrieb	14/06	10/06/1899	
16	Cohn, Auguste, Frau	Tollestraße 1a	Zimmervermietung	28/06	01/06/1899	
5	Bendix, Eduard	Strandstraße 9	Zigarrengeschäft	05/06	01/06/1902	
6	Müller, Karl	Herrenpfad 2	Schlachterei	06/11	01/11/1902	Eingestellt 01/10/1933 Abgemeldet 26/04/1933
2	Bretschneider, Rosa	Damenpfad 38	Zimmervermietung	05/06	01/06/1903	

Laufende Nummer	Des Gewerbetreibenden		Bezeichnung des Gewerbebetriebes	Tag		Bemerkungen
	Name und Vorname	Wohnort bzw. Ort der gewerblichen Niederlassung		der Anmeldung	des Beginns des Gewerbebetriebes	
18	Münster, August aus Hannover	Luisenstraße 7	Putz- u. Modewarengeschäft, Saisonartikel	15/07	01/07/1903	
26	Vereinigte Warenhäuser Koppel, J. und Weinberg, H.	Poststraße 9	Manufakturwaren, Konfektions-und Möbelgeschäft, Schuhwarenlager	01/02	17/03/1903	
15	Löwy, Max	Damenpfad 33	Friseur	28/05	15/06/1906	Eingestellt am 15/04/1933 Abgemeldet 30/05/1934
27	Goldberg, Hirsch	Langestraße 4	Zigarren- u. Zigarettenhandel	22/06	22/06/1906	
46	Rosenzweig, False	Schulzenstraße 6	Pensionat für Polen	02/08	15/07/1906	
20	Rosenzweig, Berta	Schulzenstraße 6	Pensionat für Polen	26/06	26/06/1907	
21	Goldberg, Hirsch	Langestraße 4	Zigarrenhändler	26/06	01/07/1907	
26	Bendix, Karoline	Luisenstraße 4	Zigarren-und Zigarettenschäft	13/07	13/07/1908	
31	Silberberg, David	Friedrichstraße 15	Manufaktur	20/08	20/08/1908	Abgemeldet 30/3/09
11	Bendix, Karoline aus Kassel	Wedelstraße 7	Zigarren- und Zigarettengeschäft	02/06	02/06/1909	
16	Alfandary, Raphael	Poststraße 2	Verkauf orient. Artikel u. persischer Teppiche	15/06	15/06/1909	
39	Rothschild, Adolf	Herrenpfad 3	Knaben-Pension	21/07	01/07/1909	
72	Abt, Leo	Friedrichstraße 9	Aufschnittgeschäft	27/06	28/06/1910	

54

Laufende Nummer	Des Gewerbetreibenden		Bezeichnung des Gewerbebetriebes	Tag		Bemerkungen
	Name und Vorname	Wohnort bzw. Ort der gewerblichen Niederlassung		der Anmeldung	des Beginns des Gewerbebetriebes	
86	Alfandary, S. u. R. Inh., Raphael u. Salomon	Poststraße 2/11	Verkauf orientalischer Artikel, persischer Teppiche u. Bronzesachen	26/07	26/07/1910	
87	Löwy, Max	Gardone a/Gardasee, z.Zt. Norderney, Strandstraße 12	Verkauf v. Gemälde- u. Bronzesachen	27/07	01/07/1910	
101	Schulenklopper Gebrüder Inh. David Schulenklopper	Bismarckstraße 9	Handel mit Manufakturwaren	28/03	01/04/1911	
8	Beer, Adolf de	Chausseestraße 15	Groß-Dampfwäscherei und chem. Reinigungsanstalt	04/05	01/05/1911	abgemeldet 28.04.1913
32	Bendix, Karoline	Damenpfad 27 Bäckerstraße 9	Friseur Tabak- Zigarren-und Zigarettengeschäft	27/06	26/06/1911	
11	Benjamin, Herzl	Poststraße 9	Kaufhaus, Manufakturen	18/05	01/04/1912	
13	Schulenklopper Gebrüder Inh. David Schulenklopper	Bismarckstraße 9	Putz- und Manufakturwaren	22/05	15/05/1912	
36	Berlin, Nathan	Friedrichstraße 37	Rituelles Speisehaus	01/07	02/071912	
37	Bendix, Eduard	Damenpfad 32	Obsthandlung	01/07	01/07/1912	
2	Beer, Simon de	Chausseestraße 15	Groß-Dampfwäscherei und chem. Reinigungsanstalt	02/05	01/05/1913	
6	Berlin, Nathan	Friedrichstraße 37	Schenkwirt, Schenkbetrieb	28/05	01/06/1913	
16	Silberstein, Hugo	Poststraße 11	Likör- u. Weinstube	19/06	21/06/1913	
18	Löwy, Max	Poststraße 2	Verkauf italienischer Kunstartikel	21/06	21/06/1913	
12	Krebs, Ulrike	Damenpfad 26	Photografisches	08/06	10/06/1914	

Laufende Nummer	Des Gewerbetreibenden		Bezeichnung des Gewerbebetriebes	Tag		Bemerkungen
	Name und Vorname	Wohnort bzw. Ort der gewerblichen Niederlassung		der Anmeldung	des Beginns des Gewerbebetriebes	
4	Müller, Carl	Schulstraße 10	Schlachterei	30/12	30/12/1916	
6	Müller, Carl	Schulstraße 10	Verkauf von Fisch- u. Fischkonserven	14/03	14/03/1916	
6	Weinberg, Hermann	Poststraße 12	Zigarren- u. Zigarettenhandlung	03/06	03/06/1916	
18	Löwy, Max	Poststraße 12	Handel mit Kunstsachen (hat außerdem noch ein Friseurgeschäft)	25/06	01/07/1919	
3	Münster, A., Nachf. Wollenstein, P., Inh.	Luisenstraße 7	Putz-, Mode- und Manufakturwaren, 1 Dekorateur, 1 Verkäufer	14/04	15/04/1920	Abgemeldet am 23/11/1931
21	Steingießer, Ferdinand Dr.,	Moltkestraße 11	Pensions-u. Erholungsheim	27/05	27/05/1920	
30	Steingießer, Ferdinand Dr., Berlin	Moltkestraße 11	Pensions- und Erholungsheim, 1 Hausdame, 1 Köchin, 3 Zimmermädchen, 2 Küchenmädchen, 30 Zimmer			
111	Wischnitzer, Salomon aus Halle	Mittelstraße 3	Damenkonfektion	05/07	05/07/1920	Abgemeldet 30/08/1920
34	Horwitz, Ida geb. Samson	Bismarckstraße 5	Zimmervermieterin und Pensionat	23/05	01/06/1922	Abgemeldet 04/07/1934

Laufende Nummer	Des Gewerbetreibenden Name und Vorname	Wohnort bzw. Ort der gewerblichen Niederlassung	Bezeichnung des Gewerbebetriebes	Tag der Anmeldung	des Beginns des Gewerbebetriebes	Bemerkungen
44	Hoffmanns Hotel Falk, Inh. Julius und Fritz Hoffmann, Johanna Hergershausen geb.Hoffmann	Bismarckstraße 4	Hotel u. Restaurant	25/10	01/04/1922	
34	Weinthal, Karl	Herrenpfad 1	Schlachterei	11/06	11/06/1923	Abgemeldet 29/07/1926
46	Müller geb. Klein, Julie	Herrenpfad 2	Schuhhandlung	03/12	03/12/1923	Abgemeldet 28/01/1924
9	Cohn	Damenpfad 12	Kunstgewerbe Geschenkartikel	26/06	01/07/1924	
47	Mendelsohn, Aron	Friedrichstraße 27	Damenmoden	30/06	23/06/1924	
11	Tobar, Ursel	Wedelstraße 1	Modehaus	04/09	?1924	
33	Klompus, Gustav Moritz	Strandstraße 9	Spielwaren und Andenken	07/07	07/07/1924	
43	Wolff, Daniel, Inh. Moses und Isaak	Mittelstraße 1	Verkauf von Polsterwaren und Ledermöbeln	18/06	18/06/1924	
41	Pels, Norbert	Strandstraße 8b	Strumpfwaren	28/06	28/06/1926	Eingestellt 30/09/1930 Abgemeldet 14.02.1931
61	Weiler-Abt	Adolphsreihe 5 ab 01.03.1933 Luisenstraße 33	Kinderheim	05/07	01/07/1926	Anmeldung auf Dr. Fritz W. und Margot A., rückgängig gemacht 23.05.1934
97	Simonsohn, Käthe u. Simon, Jenny	Gartenstraße 3	Pension	07/07	02/06/1927	eingestellt am 01/10/33, abgemeldet 14/12/1933

Laufende Nummer	Des Gewerbetreibenden		Bezeichnung des Gewerbebetriebes	Tag		Bemerkungen
	Name und Vorname	Wohnort bzw. Ort der gewerblichen Niederlassung		der Anmeldung	des Beginns des Gewerbebetriebes	
131	Bielschowsky-Eichwald	Herrenpfad 25	Kinderheim	08/08	09/06/1929	Abgemeldet 10/06/1933
28	Nathanson geb. Pasmantier, Bella	Strandstraße 15	Bigouterie	02/07	02/07/1930	Abgemeldet 05/09/1930
84	Müller geb. Klein, Julie	Bismarckstraße 8	Schuh- und Lederhandlung	21/06	01/06/1932	
88	Wolff, Leo	Friedrichstraße 36	Wurstwarenhandlung	08/07	04/07/1932	
87	Wollenstein, Ella	Luisenstraße 7	Manufaktur- und Modewaren	05/07	01/07/1932	Abgemeldet 01/07/1938

Rollen-Nummer	Örtliche Bezeichnung der Besitzung Straße, Platz	Nr.	Name, Vorname, Stand und Wohnort des Gebäudeeigentümers	Besitz		
				Gattung der Gebäude und Bezeichnung der Hofräume und Hausgärten	Besitzübernahme	Besitzerwechsel
22	Marienstraße	7	Heimann, Caroline	Wohnhaus mit Hofraum, Hinterhaus und Hausgarten	1885/86	1924
29	Marienstraße	14	Koppel, Joseph, Firma zu Norden	Wohnhaus mit Hinterhaus, Hofraum und Hausgarten	1880/81	1881/82
33	Marienstraße	18	Wall, Moses von der, Kaufmann	Wohnhaus mit Hofraum und Hausgarten	1919	1920
51	Louisenstraße	5	Wall, Moses van der, Kaufmann und 2. Miteigentümer	Wohnhaus mit Hinterhaus nebst Hofraum und Hausgarten	1884/85	1894/95
53	Louisenstraße	7	Weinberg, Nathan und Aron, Kaufleute zu Norden	Wohnhaus mit Hinterhaus, Hofraum und Hausgarten	1888/89	1897/98
53	Louisenstraße	7	Koppel, Hermann, Kaufmann zu Norden	Wohnhaus mit Hofraum	1897/98	1904
53	Louisenstraße	7	Münster, August, Firma zu Hannover	Wohnhaus mit Hofraum	1904	1922
53	Louisenstraße	7	Wollenstein, Pinkas, Kaufmann	Wohnhaus mit Hofraum	1922	1939
64	Louisenstraße	18 16	Samson, H., Firma zu Norden 1/2 und Wall, Moses von der, Kaufmann zu Norderney 1/2	Wohnhaus mit Hinterhaus, Hofraum und Hausgarten	1902	1923
78	Louisenstraße	39	Weinberg, Heymann, Kaufmann	Wohnhaus mit Hofraum und Hausgarten	1899/1900	?
107	Strandstraße	6	Koppel, Joseph, Firma in Norden	Wohnhaus mit Hinterhaus, Hofraum und Hausgarten	1891/92	1891/92
111	Strandstraße	10 9	Koppel, Hermann, Kaufmann zu Norden	Wohnhaus mit Hofraum und Hausgarten, Gartenhaus	1897/98	

Rollen-Nummer	Örtliche Bezeichnung der Besitzung Straße, Platz	Besitz				
		Nr.	Name, Vorname, Stand und Wohnort des Gebäudeeigentümers	Gattung der Gebäude und Bezeichnung der Hofräume und Hausgärten	Besitzübernahme	Besitzerwechsel
111	Strandstraße	9	Klompus, Moritz, Drechsler, Ehefrau Rosette geb. Jakobi, ab 1940 nichtjüd. Besitzer, 1953: Klompus, Bernhard, Kaufmann in Toronto, Provinz Ontario, Kanada, 1954 verkauft	Wohnhaus mit Hofraum und Hausgarten	?	1940
128	Wedelstraße	8	Weinthal, Lazarus, Kaufmann und Miteigentümer in Norden	Wohnhaus mit südlichem und nördlichem Flügel, Mittelhaus und Nebengebäude nebst Hofraum, abgesondertem Pferdestall und Wagenremise Eiskeller	1914	1922
129	Wedelstraße	7	ab 1914: Weinthal, Lazarus, Kaufmann und Miteigentümer in Norden	Wohnhaus mit Seitengebäude Hofraum und Hausgarten	1914	1922
132	Bäckerstraße	3	Koppel, Joseph, Firma zu Norden	Wohnhaus mit Anbau und Hofraum	1882/83	1891/92
136	Bäckerstraße	7	Weinberg, Heymann, Kaufmann	Wohnhaus und Hofraum, abgesondertem Stall und Hofraum	1905	1911
138	Bäckerstraße	10	1901 Koppel, Josef, Firma zu Norden und 1906 Weinberg, Heymann, Kaufmann	Wohnhaus mit Seitengebäude und Hofraum	1901 1906	1907
144	Bäckerstraße	13 12	Wall, Moses von der, Kaufmann	Wohnhaus mit Anbau und Hofraum	1894/95	1896/97

Besitz

Rollen-Nummer	Örtliche Bezeichnung der Besitzung Straße, Platz	Nr.	Name, Vorname, Stand und Wohnort des Gebäudeeigentümers	Gattung der Gebäude und Bezeichnung der Hofräume und Hausgärten	Besitz-übernahme	Besitzerwechsel
154	Kirchstraße	13 17	Weinberg, Heymann	Wohnhaus mit Anbau und Hofraum	1894/95	?
155	Kirchstraße	14 18	Weinberg, Jacob, Kaufmann zu Hage, 1895/96 Witwe Jette geb. von der Wall zu Hage	Wohnhaus mit Hofraum	1890/91 1895/96	1908
161	Kirchstraße	25	Wall, Moses van der und Koppel, Joseph, Firma In Norden	Wohnhaus mit Hofraum	1891/92	1892/93
165	Gartenstraße	3	ab 1930: Simonsohn, Medizinalrat Dr., Witwe Käthe geb. Pächter in Berlin-Wilmersdorf und Simon, Sanitätsrat Dr., Witwe Jenny geb. Cohn in Berlin-Wilmersdorf je zur Hälfte	Wohnhaus mit Hinterhaus, Hofraum und Hausgarten	1930	1937
173	Gartenstraße (später Osterstraße)	11 15	Weinberg, Heymann, Kaufmann	Wohnhaus mit Hofraum und Hausgarten	1910	1922
185	Osterstraße (Herrenpfad)	1 1	Wall, Isaak van der und 1907 Heymann, Schlächter	Wohnhaus mit Anbau und Hofraum Eiskeller	1880/81	1935
186	Osterstraße	2 1a	Wall, Gebrüder van der, Firma	Wohnhaus mit Hofraum	1890/91	?
194	Osterstraße	10 9	Löwe, Levy de, gen. Louis, Kaufmann zu Norden	Wohnhaus mit Hofraum	1895/96	?
230	Langestraße	31 25	Wall, Moses van der, Kaufmann	Wohnhaus mit Hofraum und Hausgarten nebst Hinterhaus	1900	1910
232	Langestraße	33 27	Samson, H., Firma zu Norden	Wohnhaus mit Hinterhaus, Hofraum und Hausgarten	1898/99	1907

Besitz

Rollen-Nummer	Örtliche Bezeichnung der Besitzung Straße, Platz	Nr.	Name, Vorname, Stand und Wohnort des Gebäudeeigentümers	Gattung der Gebäude und Bezeichnung der Hofräume und Hausgärten	Besitz-übernahme	Besitzer-wechsel
235	Langestraße	36 30	Stodel, Jacob, Norderney und Löwe, Louis de, Norden, Kaufleute, beide gleiche Teile	Wohnhaus mit Hofraum und Hausgarten	1894/95	?
246	Fischerstraße	5 4	Weinberg, Heymann, Kaufmann	Wohnhaus mit Hofraum	1899/1900	1908?
253	Schulstraße	2	Löwe, Petrus de	Wohnhaus mit Hofraum	1880/81	
253	Schulstraße	2	Löwe, Gottfried de, Kaufmann	Wohnhaus mit Hofraum	1882/83	1892/93
260	Schulstraße	10 13	Wall, Moses von der, Kaufmann	Wohnhaus mit Hofraum und Hausgarten	1896/97	1897/98
268	Schmiedestraße	2 3	Weinberg, Heymann, Kaufmann	Wohnhaus mit Hofraum und Hausgarten	1902	1903
271	Schmiedestraße	5 7	Weinberg, Jonas, Kaufmann zu Norden Weinberg, Heymann, Kaufmann	Wohnhaus mit Hofraum	1885/86 1899/1900	1891/92 1909
282	Kamp (Tollestraße 7)	4	Weinberg, Salomon, Handelsmann	a) Wohnhaus mit Hinterhaus und Hofraum b) Anbau	1880/81	1891/92
284	Im Kamp (Tollestraße 5)	6	Weinberg, Heymann, Kaufmann	Wohnhaus mit Anbau und Hofraum	1904	1907
293	Im Kamp (Karlstraße 6)	17	Lemmersmann, Moses, Schlachter in Norden und 1888/89 Israel, Schlachter in Norden	Wohnhaus mit Anbau und Hofraum Eiskeller	1880/81 1888/89	1937
301	Damenpfad	6 9	1904 Koppel, Joseph, Firma zu Norden 1906 und Weinberg, Heymann, Kaufmann zu Norderney	Wohnhaus mit Anbau und Hofraum	1904 1906	1908
311	Damenpfad	18 19	Weinberg, Jacob, Kaufmann in Hage	Wohnhaus mit Hinterhaus und Hofraum	1892/93	1892/93

Besitz

Rollen-Nummer	Örtliche Bezeichnung der Besitzung Straße, Platz	Nr.	Name, Vorname, Stand und Wohnort des Gebäudeeigentümers	Gattung der Gebäude und Bezeichnung der Hofräume und Hausgärten	Besitz-übernahme	Besitzer-wechsel
317	Damenpfad Bürgermeister-Berghaus-Straße	24 25	Löwe, S. L. de, Firma in Norden	Wohnhaus mit Hinterhaus und Hofraum	1897/98	1928
338	Friedrichstraße Kaiserstraße	1 1	Wall, Jette van der	Wohnhaus mit Nebengebäude und Hofraum und Hausgarten	1880/81	1883/84
343	Friedrichstraße	6	Cohn, Levy, Ehefrau Guste geb.Juchenheim	Wohnhaus mit Hofraum und Hausgarten	1880/81	
343	Friedrichstraße	6	Cohn, Levy, Ehefrau Guste geb. Juchenheim	Wohnhaus mit Hofraum und Hausgarten	1885/86	
343	Friedrichstraße	6	Cohn, Levy, Ehefrau Guste geb. Juchenheim	Wohnhaus mit Anbau, Hofraum und Hausgarten	1888/89	
343	Friedrichstraße	6	1900 Hirsch, Iwan, Restaurateur 1913: Weinberg, Heymann, Kaufmann in Frankfurt a/M. und Koppel, Hermann, Kaufmann in Hamburg, 1921: Berlin, Nathan, genannt Noe, Restaurateur in Köln, 1924: Cohn, Frl. und Miteigentümerin	Wohnhaus mit Anbau, Hofraum und Hausgarten	1900 1913 1921 1924	1939
344	Friedrichstraße	7 3	Weinberg, Jacob, Kaufmann	Wohnhaus mit Hinterhaus und Hofraum	1885/86	1890/91
351	Friedrichstraße	16 9	1892/93 Weinberg, Jacob, Kaufmann zu Hage 1893/94 Weinberg, Heymann	Wohnhaus mit Hinterhaus und Hofraum	1892/93 1893/94	1893/94
351	Friedrichstraße	16 9	Abt, Louis, Viehhändler	Wohnhaus mit Anbau, Hinterhaus und Hofraum, Wohnhaus mit Veranda, Anbau	1913	1923
362	Friedrichstraße	26	Weinberg, Jacob, Kaufmann in Hage	Wohnhaus mit Anbau, Hinterhaus und Hofraum	1890/91	1892/93

Rollen-Nummer	Örtliche Bezeichnung der Besitzung Straße, Platz	Nr.	Name, Vorname, Stand und Wohnort des Gebäudeeigentümers	Gattung der Gebäude und Bezeichnung der Hofräume und Hausgärten	Besitzübernahme	Besitzerwechsel
374	Bismarckstraße	5a	Koppel, Joseph in Norden	Verkaufsbude	1881/82	Abgebrochen 1894/95
378	Halemstraße	14 16	Weinthal, Julius, Kaufmann zu Norden	Wohnhaus mit Hofraum	1893/94	
378	Halemstraße	14 16	Weinberg, Heymann, Kaufmann	Wohnhaus mit Hofraum	1897/98	1899/1900
390	Kreuzstraße	11 13	Koppel, Hermann, Kaufmann zu Norden	Wohnhaus mit Anbau und Hofraum	1887/88	1896/97
391	Herrenpfad	1	Wall, Isaak van der und Heymann 1/2 1890/91 Wall, Abraham van der, Schlachter 1/2	Wohnhaus mit Hintergebäude, Anbau und Hofraum	1880/81 1890/91	1929
409	Winterstraße	1	1890/91 Koppel, Joseph, Firma in Norden 1900 Weinberg, Heymann, Kaufmann	Wohnhaus mit Hofraum	1890/91 1900	1906
412	Winterstraße	2b? 5	Löwe, Levy de gen. Louis Salomon und Stodel, Jacob, Kaufmann	Wohnhaus mit Hofraum und Hausgarten	1890/91	1892/93
412	Winterstraße	2b? 5	Löwe, S.L. de, Firma in Norden	Wohnhaus mit Hofraum und Hausgarten	1897/98	1913
413	Winterstraße	6	Koppel, Hermann, Kaufmann, Hamburg	Wohnhaus mit Anbau und Hofraum	1914	1921
414	Winterstraße	7	Weinberg, Heymann, Kaufmann in Frankfurt a/Main	Wohnhaus mit Anbau und Hofraum	1914	1915
416	Winterstraße	5	Samson, Heymann und Samson, David Jacob, Schlächter zu Norden, Gebrüder	Wohnhaus	1880/81 1884/85	1885/86

Besitz						
Rollen-Nummer	Örtliche Bezeichnung der Besitzung Straße, Platz	Nr.	Name, Vorname, Stand und Wohnort des Gebäudeeigentümers	Gattung der Gebäude und Bezeichnung der Hofräume und Hausgärten	Besitz-übernahme	Besitzerwechsel
417	Benekestraße	54	Weinberg, Heymann, Kaufmann	Wohnhaus mit Hofraum	1911 1912 Abbruch	1913
419	Winterstraße	9	Weinberg, Heymann, Kaufmann	Wohnhaus mit Anbau und Hofraum	1897/98	1899/1900
420	Wiedaschstraße	11	Löwe, Levy de gen. Louis zu Norden	Wohnhaus mit Hofraum und Hausgarten	1891/92	1892/93
435	Schmiedestraße	6	Synagogen Stiftung auf der Insel Norderney	Synagoge		Neubau 1878
435	Schmiedestraße	6	Synagogengemeinde der Insel Norderney	Synagoge mit Hofraum	1878	
435	Schmiedestraße	6	Synagogen Stiftung auf der Insel Norderney, Synagogengemeinde	Synagoge, Lager- und Ausstellungsraum	1881/1882 1895/1896	1938
440	Strandstraße	1	Salomon, Louis, Kürschner zu Norden	Verkaufsbude	1882/83	Abbruch 1887/88
442a	Josephstraße	2	Koppel, Joseph, Kaufmann zu Norden	Wohnhaus mit Anbau	1882/83	1883/84
442	Josephstraße (Frisiastraße)	1	Löwe, Levy de gen. Louis, Kaufmann zu Norden	Wohnhaus mit Anbau und Hofraum	1895/96	?
442	Josephstraße (Frisiastraße)	1	Weinberg, Heymann, Kaufmann in Frankfurt a/M.	Wohnhaus mit Anbau und Hofraum	1915	1924
444	Josephstraße	4	Koppel, Joseph, Kaufmann zu Norden	Wohnhaus	1882/83	1883/84
444	Josephstraße	4	Löwe, S.L. de, Firma zu Norden	Wohnhaus mit Anbau und Hofraum	1896/97	1897/98 ?
445	Josephstraße	5	Koppel, Joseph, Firma zu Norden	Wohnhaus	1884/85	1885/86
446	Josephstraße	6	Koppel, Joseph, Kaufmann zu Norden	Wohnhaus	1882/83	1883/84
446	Josephstraße (Frisiastraße)	6	Weinberg, Heymann, Kaufmann in Frankfurt a/M.	Wohnhaus mit Anbau, abgesondertem Stallgebäude und Hofraum	1921	1921

Rollen-Nummer	Örtliche Bezeichnung der Besitzung Straße, Platz	Besitz				
		Nr.	Name, Vorname, Stand und Wohnort des Gebäudeeigentümers	Gattung der Gebäude und Bezeichnung der Hofräume und Hausgärten	Besitz-übernahme	Besitzer-wechsel
447	Josephstraße	7	Koppel, Joseph, Kaufmann zu Norden	Wohnhaus	1882/83	1883/84
447	Josephstraße (Frisiastraße)	7	Koppel, Joseph in Norden	Wohnhaus	1890/91	1891/92
447	Josephstraße (Frisiastraße)	7	Stodel, Jacob, Kaufmann zu Norden Löwe, S. L. de, Kaufmann zu Norden	Wohnhaus mit Anbau und Hofraum	1893/94	1894/95
447	Josephstraße (Frisiastraße)	7	Löwe, S. L. de, Firma in Norden	Wohnhaus mit Anbau und Hofraum	?	1912
448	Josephstraße	8	Koppel, Joseph, Kaufmann zu Norden	Wohnhaus	1882/83	1883/84
450	Josephstraße (Frisiastraße)	27	Katzenstein-Dyk, Salomon van, Kaufmann in Emden	Wohnhaus mit Hinterhaus und Hofraum	1925	1927
451	Josephstraße (Frisiastraße)	28	Weinberg, Heymann, Kaufmann	Wohnhaus mit Anbau und Hofraum	1913	1923
458	Winterstraße	7b	Stodel, Jacob, Kaufmann in Norderney	Wohnhaus	1890/91	1892/93
471	Schulzenstraße	12	Löwe, Levy de, gen. Louis, Kaufmann	Wohnhaus	1893/94	1894/95
471	Schulzenstraße	12	Löwe, S. L. de Firma zu Norden	Schlachthaus, Wohnhaus mit Hofraum	1894/95	1896/97
471	Schulzenstraße	12	Löwe, Levy de, gen. Louis, Kaufmann zu Norden	Schlachthaus, Wohngebäude mit Hofraum	1903	1907
505	Knyphausenstraße	27	Weinberg, Aron, Kaufmann, Witwe Berta geb. Meyer	Wohnhaus mit abgesondertem Hinterhaus, Hofraum und Hausgarten	1910	1912
510	Schmiedestraße	10	ab 1912: Weinberg, Heymann, Kaufmann	Wohnhaus mit abgesondertem Waschhaus und Hofraum	1912	1913

Besitz

Rollen-Nummer	Örtliche Bezeichnung der Besitzung Straße, Platz	Nr.	Name, Vorname, Stand und Wohnort des Gebäudeeigentümers	Gattung der Gebäude und Bezeichnung der Hofräume und Hausgärten	Besitz-übernahme	Besitzer-wechsel
510	Schmiedestraße	10	Weinberg, Heymann, Kaufmann, Frankfurt a./M. und Koppel, Hermann, Kaufmann in Hamburg	Wohnhaus mit abgesondertem Waschhaus und Hofraum	1921	1923
514	Kreuzstraße	1a 5	Löwe, Levy de, gen. Louis, Kaufmann in Norden	Wohnhaus mit Anbau	1890/91	1906
515	Kreuzstraße	6? 4	Koppel, Ehefrau Rosa geb. Falk in Hamburg und Weinberg, Heymann, Kaufmann	Wohnhaus mit Anbau und Hofraum	1918	?
517	Gartenstraße	21	Löwe, S. L. de, Firma in Norden	Wohnhaus mit abgesondertem Stallgebäude und Hofraum, Anbau	?	1911
520	Schafweg, später Chausseestraße	8 14	1888/89 Lemmersmann, Moses und 1896/97 Israel, Schlachter	Schlachthaus mit Hofraum	1888/89 1896/97	?
521	Schafweg, später Chausseestraße	9 13	1886/87 Wall, Gebrüder von der, Firma, und 1907 Samson, Heymann, Firma zu Norderney und Norden	Schlachthaus mit Hofraum	1886/87 1907	1914
522	Damenpfad	7b	Weinberg, Moses, Kaufmann	Verkaufsbude	1886/87	
522	Damenpfad	7	Weinberg, Nathan und Aron, Kaufleute zu Norden	Verkaufsbude	1888/89	1889/90
536	Halemstraße	4 17	Weinberg, Heymann, Kaufmann	Wohnhaus mit Hofraum	1896/97	1900
540	Friedrichstraße	37	Wall, Isaak v.d., Schlachtermeister, Ehefrau Sara geb. v.d. Wall	Wohnhaus mit Nebengebäude und Hofraum	1896/97	1908
564	Bismarckstraße	12a	Wall, Moses van der, Restaurateur	Wohnhaus mit Hinterhaus und Hofräumen	1888/89	1893/94
564	Bismarckstraße	12a 4	Hoffmann, Heinrich und Ehefrau Helene geb. Falk in Elberfeld	Wohnhaus mit Hinterhaus und Hofraum	1893/94	1896/97 Vergrößerungsbau

Rollen-Nummer	Örtliche Bezeichnung der Besitzung Straße, Platz	Nr.	Name, Vorname, Stand und Wohnort des Gebäudeeigentümers	Gattung der Gebäude und Bezeichnung der Hofräume und Hausgärten	Besitz-übernahme	Besitzerwechsel
			Besitz			
564	Bismarckstraße 1945/1946 VL 405 Gesperrt durch die Militär-Regierung	4	Hoffmann, Samuel Vita Heinrich, Gastwirt, und Ehefrau Helene geb. Falk in Elberfeld, 1919 Erben. 1921 Hoffmann, Julius, Logierhausbesitzer und Hoffmann, Johanne, Fräulein in Schreiberhau, 1923 Miteigentümer	Wohnhaus mit Hinterhaus und Hofraum Seitenflügel Eiskeller		1936
566	Bismarckstraße	10a 8	Rosenstamm, Sophie, Auguste und Engeline zu Norden	Wohnhaus mit kleinem Hofraum	1898/99	1936
582	Friedrichstraße	38	Weinberg, Jacob, Kaufmann in Hage	Wohnhaus mit Hofraum	1890/91	1891/92
587	Schulzenstraße	1	Weinberg, Heymann, Kaufmann	Wohnhaus mit Hofraum	1898/99	1907
599	Seilerstraße	4 6	Weinberg, Jacob, Kaufmann in Hage	Wohnhaus mit Anbau und Hofraum	1890/91	1894/95
607	Ellernstraße	15	Weinberg, Heymann, Kaufmann	Pferdestall, Wohnhaus mit Anbau	1898/99	1910
608	Herrenpfad	2a	Koppel, Joseph, Firma, Wall von der, Kaufmann	Wohnhaus mit Anbau und Hofraum	1898/99 1907	
608	Herrenpfad	2	Wall, Moses von der, Kaufmann, 1922: Müller, Karl, Schlachtermeister, Ehefrau Julie geb. Klein	Wohnhaus und Anbau, abgesondertem Kohlenraum und Hofraum	? 1922	1931
608	Herrenpfad	2a	Müller, Karl, Schlachtermeister, Ehefrau Julie geb. Klein	Wohnhaus mit Anbau und Hofraum	1922	1931
610	Josephstraße	24 25	Weinberg, Heymann, Kaufmann	Wohnhaus mit Hofraum	1907	1913
617	Schulstraße Chausseestraße	31	Löwe, Levy de, gen. Louis, Kaufmann zu Norden	Wohnhaus mit Hofraum	1891/92	1896/97

Besitz

Rollen-Nummer	Örtliche Bezeichnung der Besitzung Straße, Platz	Nr.	Name, Vorname, Stand und Wohnort des Gebäudeeigentümers	Gattung der Gebäude und Bezeichnung der Hofräume und Hausgärten	Besitz-übernahme	Besitzer-wechsel
	Jan-Berghaus-Straße Bürgermeister-Berghaus-Straße	58	Löwe, S. L. de, Firma zu Norden		1906	1907
626	Goebenstraße	4 2	Koppel, Joseph, Firma und Weinberg, Heymann, Kaufmann	Wohnhaus mit Anbau und Hofraum	1895/96	1903
647	Schulzenstraße Chausseestraße	18 34	Stodel, Jacob, Norderney und Löwe, Louis de, Norden, Kaufleute zu gleichen Teilen	Wohnhaus nebst Werkstatt und Hofraum	1894/95	?
657	Wedelstraße	27	Weinthal, Lazarus, Kaufmann und Miteigentümer in Norden	Kegelbahn	1914	?
664	Ellernstraße	14	Löwe, S. L. de, Firma in Norden	Wohnhaus mit abgesondertem Waschhaus und Hofraum	1893/94	1896/97
670	Benekestraße	3	Weinberg, Heymann, Kaufmann	Wohnhaus mit Hofraum	1899/1900	1910
673	Bogenstraße	1	Weinberg, Heymann, Kaufmann	Wohnhaus mit Hofraum	1907	1910
674	Bogenstraße	1	Löwe, S. L. de, Firma	Wohnhaus mit Hofraum	1905	1913
674	Bogenstraße	11	Löwe, S. L. de, Firma zu Norden		1922	1930
689	Kampstraße	10	Weinthal, Lazarus, Kaufmann in Norden 1955 VL 855: Aalst, Ilse van geb. Weinthal, Ehefrau, in Amsterdam und Karl, Erna geb. Weinthal, Ehefrau, New York 32 60 Apt. 720 West, 170 Street, USA, in ungeteilter Erbengemeinschaft	Wohnaus mit Hofraum	1905 1955	1940
724	Langestraße Knyphausenstraße	4 3	Weinberg, H., Kaufmann zu Norderney	?	?	?
731	Wedelstraße	7	Weinthal, Lazarus, Kaufmann und Miteigentümer in Norden	Wohnhaus mit Hofraum	1914	1922

Besitz

Rollen-Nummer	Örtliche Bezeichnung der Besitzung Straße, Platz	Nr.	Name, Vorname, Stand und Wohnort des Gebäudeeigentümers	Gattung der Gebäude und Bezeichnung der Hofräume und Hausgärten	Besitzübernahme	Besitzerwechsel
735	Bogenstraße	4	Weinberg, Heymann	a) Wohnhaus mit Anbau b) Schuppen	1897/98	
735	Bogenstraße	4	Löwe, S. L. de, Firma in Norden		1902	1913
735	Bogenstraße	4	Löwe, S. L. de, Firma in Norden Löwe, Levy de, gen. Louis, Kaufmann in Norden, je zur Hälfte		1920 1930	1931
737	Gartenstraße	21a 22	Löwe, S. L. de, Firma in Norden	a) Wohnhaus mit Hofraum und Hausgarten	1896/97	1911
755	Schulstraße	12a	Wall, Moses von der, Kaufmann	Wohnhaus mit Hofraum	1897/98	1920
759	Benekestraße	48	Weinberg, Heymann, Kaufmann	Wohnhaus mit Hofraum	1898/99	1899/1900
759	Benekestraße	48	Wall, Isaak von der, Schlachtermeister	Wohnhaus mit Hofraum	1904	?
760	Benekestraße	49	Weinberg, Heymann, Kaufmann	Wohnhaus mit Hofraum	1898/99	1899/1900
762	Bogenstraße	5 6	Weinberg, Heymann, Kaufmann	Wohnhaus mit Hofraum	1898/99	1899/1900
762	Bogenstraße	5 6	Löwe, S. L. de, Firma in Norden		1901	1911
774	Schulzenstraße	19 31	Weinberg, Heymann, Kaufmann	Wohnhaus mit Hofraum	1998/99	1922
781	Bogenstraße	9	Weinberg, Heymann, Kaufmann	Wohnhaus mit Hofraum	1901	1902
790	Tollestraße	1a	Cohen, Levy, Restaurateur, Ehefrau Guste geb. Juchenheim	Wohnhaus mit Hofraum	1899	1921
790	Tollestraße	1a	Schulenklopper, Josef, Kaufmann und Löwe, S. L. de, Firma in Norden, 1930 und Löwe, Louis, Kaufmann in Norden	Wohnhaus mit Anbau	1921	1930
791	Wiedaschstraße	6a	Weinberg, Heymann, Kaufmann	Wohnhaus mit Hofraum	1899	1908
792	Benekestraße	47	Weinberg, Heymann, Kaufmann	Wohnhaus mit Hofraum	1900	1908

Besitz					
Rollen-Nummer	Örtliche Bezeichnung der Besitzung Straße, Platz	Nr.	Name, Vorname, Stand und Wohnort des Gebäudeeigentümers	Gattung der Gebäude und Bezeichnung der Hofräume und Hausgärten	Besitz-übernahme	Besitzer-wechsel
800	Knyphausenstraße	23	Koppel, Josef, Firma und Weinberg, Heymann, Kaufmann	Wohnhaus mit Hofraum	1900	1904
813	Tannenstraße	3	Weinberg, Heymann, Kaufmann	Wohnhaus mit Hofraum	1905	1911
826	Poststraße	9	Weinberg, Heymann, Kaufmann	Wohn- und Geschäftshaus mit Hofraum	1902	1914
829	Poststraße	11	Weinberg, Heymann, Kaufmann und Koppel, Hermann, Kaufmann, Ehefrau Rosa geb. Falk zu Norden	a) Gemäldeausstellungsgebäude mit Hofraum b) Gemäldeausstellungsgebäude mit Läden und Hofraum	1906	1908
837	Poststraße	11	Weinberg und Koppel, Firma	a) Geschäftshaus mit Hofraum	1905	1909
843	Tannenstraße	4	Weinberg, Heymann, Kaufmann	Wohnhaus mit Hofraum	1912	1913
872	Herrenpfad	24	Wall, Moses von der, Kaufmann	Wohnhaus mit Hofraum	1910	1922
874	Josephstraße (Frisiastraße)	13	Weinberg, Heymann, Kaufmann	Wohnhaus mit Hofraum	1910	1911
878	Ellernstraße	12 19	Weinberg, Heymann, Kaufmann	Wohnhaus mit Hofraum	1910	1911
879	Ellernstraße	13 10	Weinberg, Heymann, Kaufmann	Wohnhaus mit Hofraum	1911	1920
880	Ellernstraße	19 20	Weinberg, Heymann, Kaufmann	Wohnhaus mit Hofraum	1911	1912
881	Ellernstraße	20 19	Weinberg, Heymann, Kaufmann	Wohnhaus mit Hofraum	1910	1914
882	Chausseestraße	21	Weinberg, Heymann, Kaufmann	Wohnhaus mit Hofraum	1911	1921

Rollen-Nummer	Örtliche Bezeichnung der Besitzung Straße, Platz	Nr.	Name, Vorname, Stand und Wohnort des Gebäudeeigentümers	Gattung der Gebäude und Bezeichnung der Hofräume und Hausgärten	Besitz-übernahme	Besitzer-wechsel
883	Gartenstraße	27	Weinberg, Heymann, Kaufmann	Wohnhaus mit Hofraum	1910	1923
884	Gartenstraße	28 56	Weinberg, Heymann, Kaufmann	Wohnhaus mit Anbau und Hofraum	1910	1922
885	Gartenstraße	29 55	Weinberg, Heymann, Kaufmann	Wohnhaus mit Anbau und Hofraum	1910	1922
886	Gartenstraße	30 53	Weinberg, Heymann, Kaufmann	Wohnhaus mit Anbau und Hofraum	1910	1921
887	Gartenstraße	31 54	Weinberg, Heymann, Kaufmann	Wohnhaus mit Anbau und Hofraum	1910	1922
888	Gartenstraße	32 52	Weinberg, Heymann, Kaufmann	Wohnhaus mit Anbau und Hofraum	1910	1913
896	Chausseestraße Bürgermeister-Berghaus-Straße	20 22 49	Weinberg, Heymann, Kaufmann	Wohnhaus mit Hofraum	1910	1921
898	Chausseestraße	20 19	Weinberg, Heymann, Kaufmann, Frankfurt a./M.		1911	1921
902	Gartenstraße	16 11	Weinberg, Heymann, Kaufmann	Wohnhaus mit Hofraum	1911	1922
904	Luciusstraße	3a 4	Weinberg, Heymann, Kaufmann in Frankfurt a./M.	Wohnhaus mit Hofraum	1921	1922
905	Luciusstraße	4	Weinberg, Heymann, Kaufmann in Frankfurt a./M.	Wohnhaus mit Hofraum	1921	1922
911	Benekestraße	44	Weinberg, Heymann, Kaufmann	Wohnhaus mit Hofraum	1911	

Rollen-Nummer	Örtliche Bezeichnung der Besitzung Straße, Platz	Nr.	Name, Vorname, Stand und Wohnort des Gebäudeeigentümers	Gattung der Gebäude und Bezeichnung der Hofräume und Hausgärten	Besitz-übernahme	Besitzerwechsel
911	Benekestraße	44	Zion-Loge XV. Nr. 360, eingetr. Verein in Hannover		1912	1938
912	Ellernstraße	21	Weinberg, Heymann, Kaufmann in Frankfurt a./M.	Wohnhaus mit Hofraum	1916	1922
913	Benekestraße	45	Salomon, Adolf, Rentner und Ehefrau geb.Loeb in Wiesbaden	Wohnhaus mit Hofraum	1911	1921
913	Benekestraße	46	Loeb, Ernst Eduard Hugo Ludwig	Wohnhaus mit Hofraum	1921	1929
914	Benekestraße	46 45	Loeb, Eduard, Dr. med. Rentner und Ehefrau Marie geb. Winter in Frankfurt a/M.	Wohnhaus mit Hofraum	1911	1937
918	Schulzenstraße	8a 11	Weinberg, Heymann, Kaufmann	Wohnhaus mit Hofraum	1911	1914
920	Winterstraße	23	Koppel, Hermann und Weinberg, Heymann, Kaufmann	Wohnhaus mit Hofraum	1911	1913
920	Winterstraße	23	Schönthal, Goldine geb. Weinberg verw.	Wohnhaus mit Hofraum	1913	1923
922	Widaschstraße	18	Loeb, Eduard, Dr. med., Rentner und Ehefrau Maria geb. Winter in Frankfurt a/M.	Wohnhaus mit Hofraum	1911	
922	Widaschstraße	18	Loeb, Eduard, Dr. med., Rentner und Ehefrau Maria geb. Winter in Frankfurt a./M., 1929 Zion-Loge XV. Nr. 360, eingetragener Verein in Hannover	Wohnhaus mit Hofraum	1915 1929	1938
923	Osterstraße	16 14	Weinberg, Heymann, Kaufmann	Wohnhaus mit Hofraum	1911	1921
928	Maybachstraße	7 15	Weinberg, Heymann, Kaufmann und Blumenfeld, Hermann, Direktor	Wohnhaus mit Anbau und Hofraum	1912	1923

Besitz

Rollen-Nummer	Örtliche Bezeichnung der Besitzung Straße, Platz	Nr.	Name, Vorname, Stand und Wohnort des Gebäudeeigentümers	Gattung der Gebäude und Bezeichnung der Hofräume und Hausgärten	Besitzübernahme	Besitzerwechsel
929	Maybachstraße	8 14	Weinberg, Heymann, Kaufmann und Blumenfeld, Hermann, Direktor	Wohnhaus mit Anbau und Hofraum	1912	1922
930	Maybachstraße	9 12	Weinberg, Heymann, Kaufmann und Blumenfeld, Hermann, Direktor	Wohnhaus mit Anbau und Hofraum	1912	1923
931	Maybachstraße	10 11 13	Weinberg, Heymann, Kaufmann und Blumenfeld, Hermann, Direktor	Wohnhaus mit Anbau und Hofraum	1912	1922
932	Maybachstraße	11 9	Weinberg, Heymann, Kaufmann und Blumenfeld, Hermann, Direktor	Wohnhaus mit Anbau und Hofraum	1912	1922
933	Maybachstraße	12	Weinberg, Heymann, Kaufmann und Blumenfeld, Hermann, Direktor	Wohnhaus mit Anbau und Hofraum	1912	1925
934	Maybachstraße	13 7 9	Weinberg, Heymann, Kaufmann und Blumenfeld, Hermann, Direktor	Wohnhaus mit Anbau und Hofraum	1912	1913
939	Luciusstraße	16	Wall, Moses von der, Kaufmann	Wohnhaus mit Hofraum	1912	1923
943	Gartenstraße	22a 25	Hoffmann, Julius, Hotelbesitzer	Wohnhaus mit Hofraum und Hausgarten	1923	1936
947	Gartenstraße	24a 45	Weinberg, Heymann, Kaufmann und Blumenfeld, Hermann, Direktor	Wohnhaus und Hofraum	1913	1935
950	Schulzenstraße	22 34	Weinberg, Heymann, Kaufmann und Blumenfeld, Hermann, Direktor	Wohnhaus mit abges. Stall und Hofraum	1913	1921
953	Luciusstraße	7 9	Weinberg, Heymann, Kaufmann und Miteigentümer	Wohnhaus mit Anbau und Hofraum	1913	1925

Anmerkung: Hausnummern wurden oft geändert. Bei Angabe von zwei oder drei Hausnummern sind sie chronologisch aufgeführt.

Anhang II –
Jüdische Geschäftswelt im Spiegel der Presse

- Fremdenliste für das Königliche Seebad Norderney, 30. September 1885
  von der Wall, Restaurant
  H. Samson, Norden, Zucht- und Milchvieh, J. Samson, Norderney
- NBZ, 19. Juni 1907
  Vereinigte Warenhäuser KOPPEL & WEINBERG
  Möbel- u. Ausstattungsgeschäft, M. von der Wall
- NBZ, 1. März 1910
  Vereinigte Warenhäuser KOPPEL & WEINBERG
  Möbel- u. Ausstattungsgeschäft, M. von der Wall
- NBZ, 15. September 1912
  Vereinigte Warenhäuser KOPPEL & WEINBERG
- NBZ, 21. September 1912
  Karl Müller, Rind- und Schweineschlachterei
  Speisehaus Bele
  Speisehaus Berlin
- NBZ, 13. April 1920
  Münster Nachfg. In.: P. Wollenstein
  Immobilien-Geschäft M. von der Wall,

A. von der Wall, Restaurant,

neben den Bremer Häusern **Bismarckstrasse 12ᵃ** unmittelbar am Strande

neu erbaut und auf das Comfortabelste eingerichtet, verbunden mit ca. 30 Logirzimmern

Table d'hôte 1½ Uhr.

Menagen aus dem Hause. Gute Küche.

Vortreffliche Weine.

Bier vom Fass auf Eis aus der Brauerei „Frisia", Gebrüder Israëls
Ausschank mit flüssiger Kohlensäure.

Hôtel Kaiserhof, Norderney.

Hôtel ersten Ranges,
verbunden mit Restauration.
Ecke der Kaiser- und Bismarckstrasse, am Strande, mit Aussicht auf See.
Diners à part von 1 Uhr an. Restauration à la carte zu jeder Tageszeit (zur Frühstückszeit fertiges Büffet).
Menagen ausser dem Hause von 12—1 Uhr von 1 Mk. 50 Pf. bis 4 Mk. [13

Erlanger und Dortmunder Bier vom Fass.

Kohlstedt & Gramberg.

Die Export-Brauerei „Frisia",

Gebr. Israëls, Weener,

empfiehlt ihre garantirt nur aus Malz und Hopfen gebrauten
vorzüglichen Biere
angelegentlichst.

Auf **Flaschen** zu beziehen bei Herrn Ulrich Meier und bei Geschw. S. & H. Springemann, Norderney.

Die Biere obiger Brauerei wurden auf der Weltausstellung in Antwerpen mit der **bronoenen Medaille** und auf der Landwirthschaftlichen und Gewerbe-Ausstellung für Ostfriesland in Esens mit dem **ersten Preise, goldene Medaille**, prämiirt. [132

Restauration von A. Hahn,

Friedrichstraße Nr. 15.

Münchener Pschorrbräu.

Speisen nach der Karte. Menagen aus dem Hause.

Niederlage der

Wein-Gros-Handlung von G. T. Pflueg jr. in Lübeck.

Hoflieferant Sr. Majestät des Kaisers und Königs.

H. Samson

in **NORDEN**,
Ostfriesland,
empfiehlt sich unter bekannter, reeller Bedienung zur Lieferung aller Gattungen
Zucht- und Milchvieh.

Im Besitze grosser Weidereien habe ich stets eine grosse Anzahl hoch- und niedertragende Kühe und Fersen, sowie sprungfähige Bullen, aus den renommirtesten Heerden Ostfrieslands stammend, zur gefl. Auswahl vorräthig, weshalb mir Besuche stets angenehm sind. Mache gleichzeitig darauf aufmerksam, dass Herr **J. Samson**, auch während der Badesaison in Norderney **Gartenstrasse 1** zu sprechen ist. [70

Bazar 5.

J. Max Hörhager

aus Tyrol

empfiehlt
Glacé-, dänische, waschlederne und seidene Handschuhe in grosser Auswahl, ferner beliebigen Sorten Sommer-Handschuhe, Hosenträger u. Slipse.

Zu beachten.
Die Prima - Glacé - Handschuhe verkaufe ich unter Garantie. Weisse Glacé von 1 Mk. 50 Pfg. an.
Ferner Wiener, Schweizer u. Tyroler Holzschnitzereien, (69
Fächer, Cigarrenspitzen etc.

Bazar 5.

P. J. Ennen, Norderney,

Kirchstrasse 12,

empfiehlt sein vollständiges Lager in
Tisch-, Hänge-, Wand- und Küchenlampen, Windleuchtern, Kochgeschirren aller Art, Neufeldschen Expresskochern, Petroleum - Kochapparaten, Porzellan- und Steingut-Waaren jeder Art.

J. Breeden, Kleidermacher,

Kirchstrasse Nr. 10,

empfiehlt sich den geehrten Herrschaften bestens. [95

Atelier für künstl. Photographie.
Portraits-, Gruppen- und Kinder-Aufnahmen.
Portraits auf Muscheln.
Entwickeln und Drucken für Amateure.

Hof-Photograph
J. B. Ciolina
Norderney, Strandstrasse, vis-à-vis von Schuchardts Hôtel.

Grosses Lager in Amateur-Cameras.
Kodak - Lumiér - Films
und sämtl. Amateur-Artikel.
Entwickeln u. Drucken von Amateur-Aufnahmen.

Westfaelische Bankkommandite
Ohm, Hernekamp & Co., Kommandit-Gesellschaft auf Aktien.
[1561] Norderney, Strandstrasse 12a. Telefon 324.
Aktien-Kapital Mk. 5 000 000,—.   Reservefonds Mk. 465 000,—.
Niederlassungen in Dortmund, Münster, Bremerhaven, Emden, Gelsenkirchen, Hannover.
Auszahlung auf Kreditbriefe. Conto-Corrent, Depositen- und Check-Verkehr.
Entgegennahme u. Aufbewahrung von Einlagegeldern, Preilosen u. Wertpapieren.
Umwechselung (fremder Geldsorten). An- u. Verkauf von Wertpapieren. Vermittelung sämtlicher bankgeschäftlichen Transactionen.
Tägl. telegr. Kursbericht. Kassastunden: vorm. 9—1 Uhr, nachm. 4—6 Uhr.

J. J. Janssen, Schuhbazar, Kirchstr. 8,
empfiehlt hochelegante Schuhwaren sowie Strandschuhe.
Reparaturwerkstatt im eigenen Hause.   Nur reelle Arbeit.

Möbel- und Ausstattungs-Geschäft
M. von der Wall.
Während der Bade-Saison
grösstes Lager sämtl. Möbel, Gardinen, Teppiche, Steppdecken und Bettwäsche,
:: :: Kissen, Plumeaux. :: ::
Lager: Schulstrasse 3, Herrenpfad 2.   Kontor: Schulstrasse 12a
— Möbel leihweise. —
Möbel- und Ausstattungs-Geschäft
M. von der Wall.

Diedr. Luttmann's neue Leihbibliothek gegenüber der Post
Günstige Lesebedingungen. — Kataloge umsonst.

Schiffs-Verbindungen.
Nach Norderney.

Juli	Norddeich Salondampfer der Vereinigten Dampfschiffs-Reedereien Norden und Norderney. Durchg.-Verkehr	Lokal-Verkehr	Salondampfer der neuen Dampfschiffs-Reederei „Frisia".	Juist Dampfer der Verein. Reed. Norden-Norderney.	Langeoog Dampfer der Verein. Reed. Norden-Norderney.	Borkum Leer-Emder Dampfer der Akt.-Ges. „Ems".	Bremer-hafen*) Schnelldampfer des Nordd. Lloyd.	Hamburg*) Schnelldampfer der Hamburg-Amerika-Linie.	Groningen Dampfer der Nordseebad-Linie „Holland".
Sonnab. 13.			Täglich: vom 1. Juli bis 31. August Vom 1. Juli bis 1. August	10.30 n	12.40 n	9.— v	Wochentags 7.10 v. vorm. Sonntags 6.15 Uhr vorm. Mont., Mittw., Freit., Sonnt. über Helgoland, an den anderen Tagen direkt	8.— v	9.— v
Sonntag 14.				10.45 v	1.10 n	9.30 v		7.30 v	—
Montag 15.	7.10 v 8.55 v 9.00 v	8.55 v 9.50 v		11.45 n	2.— n	10.30 v		8.— v	
Dienstag 16.	9.40 v 9.50 v 11.00 v	2.30 n 3.30 n		12m 2.15 n	2.30 n	11.— v		8.— v	11.— v
Mittwoch 17.	2.00 n 2.30 n 3.30 n	7.10 n 8.00 n		7.00 v 9.00 v 9.40 v	3.15 n	11.30 v		8.— v	
Donnerst. 18.	4.40 n 6.00 n 7.10 n			11.00 v 3.30 n 6.00 n	4.15 n	3.40 n	12.30 n	8.— v	
Freitag 19.	8.00 n			7.10 n	5.— n	1.— n		8.— v	
			Von Norderney.						
Sonnab. 13.			Täglich: Vom 1. Juli bis 31. August Vom 1. Juli bis 1. August	1.— n	11.— v	12.30 n	Dienst., Donn., Sonnab. 6—7, über Helgoland, an den anderen Tagen direkt	9.— v	1.— v
Sonntag 14.				1.30 n	11.30 v	1.— n		4.45 v	
Montag 15.	6.10 v 7.45 v 8.30 v	6.10 v 7.45 v		2.30 n	12.20 n	2.— n	Sonnab. 6—7,	6.— v	
Dienstag 16.	9.40 v 10.10 v 11.00 v	11.30 v 2.30 n		1.30 n	12.50 n	2.30 n		5.30 v	3.— n
Mittwoch 17.	11.30 v 1.00 n 2.30 n	5.45 n 8.00 n		7.45 v 8.30 v 10.10 v	2.30 n	1.30 n		7.— v	
Donnerst. 18.	5.45 n 7.00 n 8.00 n			12.50 n 2.30 n 5.45 n	1.15 n	2.— n	4.— n	7.30 v	
Freitag 19.				7.00 n	2.35 n 5.— n	3.— n		8—9 Uhr v.	

Die Abfahrtszeit von Norderney ist ab Landungsbrücke gerechnet. *) Wegen der genauen Abfahrtszeit siehe Anschreibetafeln Wartehalle (Hafen), Wartehalle (Eingang des Ortes), Konversationshaus, Marktplatz, sowie in den Hôtels.

Post-Beförderung über Norddeich. (B bedeutet: nur Briefpost. P bedeutet: Packet- und Briefpost.)
Ankommende Posten: 8¹⁰ v P   10⁴⁰ v B   12³⁰ n P   4³⁰ n B   7⁵⁰ n B   8¹⁰ n B
Abgehende Posten: 5⁴⁰ v P   8⁰⁰ v B   9⁴⁰ v B*   12³⁰ n B*   2⁰⁰ n B*   5⁴⁵ n P   6²⁰ n B   7³⁰ n B   * bedeutet nur Werktags.

Inserate: H. Hachmann, Norderney. — Druck und Verlag: Soltau'sche Buchdruckerei, Norderney.

Soeben eingetroffen!
Neuheiten
in
Damen-Konfektion
als:
Kostumes, Jacketts, Paletots, Kostumröcke.
Preise billigst.
Kaufhaus Peters.

[784]

Liedertafel „Eintracht"
Norderney.
Konzert
unter Mitwirkung der
Kapelle der II. Matrosen-Division Wilhelmshaven,
am Sonntag, den 6. März a. c.,
abends 8 Uhr,
im Remmers'schen Saale.
Numm. Platz Mk. 1.50, nicht numm. Platz Mk. 1.00.
Nach dem Konzert: BALL.
Tanzband Mark 1.00.
Karten sind in H. Hofmann's Buchhandlung zu haben.

[783]

Möbel- u. Ausstattungsgeschäft
M. von der Wall.
Schulstraße :: Strandstraße :: Herrenpfad
Reichhaltigste Auswahl. Streng reelle Preise.
Meine Läger sind auf das großartigste ausgestattet.
M. von der Wall.

[36]

Neuheiten in
Kleider-Stoffen
für Frühjahr und Sommer
in Wolle und Waschstoffen.
Muster stets zu Diensten.
Besätze stets in großer Auswahl.
Kaufhaus Peters.

[685]

Empfehle zurzeit an
blühenden Topfpflanzen:
Azalea, Cinerarien, Erika, Veilchen, Hyazinthen, Tulpen, Primel, schön bepflanzte und garnierte Potpourris, Körbchen und Fensterkästchen.
Blattpflanzen in großer Auswahl.
An Schnittblumen:
Rosen, Nelken, Lewkojen, Reseda, Narzissen, Ranunkeln, Anemonen, Mimosa rc.
Trauer-Arrangements in den verschiedensten Ausführungen.
Frischen Rabinschensalat und Meerrettig
Friedrich Namuth, Kunst- und Handelsgärtner.

Wir kauften auf letzter Einkaufsreise einen großen Posten
Tischdecken, Verandadecken, Divandecken, Portieren, Sofakissen, Teppiche, Vorleger
und verkaufen solche, soweit Vorrat reicht, zu
außergewöhnlich billigen Preisen.
Beachten Sie unser Schaufenster!
Vereinigte Warenhäuser
Koppel & Weinberg.

[779]

Soeben ist erschienen und in H. Hofmann's Buchhdlg. zu haben:
P. Jabusch, Biblische, kirchliche und altdeutsche Namen im Munde der Ostfriesen.
Preis 40 Pfennig.
Von demselben erschien früher:
Bildung u. Bedeutung der deutsch. Eigennamen mit besond. Berücksichtigung der ostfries. Namen.
Preis 30 Pfennig.

[787]

Möbel u. Ausstattungen
M. von der Wall.
Schulstraße :: Strandstraße :: Herrenpfad
Sämtliche Manufakturwaren, Leinen und Halbleinen, Hemdentuch, Louisianatuch, Dowlas, weißen Damast, Inletts und Drelle, Handtücher, Tischtücher und Servietten, Bettfedern und Daunen.
M. von der Wall.

[35]

Kur-Hôtel „Bellevue." [24]
✱ Winter-Pension. ✱

Lieferung sämtlicher
Tischler-Arbeiten
aus künstl. getrockn. Hölzern.
Lager fertiger Zimmertüren.
A. Pocker, mech. Bautischlerei,
Emden, große Osterstraße 58.
Telefon 514.

[624]

Das Betreten unseres Grundstückes ist Unbefugten verboten.
Verwaltung des Seehospizes.

„Erota",
vorzügliche 6-Pfg.-Cigarre.
Hellw. de Boer.

[771]

Glasschilder
aller Art.
Gebr. Rass,
Norderney.
Reparaturen prompt und billig.

[637]

Junge Leute
erhalten Kost und Logis in
Plagge's Pensionat,
253] Langstr. 28.
Zimmer mit Kaffee möchtl. 4 M.

Alleinverkauf zu Fabrikpreisen bei
782] C. C. Valentien.

Zwiebäcke
(nur Unterschalen),
8 Stück 10 Pfg., täglich frisch.
Henrikus Cornelius.
Kampstr. 8.

Käse
in bekannter Güte, Pfd. 30 u. 40 Pfg.
R. D. Meyer, Herrenpfad 3.

Heirats-Anzeige.
Ihre eheliche Verbindung zeigen ergebenst an:
[786
Jacob Stöhr und Frau Anna, geb. Wienenga.

Schiffs-Verbindungen.
Fahrplan der Reedereien
„Norden" und „Frisia"-Norderney.
Dampfschiffe „Frisia III" u. „Deutschland"

Tägliche Fahrten vom 1. März bis 30. April 1910	Von Norderney	Von Norddich
	8.00 v.	9.10 v.
	9.50	12.55 n.
	2.30 n.	3.40
	4.40	5.45

Druck und Verlag:

Morgen, Montag, den 16. September

beginnt unser

Saison-Ausverkauf.

In Ihrem eigenen Interesse überzeugen Sie sich von der bedeutenden Preisermässigung sämtlicher Artikel.

Vereinigte Warenhäuser
Koppel & Weinberg.

Gegenüber dem Eingang der Post.

Chr. Uden, Schuhmachermeister, kl. Damenpfad 27.

Unübertroffen sind
Dr. Diehl-Stiefel
in gesundheitlicher Beziehung.
Glänzende Anerkennungen!! Illustr. Broschüre gratis u. franko.
Ein Universal-Stiefel für
Herren, Damen, Kinder, — Strasse, Sport, Salon.
Allein-Verkauf:
1725

Grösstes Lager in sämtlichen
Schuhwaren bester Qualität.
Spezialität:
Strand-, Lawn-Tennis- u. Promenaden-Schuhe.
Reparaturen
an besserem Schuhwerk werden auf das Feinste ausgeführt.

HERVORRAGENDE LEISTUNG
Leipzig
4.18.-21. Juli
1908

« - » **Chr. Uden, kl. Damenpfad 27.** « - »

Pension Löling
Friedrichstr. 11.
Ganzjährig geöffnet.

Pension Haus Wörde,
Luisenstr. 26, 2 Min. vom Strande.
Mittag- und Abendessen auch für
nicht im Hause wohnende Gäste.
Menagen ausser dem Hause.

Blumengärtnerei von Friedrich Namuth,
Rosen-, Garten- und
Janusstrasse (Blumenhalle „Flora")
— Fernruf 318 —
empfiehlt nur hochmoderne
Blumenarrangements.
Eigene Kulturen im Topfpflanzen
Schnittblumen, Stauden,
Rosen und Erdbeeren etc.
Filialen: [237
Blumenhalle am Seesteg.
„ am Kaiser Wilhelm-Platz,
„ in der Poststrasse, gegenüber der Post.

כשר Speisehaus Berlin
Friedrichstrasse 37.
Neu renoviert.
Anerkannt vorzügliche Küche.
Grosse und kleine Diners.
Speisen à la carte
zu jeder Tageszeit.
Bes. **N. Berlin, Cöln.**

Logierhaus Hannovera,
Schulstrasse 1.   2069
Wohnung mit und ohne
Pension.
Zimmer von 2 Mk. an. Auch für Passanten.
Bürgerlicher Mittagstisch zu 1.25 Mk.

כשר Speisehaus Bele,
Schulstrasse 17,
empfiehlt   [1966
gute österreichische Küche.

Plagge's Pensionat
Langestrasse 28
empfiehlt   [1665
kräftigen bürgerl. Mittagstisch
zu 1.— Mk.
Warmes Frühstück zwischen 9 bis
11 Uhr von 50 Pfg.
Nachtlogis mit Kaffee 1.50 Mark
Menagen ausser dem Hause.

Conditorei und Wiener Café
„Zur Marienhöhe"
von **J. G. Wienholz,**
erste Fabrik von ostfriesischen
Knüppelkuchen in Ostfriesland
gegründet
1859 in Aurich, seit 1871 auf Norderney
empfiehlt täglich frische
Apfelkuchen, Windbeutel, Mohrenköpfe
gefüllt mit Schlagsahne,
Nürnberger Spockkuchen,
französische
Confituren und Chocoladen
in grosser Auswahl.   [1703

Klavier-Unterricht
erteilt
Gertrud Cöster.   [1684
Konservatorisch gebildet.
Adolfsreihe 2.

Norder Bank Aktiengesellschaft
Luisenstrasse 33. **Agentur Norderney.** Luisenstrasse 33.
:: :: In unmittelbarer Nähe der Strandstrasse. :: ::
Annahme von Geldern zur Aufbewahrung und Verzinsung bis 4 %
je nach Kündigung.   [1683
An- und Verkauf von fremden Geldsorten und Wertpapieren.
Auszahlungen auf Kreditbriefe. Einlösung von Coupons etc.
Einziehung von Checks und Wechseln. Aufbewahrung von Wertsachen.
Vermittlung
aller sonstigen bankgeschäftlichen Angelegenheiten.
Fernsprecher Nr. 336.

Rind- und Schweine-Schlachterei.
Spezialität: 1957
Fabrikation von nur ff. Wurstwaren.
Karl Müller,
Schulstr. 10.

Aufschnittwaren, Wurst- u. Fleischkonserven
aus der bekannten Spezialfabrik   [1755
Emil Vollrath, Hannover.
Spezialität: Die so sehr beliebten **Vollrath's Würstchen!**
Täglich frische **Salate,** ff. **Sülz-Kotelettes** sowie tischfertig
garnierte Schüsseln.
Bestellungen werden prompt und evtl. frei Haus ausgeführt.
M. Voss, Poststrasse 11.

Café „Astoria"
E. Liebergesell
Strandstrasse.
    1843
Erdbeeren mit Schlagsahne.
Erfrischungen und Eisgetränke.
Erstklassige Konditoreiwaren.
Geöffnet bis 2 Uhr Nachts.

Beamte und Angestellte
erhalten auch im Winter bei sehr
mässigen Preisen gute Pension.
Pensionat Frau H. Möhlen
1806]   Winterstrasse 18.

Pension
C. Gerdes, Luisenstr. 27.
Kurgäste finden auch für Herbst
und Winter gute und freundliche
Aufnahme.   2382
Prospekte zu Diensten.

1872   1912
Pension
von   [1664
Frau Marie Feuerherd,
Adolfsreihe 5.

Feine Wäscherei und Glanzplätterei.
Frau G. Eils, Bogenstr. 11.

Herm. Braams Buchhandlungen.
Am Seesteg. ✱ ✱ ✱ ✱ **Bazar 6.**
Modernes Buchsortiment. ✱ ✱ Kursbücher. ✱ ✱ Reiseführer. ✱ ✱ Papier-, Schreibwaren. ✱ ✱ Ansichtskarten in grosser Auswahl.

Geschäftseröffnung 15. April 1920.

Das seit Jahren unter der Firma A. Münster, Strand- und Ludenstraße, bestehende **Kaufhaus** ist käuflich in mein Eigentum übergegangen.

Dasselbe ist renoviert und mit den feinsten auch modernsten Artikeln ausgestattet.

Es wird mein eifrigstes Bestreben sein, durch Lieferung modernster und feinster Waren zu möglichst billigen Preisen allen an mich zu stellenden Anforderungen in jeder Hinsicht zu entsprechen.

Um gefl. Wohlwollen bittet

Hochachtungsvoll

A. Münster Nachfg. Inh.: P. Wollenstein.

Junges Mädchen sucht Stellung als Stütze. Angebote erbeten. Meinert Meinerd, Wolle b. Aurich (Ostfr.).

Junges Mädchen, 30 Jahre, sucht für Saison Stellung als Serviertochter oder Zimmermädchen. Näheres Henning, Kirchstraße 12. Annahme nächste Woche zur Übersiedlung.

Zum 1. Mai ein **jüngeres Mädchen** für leichte Hausarbeit. Wo nein? zu erfahren in der Geschäftsstelle.

Zu verkaufen: **Glucke** mit Küken. Winterstr. 21.

Eine sechssende **Glucke** sucht anzulaufen. Henricus Cornelius.

Zu verkaufen fast neuer werkstattähnlicher **Küchenherd** und ein **Grammophon** mit 24 Platten, fast neu. Zu erfragen in der Geschäftsstelle d. Bl.

Marmelade. R. D. Meyer.

Kohlen-Verkauf
Dienstag, den 13. April, Kohlenwerft 46 und 47.
Preis 19 M., 20 Pfg.
A. A. Visser.

Marmelade
(beste Fabrikat.)
Erdbeer. Pfd. Mk. 5,—
Zweifrucht „ 4,80
mit Zucker dick eingekocht, weil...

Kleines Hotel,
vornehmes Weinlokal
oder Cafe
von kapitalkräftigen Fachleuten zu pachten, evtl. zu kaufen gesucht. Inventar muß reichlich und neu sein. Haus in gutem Zustande sein. Angebote an Klein, Mühlheim-Ruhr-Speldorf, Duisburgerstr. 47a.

Immobilien-Geschäft
H. von der Wall.
An- und Verkauf von Grundstücken. Vermittlungen.

Conditorei u. Café Henrikus Cornelius, Kampstr.
empfiehlt sich den geehrten Gästen.

Auslands-Marmelade
— vorzügliche Qualität —
empfiehlt
E. C. Valentien, Langstr.
Heute frisch:
In. **Leberwurst.**
Emil Raß.

Steis frische Fische
Ludwig Reiß.

Verlobungs-Anzeige.
Bernhard Schröder
Johanna Schröder
geb. Henrichsen
Norderney.
Norderney, 10. April 1920.

Geburts-Anzeige.
Durch die glückliche Geburt eines gesunden Töchterchens wurden hocherfreut
Rudolf Baumgarten
und Frau Gretchen,
geb. Menn.
Norderney, 12. April 1920.

Zu spät

Reichshallen-Lichtspiele
Heute, Montag:
Ein Stelldichein. Komödie in 1 Akt.
Die Krone von Palma.
Detektivabenteuer in 4 Akten.
Heinr. Schroth als Teletio Joe Deebs.
Das Spiel von Liebe und Tod.
Drama in 5 Akten.
In der Hauptrolle: Hella Moja.

„Frisia" „Iduna"

Sonntag, 18. April 1920
nachm. 4 Uhr, in der „Frisia":
Stiftungsfest
der Gesangvereine „Frisia" u. „Iduna"
Konzert – Gesangsvorträge – Ball
Beginn der Gesangsvorträge 7½ Uhr.
So ladet freundlichst ein der Vorstand.

Knochenleim
für Malerarbeiten
ohne Bezugschein
C. C. VALENTIEN,
Schulstraße.

Verlobungs-Anzeige.
BRECHTA HOLTKAMP
HANS BLAUERT
Norderney   Wilhelmshaven

Esel/Norden, den 9. April 1920.
Für die uns so wohltuenden Beweise herzlicher Anteilnahme bei dem schweren Verlust, den uns durch das Heimgang unserer geliebten Entschlafenen bereitet...

Männer-Turnverein
Norderney.

Zu der am Dienstag, den 13. d. M. abends 8 Uhr, im Vereinslokal Gasthof „Frisia" stattfindenden

Monatsversammlung
werden die Mitglieder, Herren und Damen, freundlichst eingeladen.
Tagesordnung wird daselbst bekannt gegeben.
Der Vorstand.

Achtung!
Deutscher Bauarbeiter-Verband.
Dienstag, den 13. April, abends 8 Uhr:
Wichtige Versammlung
im Tunnel des „Rhein. Hof".
Der Vorstand.
J. U. C. Damhuis.

Sozialdemokratischer Wahlverein Norderney.
Mitglieder-Versammlung
am Mittwoch, 14. April, abends 8 Uhr, im „Rheinischen Hof".
Sehr wichtige Tagesordnung. Mitglieder erscheinen vollzählig.
Der Vorstand.

Donnerstag, 15. April, abends 8 Uhr:
Kartellsitzung
beim Kollegen O. Kassebaum, „Bellevue".
Tagesordnung:
1. Technische Notizen.
2. Weiferer betr.
3. Verschiedenes.
Pünktliches und vollzähliges Erscheinen unbedingt erforderlich.
Der Vorstand.

Bei wem reisten den Tagen vom 7. April 2 Erwachsene mit 1 Kind unter...

**Anhang III –
Dokumente**

Deutsch-Israelitischer Gemeindebund und Zentralwohlfahrtsstelle der deutschen Juden (Hg.) weisen im Handbuch der jüdischen Gemeindeverwaltung und Wohlfahrtspflege 1924/25, S.53, aus:

— **Norderney** ca. 4000 E. 20 S. Sy. (Gottesdienst nur während der Kurzeit) (V.) M. v. d. Wall. — B. Fellner (C.).

STATUT
der
Synagogen-Stiftung
auf
Norderney
vom 27. April 1879
mit

dem der Stiftung die Rechte einer juristischen Person verleihenden Allerhöchsten Erlasse vom 1. October 1879.

Durch freiwillige Spenden ist auf Veranlassung einer Anzahl jüdischer Kurgäste ein Fonds zusammengebracht worden zu dem Zwecke, auf der Insel Norderney ein gottesdienstlichen Gebrauche der jüdischen Badegäste gewidmetes Gebäude zu errichten und zu unterhalten.

Nachdem aus diesem Fonds eine Synagoge erbaut worden ist, wird für dessen fernere Verwaltung nachstehendes Statut erlassen.

§ 1.

Die Stiftung führt die Bezeichnung: „Synagogen-Stiftung auf Norderney".

§ 2.

Die Stiftung hat auf der Insel Norderney ihren Sitz.

§ 3.

Ihr nach Massgabe des § 39 der Vormundschaftsordnung vom 5. Juli 1875 (G.-S. S. 439) zu belegendes Vermögen besteht zur Zeit:

1) aus Synagoge und Inventar nebst dazu gehörigem Grundstücke in der Schmiedestrasse zu Norderney (letzteres eingetragen in das Grundbuch für Norderney Nr. 35 Vol. 41 E auf die Namen des Kaufmanns Moritz Bargebuhr in Harburg, Provinz Hannover, und des Lehrers am jüdisch-theologischen Seminar in Breslau, Dr. David Rosin), Alles vollständig bezahlt und schuldenfrei;

2) aus M. 785 baar, über welche durch Verträge, betreffend die Umzäunung des Synagogenplatzes und Herstellung der auf demselben noch fehlenden Vorrichtungen bereits verfügt worden ist;

3) aus einem verzinslich anzulegenden Baarbetrage von Eintausend fünfhundert und dreissig Mark (M. 1530).

§ 4.

Die Stiftung wird durch ein Curatorium verwaltet und vertreten. Sie steht unter Aufsicht der nach den bestehenden Gesetzen zuständigen Behörden.

§ 5.

Das Curatorium besteht aus dem Landrabbiner des Bezirks, welcher den Vorsitz führt, und vier anderen grossjährigen und unbescholtenen Mitgliedern jüdischen Glaubens. Sämmtliche Mitglieder des Curatoriums versehen die ihnen obliegenden Geschäfte unentgeltlich.

§ 6.

Im Falle einer Erledigung des Landrabbinats tritt dessen Stellvertreter, für die Dauer der Vertretung, an dessen Stelle. Sollte jemals das Landrabbinat überhaupt nicht wieder besetzt werden oder ein Landrabbiner die Annahme des Mitgliedschaft verweigern, so wählen die vier anderen Mitglieder des Curatoriums einen geeigneten Rabbiner, wo möglich aus einer Norderney nahe belegenen Gemeinde, an seine Stelle und wiederholen eine solche Wahl im Falle einer Ablehnung oder Erledigung. Wird alsdann das Landrabbinat aufs neue besetzt, so tritt der Landrabbiner wieder an seine Stelle, sobald er dazu bereit ist.

§ 7.

Die vier anderen Mitglieder des Curatoriums (§ 5) werden beim ersten Male von dem „Comité zur Erbauung einer Synagoge auf Norderney", welches mit der Constituirung des Curatoriums ausser Wirksamkeit tritt (§ 23), durch schriftliche Abstimmung mit absoluter Majorität der Stimmenden gewählt. In gleicher Weise wählen später jedesmal beim Ausscheiden eines gewählten Mitgliedes des Curatoriums die im Amte verbleibenden ein neues Mitglied. Der Ausgetretene ist wieder wählbar.

§ 8.

Die Amtsdauer eines gewählten Mitgliedes beträgt zehn Jahre, von seinem Eintritte ins Curatorium an gerechnet. Um jedoch den gleichzeitigen Austritt von mehr als einem Mitgliede möglichst zu verhüten, soll von dem ersten, durch das abtretende Comité zur Erbauung der Synagoge gewählten Curatorium ein Mitglied nach Ablauf von vier Jahren, ein zweites nach sechs Jahren, ein drittes nach acht Jahren laut Bestimmung des Looses, und nach zehn Jahren das vierte gewählte Mitglied austreten.

§ 9.

Scheidet ein Mitglied durch Todesfall, freiwilligen Rücktritt oder aus anderen Gründen ein volles Jahr oder länger vor Ablauf seiner Amtsperiode aus, so findet eine Neuwahl für den Rest dieser Amtsperiode statt. Nach Beendigung derselben wird wiederum ein Mitglied auf zehn Jahre gewählt.

§ 10.

Die Mitgliedschaft erlischt durch den Tod des Inhabers, durch freiwilligen Rücktritt, durch den etwaigen Austritt aus dem Judenthum, sowie durch jede Art gesetzlich strafbarer oder ehrloser Handlungen.

Falls ein Strafverfahren nicht eingeleitet worden resp. eine Verurtheilung nicht erfolgt ist, so wird das betreffende Mitglied durch einstimmigen Beschluss der übrigen Mitglieder ausgeschlossen.

§ 11.

Bei Erledigung einer Stelle im Curatorium erfolgt sogleich die Veranstaltung einer Neuwahl und demnächst die Einberufung des Gewählten durch den zeitigen Vorsitzenden des Curatoriums.

§ 12.

Dem Curatorium steht das Recht zu, durch einstimmigen Beschluss die Zahl seiner Mitglieder auf Sieben zu erhöhen. Der Ablauf der Amtsperiode ist auch in diesem Falle stets so zu regeln, dass nur je Ein Mitglied zu derselben Zeit austritt

§ 13.

Die Abstimmungen des Curatoriums erfolgen in der Regel schriftlich. Persönliche Sitzungen sollen nur dann anberaumt werden, wenn die Mehrzahl der Mitglieder ihr Erscheinen zugesagt hat. Jedoch muss in diesem Falle den nicht erschienenen Mitgliedern ihr Stimmrecht gewahrt bleiben und steht es denselben zu, ihr schriftliches Votum bis zum Tage der Sitzung zu Händen des Vorsitzenden abzugeben.

Jedes schriftliche Votum ist möglichst bald nach erhaltener Aufforderung abzugeben; es ist ungültig, wenn es binnen vierzehn Tagen danach nicht erfolgt ist. Längere Fristen können für besondere Fälle durch die Geschäftsordnung (§ 14) festgesetzt werden.

§ 14.

Im Uebrigen setzt das Curatorium nach seiner Constituirung eine Geschäftsordnung fest, wonach es die Verwaltung in geordneter Weise zu führen, das Kassenwesen möglichst sicher zu stellen und vortheilhaft zu regeln und, unter Beobachtung der in § 13 enthaltenen Bestimmungen, bei Berathungen, Beschlussfassungen und Wahlen (§§ 6. 7. 9) zu verfahren gedenkt. Die Geschäftsordnung wird durch Beschluss abgeändert, sobald Umstände und Erfahrung es erfordern.

§ 15.

Der Gottesdienst in der Synagoge wird so abgehalten, dass daraus für die Stiftungskasse Kosten nicht entstehen. Zur Beleuchtung und Reinigung des Locals werden die üblichen Beiträge und freiwilligen Spenden der Theilnehmer am Gottesdienste nach Bedürfniss verwendet. Uebersschüsse fliessen dem Fonds der Stiftung zu.

§ 16.

Aus den Zinsen des Stiftungsfonds wird die dauernde bauliche Unterhaltung des Gebäudes bestritten. Die nicht verbrauchten Zinsen werden alljährlich dem Capital zugerechnet; doch können dieselben erforderlichen Falls für die Ausgaben der nächstfolgenden Jahre flüssig gemacht und verwendet werden.

§ 17.

Das Curatorium ernennt einen Rendanten, welcher die Kasse des Synagogenfonds verwaltet und darüber Buch führt. Sollte dem Curatorium ein Personenwechsel aus irgend welchem Grund nothwendig oder zweckmässig erscheinen, so steht es ihm jederzeit zu, dieses Amt einer andern Person zu übertragen. Es ist nicht erforderlich, dass ein Mitglied des Curatoriums zu diesem Amte berufen werde.

In welcher Weise die Controle des Buches und die Revision der Kasse zu handhaben sei, hat die Geschäftsordnung (§ 14) festzustellen.

§ 18.

Gleichzeitig mit der Ernennung des Rendanten bestimmt das Curatorium die Bedingungen und Formen, unter denen Zahlungen aus der Kasse des Synagogenfonds erfolgen sollen.

§ 19.

Synagoge und Gottesdienst stehen unter der Oberaufsicht des Landrabbiners. Der Gottesdienst schliesst sich mit einigen in Badeleben berücksichtigenden Kürzungen der im Bezirk des Landrabbinats Emden und insbesondere der Nachbargemeinde Norden zur Zeit herrschenden Ordnung an. Abänderungen dürfen nur auf einstimmigen Beschluss des Curatoriums eingeführt werden.

§ 20.

Ebenso sind Aenderungen des Statuts nur auf Grund eines einstimmigen Beschlusses des Curatoriums zulässig.

§ 21.

Falls irgendwie die Stiftung jemals ihren Zweck durchaus nicht mehr erreichen könnte, bezw. ihr Fortbestand unmöglich sein sollte, so ist über Aufhebung der Stiftung durch das letzte Curatorium mit Genehmigung der zuständigen Behörden zu beschliessen. Der Beschluss muss jedoch in zweimaliger Abstimmung in einem Zwischenraume von mindestens zwölf Monaten von sämmtlichen Mitgliedern des Curatoriums einstimmig gefasst werden.

Es ist dabei zugleich über das vorhandene Vermögen Beschluss zu fassen; doch darf solches nur zum Besten allgemein jüdischer Zwecke, zunächst für die Juden der Provinz Hannover verwendet werden.

§ 22.

Sollte sich im Laufe der Jahre eine selbständige Synagogengemeinde Norderney bilden, so kann das Curatorium, unter den in § 21 festgesetzten Modalitäten, den Uebergang der Stiftung an diese Synagogengemeinde beschliessen.

§ 23.

Nachdem das gegenwärtige Statut auf Grund allerhöchster Genehmigung in Kraft getreten ist, werden Grundstück und Synagoge auf den Namen der Stiftung, in das Grundbuch eingetragen, wählt das Comité für die Erbauung der Synagoge die vier zu wählenden Mitglieder des Curatoriums nach vorstehenden Bestimmungen (§ 7), empfängt die Erklärung der Gewählten über die Annahme der Wahl und macht davon dem Landrabbiner des Bezirks schriftliche Anzeige, worauf das Curatorium sich constituirt und das Comité sich auflöst.

Das Comité zur Erbauung einer Synagoge auf Norderney.

gez. Hirsch Oppenheimer in Hannover, Vorsitzender.
Landrabbiner Dr. Sam. E. Meyer in Hannover.
M. Bargebuhr, Kaufmann in Hamburg.
Joseph Levy, Banquier in Hamburg.
E. Z. Michael, Kaufmann in Hamburg.
W. M. Wolff, Rentier in Hamburg.
Dr. David Rosin, Lehrer am jüdisch-theologischen Seminar in Breslau.

Beglaubigte Abschrift ad No. 3570 G. III.

Auf Ihren gemeinschaftlichen Bericht vom 29. v. Mts. will Ich der Synagogen-Stiftung auf der Insel Norderney, im Landdrosteibezirk Aurich, Provinz Hannover, auf Grund des anbei zurückfolgenden Statuts vom 27. April d. J. hiermit die Rechte einer juristischen Person verleihen.

Baden-Baden, den 1. October 1879.

gez. Wilhelm.

gegengez. Leonhardt. Graf zu Eulenburg.
von Puttkamer.

An
den Justiz-Minister, den Minister
des Innern und den Minister der
geistlichen etc. Angelegenheiten.

Mit der Urschrift gleichlautend.

Berlin, den 5. November 1879.

L. S.

Reich,
Kanzlei-Rath und Director
der geheimen Kanzlei des Ministeriums
der geistlichen etc. Angelegenheiten.

Druck von S. Schottlaender in Breslau.

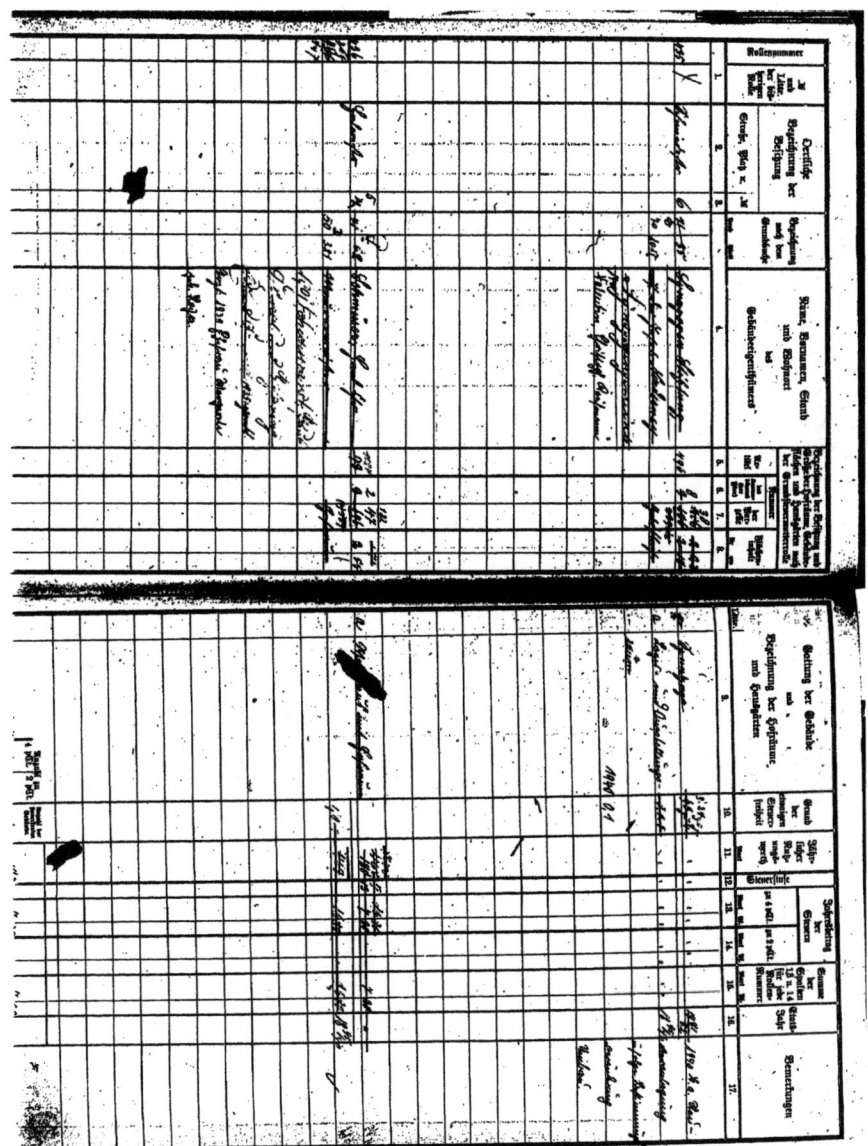

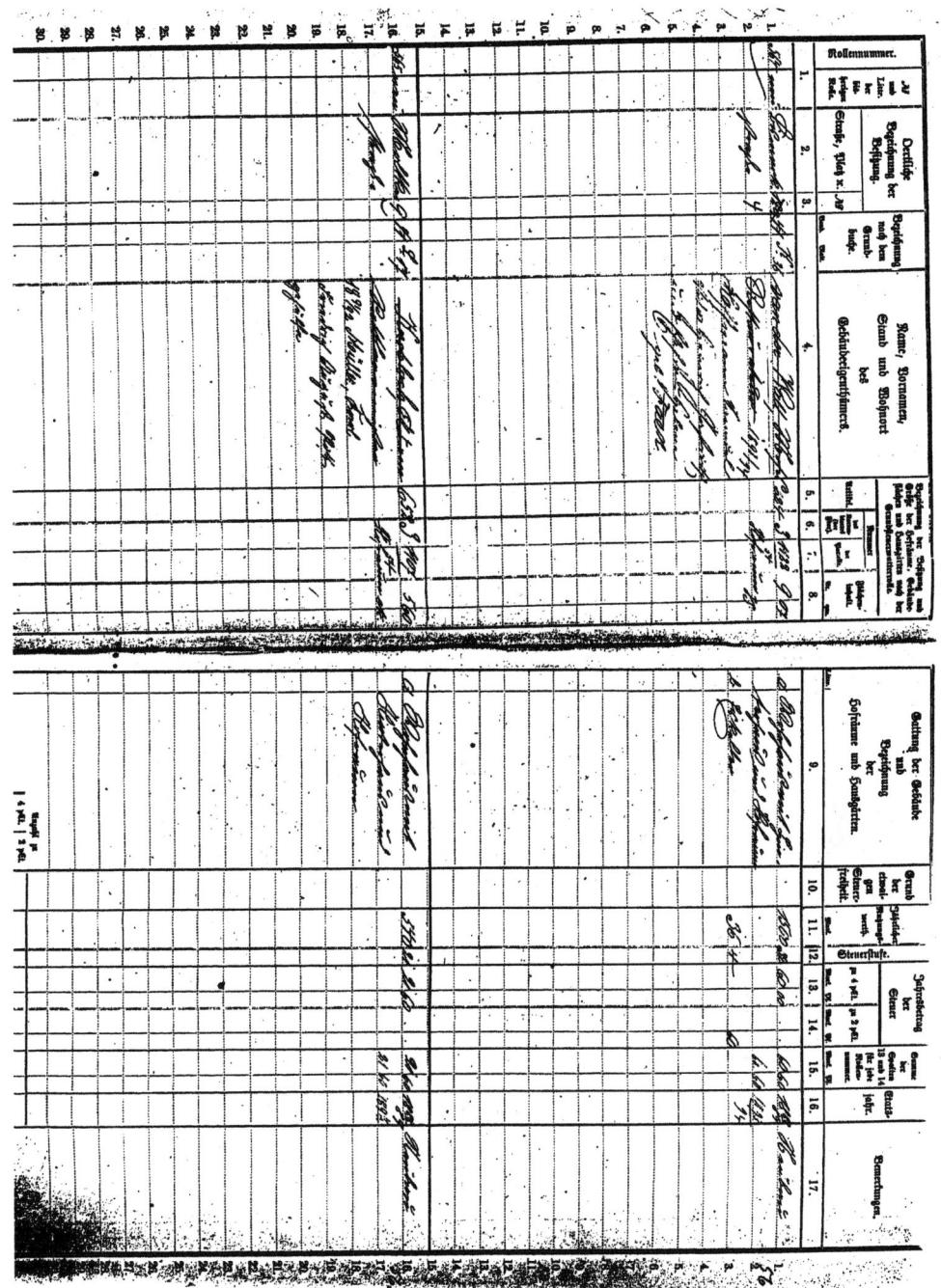

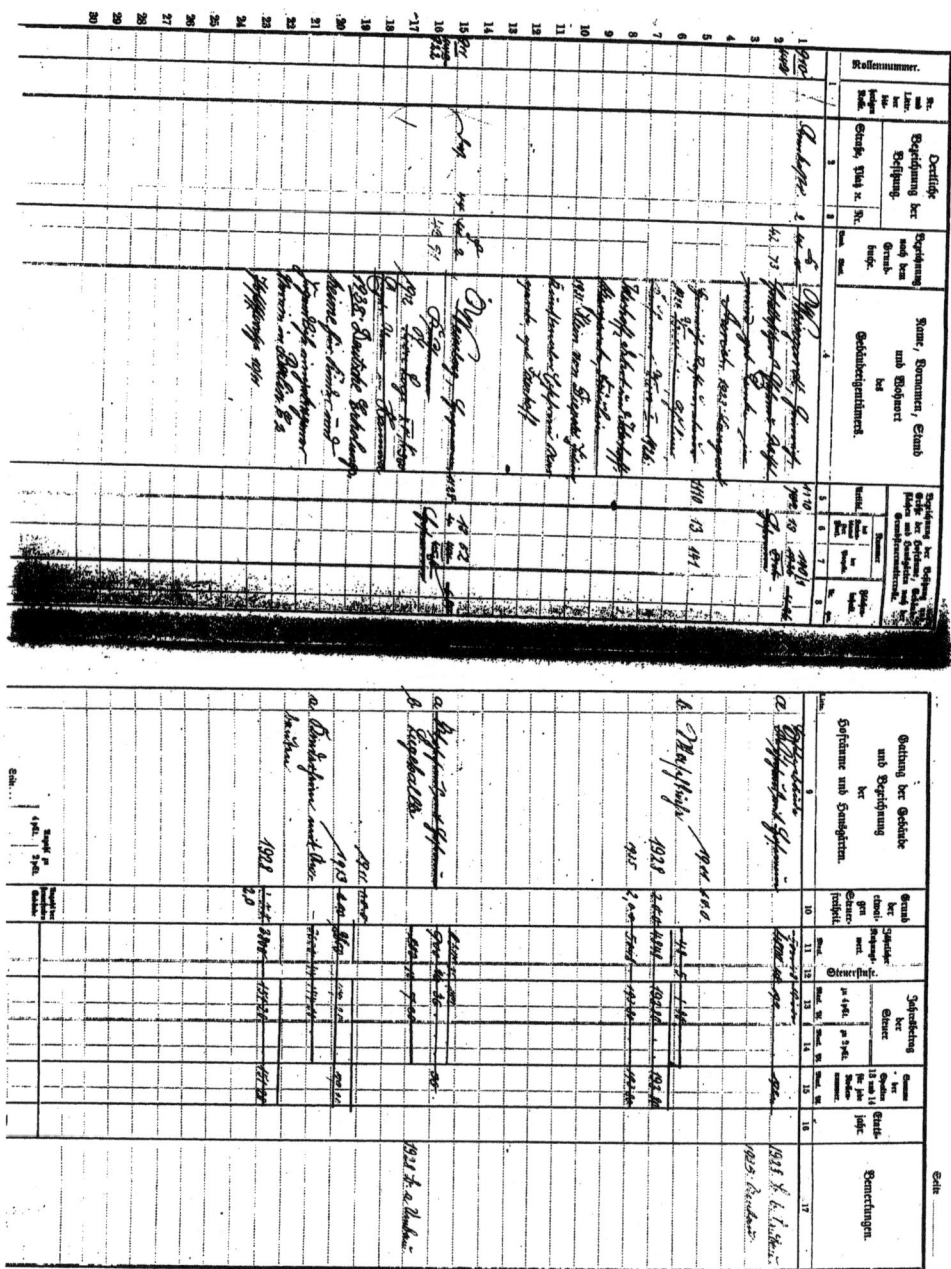

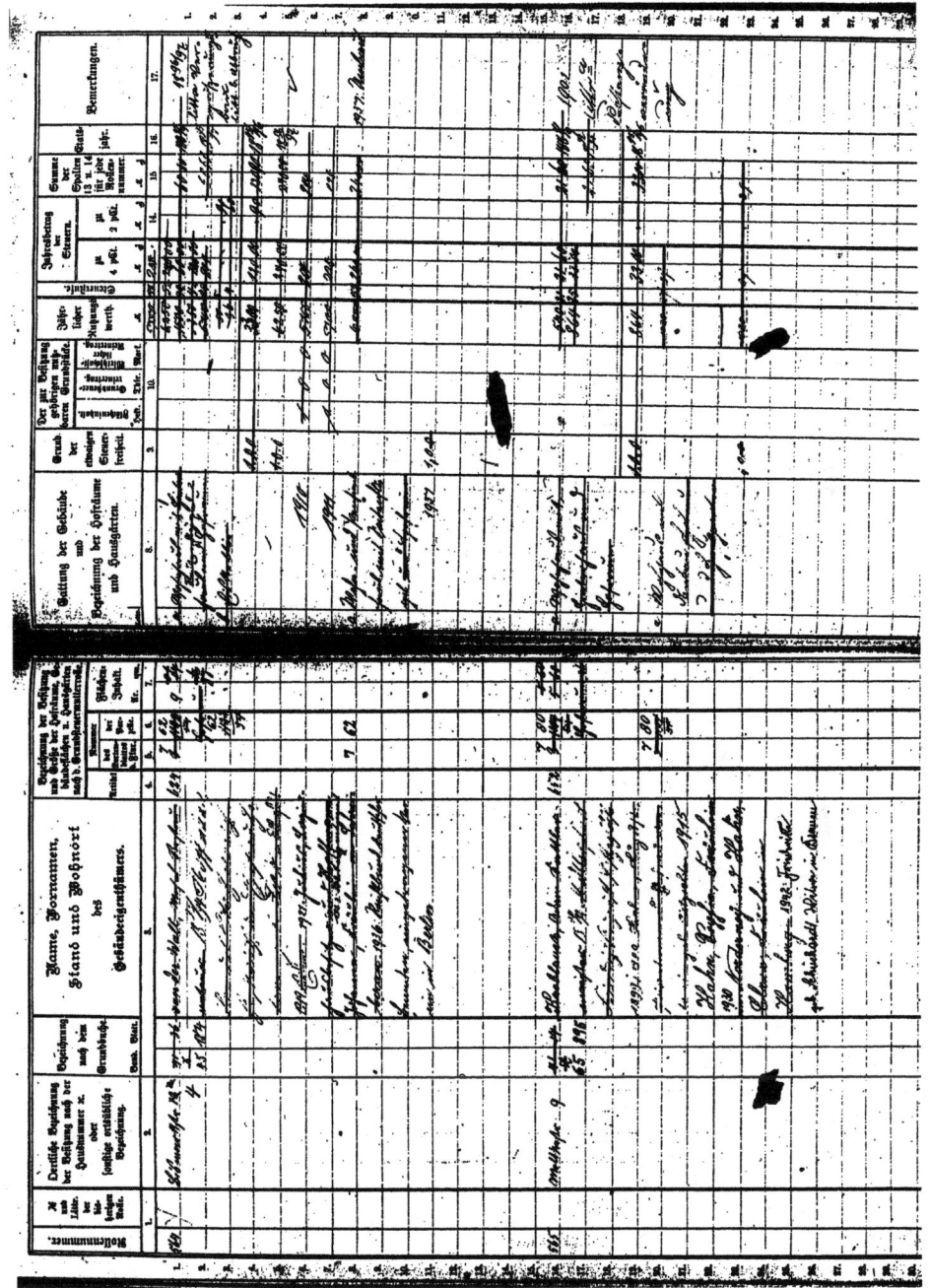

Der Grund- und Gebäudeeigentümer		Artikel der Grundsteuermutterrolle.	Nummer der Gebäudesteuerrolle.	Nummer der Gebäudesteuerrolle
Name, Vorname und Stand.	Wohnort und Hausnummer.			
1	2	3	4	4
Hillrichs, Hilbich, ..., Ehefrau Emma, geb. Albers		55	323	
Hillmann, Wilhelm, Arbeiter, ..., Ehefrau Georgine geb. Visser		1256 / 890 Ngr.	1019 / 662 Ngr.	
Hinrichs, Arnold, Bäckermeister		996		
Hinrichs, Heinrich Hermann, Rentier		757	695	
Hinrichs, Heinrich Hermann, Bäckermeister		269		
Hinrichs, Carl, Schneider, Ehefrau Anta geb. Jensen		1100	883	
Hirsch, Iwan, Kaufmann		52	243	
Hirsch, Marko, Kaufmann, Ehefrau Klara geb. Koertel		262	36	932
Hirsch, Jakob, Kaufmann	Hannover	1049	622	
Hoffmann, Adolf, ... und Ehefrau Maria geb. ...		398	457	996
... Ehefrau Maria geb. ...		398	457	1016
Hoffmann, Hermann Heinrich	Elberfeld	624	561	
Hoffmann ... Ehefrau ... geb. Falk				
Hoffmann, ...	Schreiberau	624 Ngr.	561 Ngr.	
Abram, ..., Israelit	Schreiberau	624 1/6		

Artikel der Mutterrolle.	Bezeichnung nach dem Grundbuche.	Des Eigenthümers Name, Vorname und Stand.	Wohnort.
1.	2.	3.	4.
621	67 - 930	Deutsche Gesellschaft zur Rettung Schiffbrüchiger	Bremen
622		Schipper, Alto... Sünken v. Sterendorff ... Kaufm. ... Wwe. geb. des Blaus ... 1948: Jarks, Johann, ... Ehefr. ... geb. van Sterendorff	Bremen Norden
623 528...		...	Norderney Aurich
624		van der Wath ... Heymann ... Hoffmann ...	...feld Norderney ... Berlin
625	67 - 936	Scheepherrs, ... 1948: Köpp...	... Ramsberg Norderney
626	67 - 937	Janssen, ... Hermann, ... Jansen, Meyer, ...	Norderney
627		Rust, ... Wwe. Matth... geb. Schmidt	Norderney
	66 - 918	van der Wath, ... Samson, ... Fischer, ... 1955: Wwe. ... geb. Rehse	Norderney Norden
		Rass & Co., ... Bremen ... Grindeich
		Kotzal, Joseph Simon	Norden

Katharina Annette

Zur Aufklärung!

Israelitische Kurgäste!

In der „C. V.-Zeitung" war die **Riche Bar** hier in dem Verzeichnis der antisemitischen Lokale aufgeführt. Nach Mitteilung des Verlages an Herrn Hoffmann (Hoffmanns Hotel Falk, hier, ist die Riche Bar schon seit einiger Zeit in dem Verzeichnis gestrichen. Entsprechende Annonce und Artikel werden in der nächsten Ausgabe der „C. V.-Zeitung" erscheinen.

Die Riche Bar wird in diesem Jahre unabhängig vom Hotel Engehausen von mir geführt.

Weitere Aufklärung wird gerne im Hoffmanns Hotel Falk von den Herren Gebr. Hoffmann erteilt.

Barmeister
Theo Nagelschmidt.

Judenfeindliche Erholungsorte.

Baaßu (Inserat der Badeverwaltung: „Nur christliche Gäste").
Borkum.
Daugast.
Ottenbach i. Württ.
Einöd b. Friesach in Obersteiermark.
Finsterbergen (Fremdenverkehrsverein versendet Prospekte mit der Aufschrift: „Nur für christliche Familien".)
Heiligenhafen.
Jülit.
Königsfeld, Schwarzwald. (Prospekt: „Israeliten suchen den Kurort in der Regel nicht auf.")
Langeoog.
Masserberg, Thüring.
Spiekeroog.
Unterstmatt, Schwarzwald. (Das Kurhaus versendet Empfehlungsschreiben mit dem Vermerk: „Für jüdische Empfänger ungültig.")
Volderbad bei Hall.
Wald in Oberpinzgau. (Israeliten ausgeschloss.)
Zinnowitz.

Hotels und Pensionen, die judenfeindlich sind oder denen als ausgesprochen „christlichen Häusern" jüdischer Besuch nicht willkommen ist.

Arendsee (Villa „Lübeca", Logierhaus „Wotan").
Ahlbeck (Haus Gerda).
Augustabad b. Neubrandenburg i. Mecklenburg (Kurhotel, Bes. Wilhelm Eder).
Bayrischzell (Dr. von Mengershausens Kurheim „Tannerhof").
Berchtesgaden (Villa „Minerva", Pension Malterlehen i. d. Schönau, Haus Schöneck u. Gut Fischmichellehen).
Beuron (Hotel u. Pension Pelikan, Inhaber A. Hausen).
Binz (Haus Gaebel, Quisisana, Hotel Potenberg).
Braunlage am Harz (Haus Anna-Liese, Bes. Frl. Schulze, Haus Waldmannsheil).
Brunshaupten i. Mecklenburg (Pension Bellavista, Castle Mona, Fürst Bülow und W. Stickert, Lindenstraße 52).
Buchenbach (Familienerholungsheim Wiesneck, Bahnstation Himmelreich-Höllenthal).
Buckow, Kreis Lebus („Wilhelmshöhe").
Cuxen (Pension Kurländer Haus, Inh. Frau Strohbach).
Fallingbostel, Bezirk Lüneburg (Pension Ker-sten. Lungenkranke und Israeliten werden nicht aufgenommen).
Flinsberg („Borussia", Villa Bergfrieden, Haus Böttcher, Haus Daheim, Inh. Grube, Haus Feodora, Lug-ins-Land, Haus vor Wüttingslöwen).
Frankfurt am Main (Bahnhofshotel „Kölnischer Hof", Bes. Laasa).
Freudenstadt i. Schwarzwald (Palmenwald), Kurhaus Teuchelwald, Haus „Freiheit", Inh. v. Beckerat).
Friedrichroda (Villa Charlotte, Alexanderstraße 22; Hotel Lange, Bes. O. Eid).
Gehlberg bei Oberhof (Gehlberge-Mühle).
Georgenthal i. Thür. (Villa „Daheim").
Gernrode (1. Christl. Logierhaus: Vorsteherin Frau Su. Schlemm).
Goslar a. Harz („Der Achtermann", „Ratskeller", Gasthaus „Vogel", Familienpension Kloster Frankenberg).
Hahnenklee im Harz (Haus Bocksberg, Villa Maria in Bockswiese, Villa „Daheim". Haus Hubertusheim, Waldheim, Frl. Weber).
Harzburg (Villa Winterberg, Nordhäuserstr.; Haus Ulrich, Besitzer Pelchzim, Am alten Kaiserweg 1; Haus Tanneck).
Hasserode b. Wernigerode (Kurhaus).
Oittacker a. Elbe (Waldfrieden mit Villa Esblick).
Juliusruh b. Breege auf Rügen (Villa Daheim, Frau Kobsch).
Karlsbad (Elisabethh. Hotel National, Römischer Feldherr, Italia, Florenz, Insel Malta, Rosenstock, Kaiserstraße, Brandenburger Hof, Diamant, Haus Abbazia, Gasthaus Alt-Heidelberg).
Kolberg (Pension Röpke, Moltestraße).
Königstein a. Elbe (Gasthaus Ebenheit).
Koserow a. d. Ostsee (Pension Waldfrieden, Inh. Elisabeth Cleve).
Kreuth bei Tegernsee (Hotel Bad Kreuth, nicht zu verwechseln mit dem Hotel in Dorf Kreuth).
Landeck (Elysium, Villa Rheinbaden, Villa Alhambra, Villa Auguste, Villa Elfriede, Villa Winter, Villa Daheim, Bes. Frl. Rother, Villa Herta, Bes. Frl. Lebet, Villa Landsfried I, Bes. Butze, Villa Ostrowicz,

Inh. Frau Major Kägler).
Liebenzell, Württemb. Schwarzwald (Waldhaus Sarobi).
Malente-Gremsmühlen (Villa Emma, Bes. Alex Tippel).
Meinberg (Schloß Meinberg, Inh. Frl. Schayer).
Mitteltal Station Baiersbronn, Württemb. Schwarzwald (Kurhotel Tannenburg, Ernst Schmelzle. Juden und Lungenkranke können nicht aufgenommen werden).
Münster a. Stein (Villa Otto, Inh. Israel & Behrens).
Nürig (Hamburger Hof, Inh. Frau Schmidt).
Nauheim (Schneiders Privathotel „Viktoria", Parkstraße 3).
Neudorf b. Friedland, Bez. Breslau (Kaerger).
Neuenahr (Haus „Humboldt", Hochstraße 17, Inh. A. Gimmerthal).
Neukloster, Kreis Stade (Kurhotel Paderborn, Bes. Fr. A. Köhling).
Norderney (Hotel Engehausen, Bar Riche).
Oberhof (Haus Achilles, Villa Waldheil).
Oberniak (Waldsanatorium Dr. Fritz Koninm).
Obersalzberg b. Berchtesgaden (Kindererholungsheim Dr. Seitz).

Oberstdorf (Villa Kindl).
Oeynhausen (Pension Mollenhauer, Haus Wellbeck, Herforder Straße, Hotel Klütsch, Herforder Straße, Hotel Kaiserhaus, Herforder Straße, Haus Hansa, Gesch v. Westermann, Bahnhofstraße, Haus Senger, Portastr., Haus Schiesien, Inh. Schlittgen, Bismarckstraße, Frau Rant, Portastraße).
Oybin b. Zittau (Landhaus Heidrich).
Partenkirchen (Haus am Ried).
Polzin (Kur- und Erholungsheim Marienbad).
Pyrmont (Haus Fernblick, Villa Helmburg, Bes. Frl. Montua, Haus Rheinland, Inh. Frau Bürgermeister Paege, Haus Bathildis, Inh. H. Mahlstedt, Haus Niedersachsen, Inh. Freifrau v. Schoenaich, Bachstr. 7, Pension Bockwenzel, Inh. Frl. Hermine Bock, Haus Eichhorn, Inh. Frl. Martha und Elisabeth Eichhorn, Schloßplatz 2, Kurpension Marie Ottomeyer).
Reichenhall (Deutsches Heim, Hotel Habsburg u. Villa Stefanie, Bes. M. Altmann).
Reiners („Idylle", Bes. I. u. H. Körnich, Logierhaus Cornelia).

Rothenfelde i. Teutburger Wald (Hotel „Zur Post").
Saalberg i. Riesengeb. (Rekonvaleszenten-Haus Schwirten-Wachewitz).
Sachsa i. Südharz (Pension Giebelhausen, Villa „Waldruh").
Salzbrunn (Haus Baden, Inh. Frau Pfarrer Hagemeyer, Villa Annie, Pension Lindenhaus, Pension Berghaus, Kurpension „Komet").
Salzig a. Rh. (Kurhaus).
Salzschlirf (Pension Wilhelmshöh").
Salzuflen (Haus Zimmermann-Bagedorn, Villa „Margarete Charlotte" Inh. H. Schipper, Hotel „Reichshof", Inh. Frl. Rose, Haus „Bismarck", Moorstraße).
Schierke i. Harz (Haus Wedek, Haus „Waldesruh").
Schliersee (Villa Poltmacher).
Schreiberhau i. Riesgeb. (Haus Gunem, Inh. u. Bonin, Gästeheim von Stal, Haus du Bois, Fremdenheim von Siegroth-Pauli, Haus Hoofstein, Inh. Irmgard Leisterer, Fremdenheim von Steinacker, Pension Vetter, Am Waldessaum).
Schwarzort b. Memel (Kurhaus „Villa Waldfrieden").

Verzeichnis der judenfeindlichen Erholungsorte, Hotels und Pensionen 1926.

(Ohne Gewähr.) (Nachdruck nur mit Quellenangabe gestattet.)

Die mit einem * versehenen Erholungsorte sind solche, die insgesamt als judenfeindlich gelten.

II. Nordsee.

Nordfriesische Inseln:

Westerland auf Sylt. Pension Lambeck, „Villa Sanssouci".

Wittdün a. Amrum. „Villa Quedens" (Inh. Frau Prueß).

***Norddorf auf Amrum.**

Nordsee-Sanatorium Amrum (Nebel). (San.-Rat Dr. Ide schreibt: „Jüdische Kinder nehme ich nicht gern auf und nur dann, wenn es sich um besondere Kur- und Behandlungsbedürftigkeit handelt").

Ostfriesische Inseln:

Wangeroog. Pension „Seeluft" (Inh. Schmidt), „Strandhotel Germania".

***Spikeroog.**

Norderney. Hotel Engehausen, Bar Riche, Dortmunder Bierhallen.

***Langeoog.**

***Juist.**

***Borkum.**

Baltrum. Hotel Kyper. (Inh. Kyper lehnt die Aufnahme jüdischer Gäste ab, mit dem Hinweis, seine Gäste seien in der Hauptsache völkisch).

Verzeichnis der judenfeindlichen Erholungsorte, Hotels und Pensionen 1927.

(Ohne Gewähr.) :: (Auch teilweiser Nachdruck nur mit Quellenangabe gestattet.)

Die mit einem Stern versehenen Erholungsorte sind solche, deren Bevölkerung überwiegend als judenfeindlich gilt.

II. Nordsee.

Nordfriesische Inseln:

Westerland auf Sylt. Kurhaus des Deutschnationalen Handlungsgehilfenverbandes. (Auf Wunsch aufgenommen). „Villa Sanssouci".

Wittdün a. Amrum. „Villa Quedens" (Inh. Frau Prueß).

*****Norddorf auf Amrum.**

Nordsee-Sanatorium Amrum (Nebel). (San.-Rat Dr. Ide schreibt: „Jüdische Kinder nehme ich n i c h t gern auf und n u r d a n n, wenn es sich um besondere Kur- u. Behandlungsbedürftigkeit handelt").

Ostfriesische Inseln:

Wangeroog. Pension „Seeluft" (Inh. Schmidt), „Strandhotel Germania".

*****Spikeroog.**

Norderney. Hotel Engehausen, Dortmunder Bierhallen, Haus „Nothung" (Kurhaus des Stahlhelms).

*****Langeoog.**

*****Juist.**

*****Borkum.**

Baltrum. Hotel Knyer (Inh. Knyer lehnt die Aufnahme jüdischer Gäste ab mit dem Hinweis, seine Gäste seien in der Hauptsache völkisch); Pension und Kaffeehaus Dünenschlößchen, Ostdorf (das Inserat im offiziellen Bäderprospekt ist mit einem Hakenkreuz versehen).

Kurorte und Gasthäuser
deren Besuch unseren Freunden nicht anempfohlen werden kann

Ohne Gewähr :. Abgeschlossen am 30. Mai 1928 :. Auch teilweiser Nachdruck nur mit Quellenangabe gestattet

Zeichenerklärungen:

Die mit einem * versehenen Orte müssen ihrer Bevölkerung nach als überwiegend judenfeindlich bezeichnet werden. Die den Ortsnamen beigefügten römischen Ziffern geben an, in welchem Landesteil sich der Platz befindet, und zwar bedeuten:

Ostsee (I), Nordsee (II), Norddeutsche Ebene (III), Thüringen (IV), Schlesien (V), Harz (VI), Sachsen (VII), Baden und Württemberg (VIII), Wesergebirge (IX), Hessen (X), Rheinland (XI), Bayern (XII), Oesterreich (XIII), Tschechoslowakei (XIV), übriges Ausland (XV).

Norderney (II): **Dortmunder Bierhallen** hat ein Schild: Juden haben keinen Zutritt. **Hotel Engelhausen**, christliches Hotel. **Haus Meeresleuchten**, christliches Erholungsheim. Der Inhaber legt jedoch Wert darauf, nicht als judenfeindlich zu gelten. **Haus Nothung**, Ruthaus des Stahlhelms. **Villa Südblick**, streng christliches Haus. **Deutsches Haus**, Stahlhelmheim.

Badezeitung Nr.99 vom 12.August 1933.

- - - -

Norderney,11.August.

Jüdische Rassenschändung.

Jn der Nacht von Donnerstag auf Freitag gegen 2 Uhr wurde der jüdische Möbelhändler Juda Rosenberg aus Gelsenkirchen in Schutzhaft genommen.Schon am Tage vordem war die Polizei durch mitbewohnende Kurgäste auf das Treiben dieses Rassenschänders aufmerksam gemacht worden.Die Polizei und 2 S.A.Männer nahmen daher in der letzten Nacht die Durchsuchung vor und nahme auch gleich den Rassenschänder in polizeiliche Sicherheit.Rosenberg teilte mit einem 20jährigen Christenmädel aus dem Ruhrgebiet 2 durchgehende Zimmer.Die erfolgte Haussuchung ergab auch die Anschuldigung der Rasse schändung,trotzdem R.auf Knien rutschend,seine Unschuld beteuerte,erfolgte die Berechtigte Festnahme.Rosenberg ist polnicher Staatsangehöriger.Er wir auch das Christenmädel si unverheiratet.Das Konzentrationslager wird noch eben gut genug für den Rassenschänder sein.

Zwangsversteigerung.

Im Wege der Zwangsvollstreckung soll das im Grundbuch von Norderney, Band 45 Blatt Nr. 184 eingetragene, nachstehend beschriebene ²¹⁸⁴

Grundstück

am 21. Septbr. 1935, vormittags 10 Uhr,

an der Gerichtsstelle, Fräuleinshof Nr. 13, Zimmer Nr. 10, versteigert werden: Gemarkung Norderney, Kartenblatt 7, Parzelle 62, **Wohnhaus mit Seitenflügel und Hofraum an der Bismarck- und Roonstraße**, groß 9a 07 qm, Grundsteuermutterrolle Art. 624, Gebäudesteuernutzungswert 5700 ℳ, Gebäudesteuerrolle Nr. 564a.

Der Versteigerungsvermerk ist am 21. Mai 1933 in das Grundbuch eingetragen.

Als Eigentümer waren damals 1) der Logierhausbesitzer **Julius Hoffmann** in Norderney zu ⅓, 2) Frl. **Johanne Hoffmann** in Norderney zu ⅓, 3) der Hotelbesitzer **Fritz Hoffmann**, in Norderney zu ⅓, eingetragen.

Bieter haben mit der Verpflichtung zur Sicherheitsleistung zu rechnen.

Amtsgericht Norden,
10. 5. 1935.

Das Amtsgericht.b   N o r d e n , den 30. Dezember 1935
K 23/33.

Amtsgericht Norden
Eing.: 31. Dez. 1935
1 Anlagen.

In Sachen, betr. die Zwangsversteigerung des dem Julius Hoffmann in Leipzig C 1, Gottschedstrasse 28 IIr., der Ehefrau des Kaufmanns G. Hergershausen, Johanne geb. Hoffmann in Leipzig C 1, Eutritzscher Strasse 43 und dem Fritz Hoffmann in Köln a.Rh., Cäcilienstrasse, Restaurant "Rheinlandloge" je zu 1/3 gehörenden, im Grundbuche von Norderney Band 45 Blatt Nr. 184 eingetragenen Grundstücks, wird ersucht, auf dem bezeichneten Grundbuchblatt

1) die Ostfriesische Sparkasse in Aurich auf Grund des Zuschlagsbeschlusses des Amtsgerichts Norden vom 21. September 1935 als Eigentümerin einzutragen,
2) in Abteilung II den Zwangsversteigerungsvermerk (Nr. 2) zu löschen,
3) in Abteilung III N die Rechte Nr. 5, 6, 7, 8, 9 und 10 zu löschen.

Der Wert beträgt 30 - 35 000 RM. Die Unbedenklichkeitsbescheinigung liegt an.

Amtsgerichtsrat.

An das
Grundbuchamt
     h i e r .

Zwangsversteigerung.

Im Wege der Zwangsvollstreckung sollen die im Grundbuch von Norderney, Band 41 G Blatt Nr. 34 eingetragenen, nachstehend beschriebenen

Grundstücke

am 27. Juli 1935, 10½ Uhr,

an der Gerichtsstelle, Fräuleinshof Nr. 13, Zimmer Nr. 10, versteigert werden:

Nr. 1: **Bebauter Hofraum,** Gartenstraße, Haus Nr. 22a, Gemarkung Norderney, Kartenblatt 12, Parzelle 72, groß 3 a 11 qm,

Nr 2: **Hausgarten** an der Gartenstraße, Gemarkung Norderney, Kartenblatt 12, Parzelle 208/73, groß 4 a 13 qm.

zu 1 und 2: Grundsteuermutterrolle Art. 171, Gebäudesteuerrolle Nr. 943 a, b, Nutzungswert zusammen 825 ℳ

Der Versteigerungsvermerk ist am 17. März 1933 in das Grundbuch eingetragen. Als Eigentümer war damals der Hotelbesitzer **Julius Hoffmann** in Norderney eingetragen.

Amtsgericht Norden,
24. 6. 1935. 1778

Amtsgericht.   N o r d e n , den 29. Januar 1936.

/33.

Amtsgericht
Norden
Eing.: 30. Jan. 1936
1 Anlagen.

    In Sachen, betr. die Zwangsversteigerung des im Grundbuche von Norderney Band 41 G Blatt Nr. 34 auf den Namen des Hotelbesitzers Julius Hoffmann in Norderney, jetzt in Leipzig, Gottschedstrasse 28 II r., eingetragenen Grundbesitzes, wird ersucht, im Grundbuche von Norderney Band 41 G Blatt Nr. 34

a) in Abteilung II den Zwangsversteigerungsvermerk und in Abteilung III die Rechte Nr. 7, 8 und 9 zu löschen,

b) auf Grund des Zuschlagsbeschlusses des Amtsgerichts Norden vom 10. August 1935 den praktischen Arzt Dr. med. Hermann L a m p e in Norderney als Eigentümer einzutragen.

    Der Wert beträgt 20 000,- RM. Die Unbedenklichkeits=
bescheinigung ist beigefügt.

                          Amtsgerichtsrat.

An das
    Grundbuchamt
       h i e r .

Eigenthümer.		Zeit und Grund des Erwerbes.	Werth.
[illegible] Bindermann in Bremer Kirchstr. No 48	1	Ausgelassen am 24 [illegible] am 15 [illegible] 1911 [illegible] Schröder	
Hotelbesitzer Fritz Hoffmann in Vordeney	1.1	Ausgelassen am 18 April 1922 und [illegible] auf [illegible] 1922 zu Engelhard Weste	
Der praktische Arzt Dr med. Hermann Lampe in Vordeney	1.2	Auf Grund [illegible] des [illegible] vom 8. August 1935 - [illegible] eingetragen am 31. Januar 1936 [illegible] Thomas [illegible]	
N. S. Volkswohlfahrt eingetragen zu Bonn, Berlin	1.3	Ausgelassen am 18 August 1937 und eingetragen am 15. September 1937. gez. Thomas [illegible]	

<u>L i s t e</u>

der im Gemeindebezirk Norderney
wohnhaften Juden.

- - - -

Verfügung v. 16.12.35 L.A.I.7758

- - - -

An den

    Herrn Landrat

        <u>N o r d e n</u>.

Lfd. Nr.	Name und Vorname	Beruf	Wohnung	Wann geboren	Wo geboren	Familienstand	Bemerkungen
1.	Lemmersmann, Clementiene, geb. Fröhlich	Witwe	Luisenstr. 7	20.11.63	Brühl b. Köln	verwitwet	
2.	Mahler, Lertha	Stütze	Bismarckstr. 8	22.11.80	Paderborn	ledig	
3.	Müller, Karl	Schlachter	" "	15. 9.72	Leer	verheiratet	
4.	" Julie, geb. Klein	Ehefrau	" "	9. 2.76	Ursbergenfeld Norden	"	
5.	Rosenstamm, Angeline	Privatiere	" "	20. 8.63		ledig	
6.	Schultenkötter geb. Krebs, Ulrika	Ehefrau	Friedrichstr. 17	22. 9.89	Bucarest	verheiratet	
7.	Wollenstein, Pinkas	Kaufmann	Luisenstr. 7	11. 3.75	Brest-Litewsk in Polen	verheiratet	Jüdin, jetzt katholisch
8.	" Choje, geb. Tennebaum	Ehefrau	" "	12.12.75		"	
9.	" Ella	Haustochter	" "	1. 3.09	Hannover	ledig	

Aufgestellt
Norderney, den 23 Dezember 1935.

Der Bürgermeister.

F r a g e b o g e n
gemäß § 3 der ersten Verordnung zum Reichsbürgergesetz vom 14.11.1935

(Stimmrecht in politischen Angelegenheiten).

N a m e	Lemmersmann geb. Fröhlich
Vorname	Clementine
Wohnort und Wohnung	
Geburtsort, -tag, -monat und -jahr	20 November 1863
Konfession (auch frühere Konfession)	Israelitisch

Nähre Angaben über die Abstammung:

E l t e r n :
Name des Vaters	Isidor Fröhlich
Vorname	Isidor
Sterbeort, -tag, -monat und -jahr	Cöln 4 November 1880
Konfession (auch frühere Konfession)	Israelitisch -
Geburtsname der Mutter	Wolff
Vorname	Helene
Sterbeort, -tag, -monat und -jahr	Cöln 18 Juni 1877
Konfession (auch frühere Konfession)	Israelitisch

G r o ß e l t e r n :
Name des Großvaters .... (väterlicherseits)	Fröhlich
Vorname	?
Sterbeort, -tag, -monat und -jahr	Dülken Rheinland
Konfession (auch frühere Konfession)	Israelitisch
Geburtsname der Großmutter (väterlicherseits)	Fröhlich
Vorname	
Sterbeort, -tag, -monat und -jahr	Dülken Rheinland
Konfession (auch frühere Konfession)	Israelitisch
Name des Großvaters .... (mütterlicherseits)	Wolff
Vorname	Napoleon Nathan
Sterbeort, -tag, -monat und -jahr	Euskirchen
Konfession (auch frühere Konfession)	Israelitisch
Geburtsname der Großmutter (mütterlicherseits)	
Vorname	
Sterbeort, -tag, -monat und -jahr	Euskirchen
Konfession (auch frühere Konfession)	Israelitisch

Jch

Ich versichere, daß die vorstehenden Angaben der Wahrheit entsprechen.

Norderney, den _4. Februar_ 1936.

Clementine Lemmermann
(Unterschrift) geb. Fröhlich

Fragebogen
gemäß § 3 der ersten Verordnung zum Reichsbürgergesetz vom 14.11.1935.
(Stimmrecht in politischen Angelegenheiten.)

Name . Mahler . . . . *Mahler*
Vorname . Martha . . . . *Martha*
Wohnort und Wohnung . . . . *Norderney Bismarckstr. 8*
Konfession (auch frühere Konfession) *mosaisch*
Geburtsort, -tag, -monat und -jahr *Paderborn 22. November 1880*

Nähere Angaben über die Abstammung:

Eltern:

Name des Vaters . . . . *Mahler*
Vorname . . . . *Albert*
Sterbeort, -tag, -monat und -jahr *Düsseldorf 27. Dez. 1916*
Konfession (auch frühere Konfession) *mosaisch*
Geburtsname der Mutter . . . . . . *Hoffländer*
Vorname . . . . *Kehla*
Sterbeort, -tag, -monat und -jahr *Düsseldorf*
Konfession (auch frühere Konfession) *mosaisch*

Großeltern:

Name des Großvaters . . . . *Mahler*
      (väterlicherseits)
Vorname . . . . *Michael*
Sterbeort, -tag, -monat, und -jahr *Lichtenau i/W*
Konfession (auch frühere Konfession) *mosaisch*
Geburtsname der Großmutter . . . . *Löwenstein*
      (väterlicherseits)
Vorname . . . .
Sterbeort, -tag, -monat und -jahr *Lichtenau i/W*
Konfession (auch frühere Konfession) *mosaisch*

Name des Großvaters . . . . _Hoffbauer_
   (mütterlicherseits)
Vorname . . . . _____
Sterbeort, -tag, -monat und -jahr _Bünde i/W_
Konfession (auch frühere Konfession) _mosaisch_
Geburtsname der Großmutter . . . . . . _Ganz_
   (mütterlicherseits)
Vorname . . . . _Helene_
Sterbeort, -tag, -monat und -jahr _Bünde i/W_
Konfession (auch frühere Konfession) _mosaisch_

Ich versichere, daß die vorstehenden Angaben der Wahrheit entsprechen.

Norderney, den _4. Februar_ 1936

Martha Mahler
(Unterschrift)

Fragebogen.
Gemäß § 2 der ersten Verordnung zum Reichsbürgergesetz vom 14.11.1935.
(Stimmrecht in politischen Angelegenheiten.)

Name .. Müller.......... *Müller*
Vorname .. Karl............ *Karl*
Wohnort und Wohnung .... *Norderney Bismarckstr. 8*
Konfession (auch frühere Konfession) *mosaisch auch früher*
Geburtsort, -tag, -monat und -jahr *Leer Ostfrl. 15.9.72*

Nähere Angaben über die Abstammung:

Eltern:
Name des Vaters .... *Müller*
Vorname .... *Joel*
Sterbeort, -tag, -monat und -jahr *Leer Ostfrl.*
Konfession (auch frühere Konfession) *mosaisch (auch früher)*
Geburtsname der Mutter ...... *Norden*
Vorname .... *Marianne*
Sterbeort, -tag, -monat und -jahr *Loga bei Leer Ostfrl.*
Konfession (auch frühere Konfession) *mosaisch (auch früher)*

Großeltern:
Name des Großvaters .... *Müller*
    (väterlicherseits)
Vorname .... *Loga*
Sterbeort, -tag, -monat, und -jahr *Loga bei Leer Ostfrl.*
Konfession (auch frühere Konfession) *mosaisch*
Geburtsname der Großmutter ...
    (väterlicherseits)
Vorname ....
Sterbeort, -tag, -monat und -jahr *Loga bei Leer Ostfrl.*
Konfession (auch frühere Konfession)

Name des Großvaters . . . . _Müller Norden_
        (mütterlicherseits)
Vorname . . . .
Sterbeort, -tag, -monat und -jahr _Emden 5.April._
Konfession (auch frühere Konfession) _evangelisch, nicht früher_
Geburtsname der Großmutter . . . . .
        (mütterlicherseits)
Vorname . . . .
Sterbeort, -tag, -monat und -jahr _Emden 5.April._
Konfession (auch frühere Konfession) _evangelisch, nicht früher_

Ich versichere, daß die vorstehenden Angaben der Wahrheit entsprechen.

       Norderney, den _5. 2_ 19_36_
           Karl Müller
           (Unterschrift)

Fragebogen
gemäß § 3 der ersten Verordnung zum Reichsbürgergesetz vom 14.11.1935.
(Stimmrecht in politischen Angelegenheiten.)

Name . Müller, geb. Klein . . . . . *Müller geb. Klein*
Vorname . Julie . . . . *Julie*
Wohnort und Wohnung . . . . *Norderney Bismarckstr. 8*
Konfession (auch frühere Konfession) *israelisch auch früher isr.*
Geburtsort, -tag, -monat und -jahr *Ursprungen Bayern 9.2.76*

Nähere Angaben über die Abstammung:

Eltern:
Name des Vaters . . . . *Klein*
Vorname . . . . *Aron Löb*
Sterbeort, -tag, -monat und -jahr   *Ursprungen Bayern*
Konfession (auch frühere Konfession) *israelisch auch früher*
Geburtsname der Mutter . . . . . .   *Birk*
Vorname . . . . *Sofie*
Sterbeort, -tag, -monat und -jahr   *Norden Ostfr. 15.1.1920*
Konfession (auch frühere Konfession) *israelisch auch früher*

Großeltern:
Name des Großvaters . . . . *Klein*
      (väterlicherseits)
Vorname . . . .
Sterbeort, -tag, -monat, und -jahr *Ursprungen Bayern*
Konfession (auch frühere Konfession) *israelisch auch früher*
Geburtsname der Großmutter . . . .
      (väterlicherseits)
Vorname . . . .
Sterbeort,-tag, -monat und -jahr   *Ursprungen Bayern*
Konfession(auch frühere Konfession) *israelisch auch früher*

Name des Großvaters . . . . Bien
        (mütterlicherseits)
Vorname . . . .
Sterbeort, -tag, -monat und -jahr   Elsenfeld bei Würzburg
Konfession (auch frühere Konfession) unverehl (unehl?) früher
Geburtsname der Großmutter . . . . . Blechmann
        (mütterlicherseits)
Vorname . . . .
Sterbeort, -tag, -monat und -jahr   Kl. Steinfeld bei Würzburg
Konfession (auch frühere Konfession) unverehl (unehl?) früher

Jch versichere, daß die vorstehenden Angaben der Wahrheit entsprechen.

               Nordeney , den 5. 2. 19 36
               Julia Müller geb. Klein
               (Unterschrift)

Fragebogen.

gemäß § 3 der ersten Verordnung zum Reichsbürgergesetz vom 14.11
(Stimmrecht in politischen Angelegenheiten)

N a m e	Rosenstamm
Vorname §§§	Engeline
Wohnort und Wohnung	Norden, Bismarckstr. 8
Geburtsort, -tag, -monat und jahr	Norden 20. August 1863
Konfession (auch frühere Konfession)	mosaisch

Nähere Angaben über die Abstammung:

Eltern:

Name des Vaters	Rosenstamm
Vorname	Elias
Sterbeort, -tag, -monat und -jahr	Norden 28. Januar 1905
Konfession (auch frühere Konfession)	mosaisch
Geburtsname der Mutter	Failmann
Vorname	Elise
Sterbeort, -tag, -monat und -jahr	Norden 9. Januar 1889
Konfession (auch frühere Konfession)	mosaisch

Großeltern:

Name des Großvaters (väterlicherseits)	Rosenstamm
Vorname	
Sterbeort, -tag, -monat und -jahr	Norden
Konfession (auch frühere Konfession)	mosaisch
Geburtsname der Großmutter (väterlicherseits)	
Vorname	
Sterbeort, -tag, -monat und -jahr	Norden
Konfession (auch frühere Konfession)	mosaisch
Name des Großvaters (mütterlicherseits)	Failmann
Vorname	Benjamin
Sterbeort, -tag, -monat and -jahr	Jever
Konfession (auch frühere Konfession)	mosaisch
Geburtsname der Großmutter (mütterlicherseits)	
Vorname	Auguste
Sterbeort, -tag, -monat und -jahr	Jever
Konfession (auch frühere Konfession)	mosaisch

Ich versichere, daß die vorstehenden Angaben der Wahrheit entsprechen.

Norderney, den *4. Februar* 193*6*.

Engeline Rosenstamm
(Unterschrift)

(Schittensötter)
Ulrich gb. Krebs – 1973
in Berlin – Friedenau,
Varzinerstr. 6,

Jetzt: Vater: Dr. jur. Heinrich Krebs
        Mutter: Anna geb. Topper

geb. 20/22 /9 1889 in Berlin...

Fragebogen.

gemäß § 3 der ersten Verordnung zum Reichsbürgergesetz vom 14.11.1935
(Stimmrecht in politischen Angelegenheiten)

N a m e	Wollenstein
Vorname	Pinkas
Wohnort und Wohnung	Norderney, Lienenst. 7
Geburtsort, -tag, -monat und Jahr	Kolomea 11.3.75
Konfession (auch frühere Konfession)	mosaisch

Nähere Angaben über die Abstammung:

Eltern:

Name des Vaters	Korn
Vorname	Moses
Sterbeort, -tag, -monat und -jahr	Kolomea
Konfession (auch frühere Konfession)	mosaisch
Geburtsname der Mutter	Wollenstein
Vorname	Sima
Sterbeort, -tag, -monat und -jahr	Hannover
Konfession (auch frühere Konfession)	mosaisch

Großeltern:

Name des Großvaters (väterlicherseits)	
Vorname	
Sterbeort, -tag, -monat und -jahr	
Konfession (auch frühere Konfession)	
Geburtsname der Großmutter (väterlicherseits)	
Vorname	
Sterbeort, -tag, -monat und -jahr	
Konfession (auch frühere Konfession)	
Name des Großvaters (mütterlicherseits)	Wollenstein
Vorname	
Sterbeort, -tag, -monat und -jahr	Kolomea
Konfession (auch frühere Konfession)	mosaisch
Geburtsname der Großmutter (mütterlicherseits)	
Vorname	
Sterbeort, -tag, -monat und -jahr	Kolomea
Konfession (auch frühere Konfession)	mosaisch

Ich versichere, daß die vorstehenden Angaben der Wahrheit entsprechen.

Norderney, den _5. II_ 193_6_.

P. Wallenstein
(Unterschrift)

Fragebogen
gemäß § 3 der ersten Verordnung zum Reichsbürgergesetz vom 14.11.1935
(Stimmrecht in politischen Angelegenheiten).

Name Wollenstein geb. Tennebaum
Vorname Chaja
Wohnort und Wohnung . . . . Norderney Linsen str 7
Geburtsort, -tag, -monat und -jahr Brest Litowski 12.12.75
Konfession (auch frühere Konffesion) Mos.

Nähre Angaben über die Abstammung:

Eltern:
Name des Vaters . . . . Tennenbaum
Vorname . . . .
Sterbeort, -tag, -monat und -jahr
Konfession(auch frühere Konfession) Mosaisch
Geburtsname der Mutter . . . . . .
Vorname . . . . Feige
Sterbeort, -tag, -monat und -jahr
Konfession (auch frühere Konfession) Mosaisch

Großeltern:
Name des Großvaters . . . .
(väterlicherseits)
Vorname . . . .
Sterbeort, -tag, -monat und -jahr
Konfession (auch frühere Konfession)
Geburtsname der ~~Mutter~~ Großmutters
(väterlicherseits)
Vorname . . . .
Sterbeort, -tag, -monat und -jahr
Konfession (auch frühere Konfession)
Name des Großvaters . . . .
(mütterlicherseits)
Vorname . . . .
Sterbeort, -tag, -monat und -jahr
Konfession (auch frühere Konfession)
Geburtsname der Großmutter . . . .
(mütterlicherseits)
Vorname . . . .
Sterbeort, -tag, -monat und -jahr
Konfession (auch frühere Konfession)

Jch

Jch versichere, daß die vorstehenden Angaben die Wahrheit entspech

Norderney, den _5. II._ 193_6_.

P. Wallenstein
(Unterschrift)

F r a g e b o g e n.

gemäß § 3 der ersten Verordnung zum Reichsbürgergesetz vom 14.11.3
(Stimmrecht in politischen Angelegenheiten)

N a m e .Wollenstein.
Vorname ..Elle
Wohnort und Wohnung ..... /Norderney/ Waaren 6. Paderborn
Geburtsort, -tag, -monat und jahr Hannover 1.3.09
Konfession(auch frühere Konfession) Mosaisch

Nähere Angaben über die Abstammung:

E l t e r n :
Name des Vaters .... Wollenstein
Vorname .... Pinkas
Sterbeort, -tag, -monat und -jahr
Konfession(auch frühere Konfession) Mosaisch
Geburtsname der Mutter ..... Tennenbaum
Vorname .... Chaja
Sterbeort, -tag, -monat und -jahr
Konfession(auch frühere Konfession) Mosaisch

G r o ß e l t e r n :
Name des Großvaters ....
    (väterlicherseits) Korn
Vorname .... Moses
Sterbeort, -tag, -monat und -jahr Kolomea
Konfession(auch frühere Konfession) Mosaisch
Geburtsname der Großmutter ... Wollenstein
    (väterlicherseits)
Vorname .... Sinna
Sterbeort, -tag, -monat und -jahr Hannover
Konfession(auch frühere Konfession) Mosaisch
Name des Großvaters ...... Tennenbaum
    (mütterlicherseits)
Vorname ....
Sterbeort, -tag, -monat und -jahr
Konfession(auch frühere Konfession) Mos.
Geburtsname der Großmutter ..
    (mütterlicherseits)
Vorname .... Feige
Sterbeort, -tag, -monat und -jahr
Konfession(auch frühere Konfession) Mos.

Jch versichere, daß die vorstehenden Angaben der Wahrheit entsprechen.

Norderney, den _5. I._ 1936.

P. Wollenstein
(Unterschrift)